U0890434

Investigation & Research on

Enterprises and Accounting Services and College Practice Teaching in Jinhua

金华市企业与会计服务和高校实践教学的调查研究

主　编　王　霞　张　洁
副主编　许海亚　徐　锐
黄　松　王金平

上海财经大学出版社

本书由上海财经大学浙江学院发展基金资助出版

图书在版编目(CIP)数据

金华市企业与会计服务和高校实践教学的调查研究/王霞,张洁主编.—上海:上海财经大学出版社,2018.1
ISBN 978-7-5642-2897-2/F·2897

Ⅰ.①金… Ⅱ.①王… 张… Ⅲ.①高等学校-会计-人才培养-调查研究-金华 Ⅳ.①F233.2

中国版本图书馆 CIP 数据核字(2017)第 307102 号

□ 责任编辑 肖 蕾
□ 封面设计 张克瑶

JINHUASHI QIYI YU KUAIJI FUWU HE GAOXIAO SHIJIAN JIAOXUE DE DIAOCHA YANJIU
金华市企业与会计服务和高校实践教学的调查研究
主 编 王 霞 张 洁
副主编 许海亚 徐 锐
黄 松 王金平

上海财经大学出版社出版发行
(上海市中山北一路 369 号 邮编 200083)
网 址:http://www.sufep.com
电子邮箱:webmaster @ sufep.com
全国新华书店经销
上海华业装璜印刷厂印刷装订
2018 年 1 月第 1 版 2018 年 1 月第 1 次印刷

710mm×1000mm 1/16 15 印张 252 千字
定价:46.00 元

前 言

● **研究背景与研究目的**

2016年，财政部发布了《会计改革与发展“十三五”规划纲要》，该纲要指出：“十三五”时期是我国全面建成小康社会的决胜阶段，也是全面建成与社会主义市场经济相适应的会计体系关键时期。随着我国社会主义市场经济的不断完善、经济结构调整和发展方式的转变、供给侧结构性改革的推进、国有企业改革的深化和资本市场的发展、我国积极参与全球经济治理以及“一带一路”战略的实施，这是对会计改革与发展的一种挑战，促使会计服务对象、服务领域、工作职能、工作手段、工作体制和工作机制都面临重大转型升级。

会计作为经济活动的基础语言和市场经济的重要基石，应该在企业结构转型升级方面发挥积极作用，成为健全市场信用、完善交易规则以及维护市场经济秩序和社会公众利益的基点。在我国新经济大背景下，尤其是在大数据、互联网＋、云端智能和财务共享大趋势之下，会计行业、会计职业和会计工作将面临挑战。因此，会计应该适应服务环境、服务对象和服务需求的变化，会计从业人员必须转变观念、利用最新科技与全球化发展创造可持续发展的未来。然而，要适应服务环境、服务对象和服务需求的变化就要创新会计服务手段、创造新的会计服务模式，其中最根本的是培养新型会计人才。基于上述背景，如何充分发挥会计在地方经济社会发展中的基础性作用？如何培养具有创新精神和创业能力，适应信息化、全球化的复合型财经人才？如何通过深化校企合作与交流，建立长效产教融合、相互促进的新机制，在高质量人才培养和项目研发等多个领域共同谱写合作发展的新模式？这些问题都是值得会计教育工作者思考的。

未来五年金华地区将以前所未有的姿态、前所未有的气魄以及前所未有的举措，奋力谱写全面小康、浙中崛起的精神风貌。一方面，金华乃至浙江省的现代服务业、高端制造业、文创产业，包括“互联网＋”领域，需要许多本科及以上学历的应用型人才；另一方面，本科培养模式应该更好地对接行业和企业的需求。为此，近年来地处金华的上海财经大学浙江学院陆续制定和出台了一系列应用型学科发展规划。在以应用型为总目标的前提下，会计系根据浙江学院要求和专业特点正在优化应用型人才培养方案，逐步体现课程设置与实践教学的匹配，并且正在进行一系列应用型人才培养模式的尝试，涵盖：学历教育与职业教育双挂钩、社会实践教学与国际化人才培养的尝试；教师在应用会计专业知识教书育人的同时，用真才实学服务于社会，解决企业会计问题与财务管理问题，解决管理中的困惑；在教师引导之下，会计专业学生参与社会实践教学，进行区域性会计师事务所实习基地和校企合作建设；引进优秀企业人才与会计实务界精英到学校兼职授课指导实训；教师学习国际先进教学理念、通过考试并获得国际通用的职业资格证书，在推动应用型人才培养模式与教学改革等方面进行一些尝试。

《国家中长期教育改革和发展规划纲要(2010～2020年)》要求创新人才培养模式，坚持教育教学与生产劳动、社会实践相结合，特别是在高等教育领域，不断强化实践教学环节，着力培养学生的学习能力、实践能力、创新能力。与理论知识传承和积累相比，大学教学在社会实践、科学实验、生产实习和技能实训等方面的要求明显提高，实践教学的价值与意义比以往任何时候都更为凸显。因此，本课题以金华市会计服务导向为基础，调查研究会计服务与市场的关系、会计服务与实践教学的关系，以此推动应用型本科建设，为培养会计专才和高校服务地方经济社会发展提供有益的经验和启示。

本书从金华市企事业单位会计服务需求出发，以会计专业建设、实践教学和服务社会为导向，通过对金华市行业分布与绩效评价体系、会计从业人员现状分析、会计领军人才管理效能的调查、本市会计服务市场的分析以及高校会计人才培养状况和上海财经大学浙江学院会计系实践教学的研究，以课程嵌入法和案例研究法将其融入到社会服务中去，并对促进金华市会计服务对象、会计服务领域转型升级进行对策性研究。

本书密切关注最新财务信息新动向、新发展，按照财政部相关规范性文件、金华市工商局数据库以及公开信息编写，对金华地区企业管理绩效、公司治理、会计服务市场和需求、会计从业人员质量等进行客观评价，其意义是为金华市政府有关部门进行管理决策提供最新、最详实的信息和数据，具有重要的参考价值；本书也可以使企业管理者了解金华地区企业管理绩效、公司治理、会计服务市场需求的信息，还可以作为财经专业培训的补充教材；大学双创教育的质量很大程度上依赖于符合质量要求的师资和教育模式，本书向会计教育工作者提供了某些会计专业实践教学的经验与体会。

● 研究内容与主体结构

本书共五篇和一个附录，研究内容与主体结构的逻辑前后一致。

本书以金华市行业分布、企业管理现状与绩效评价为研究起点，分析了金华市大中小企业会计从业人员质量、其在企业管理中的作用以及企业对会计服务市场的需求。由于会计功能在经济社会体系中有其独特逻辑和独特价值，会计人才与企业创新、科技进步共生共长，因此，本文以质量为导向对金华市独立学院的会计人才培养质量做了分析和调查，对上海财经大学浙江学院会计系实践教学进行了研究。本书附录是会计系教师参与实践教学的成果并以《管理建议书》方式展示。

第一篇："金华市企业行业分布、企业管理现状与绩效评价"。从金华市行业分布入手，以金华市工商行政管理局 2016 年报为依据，对金华市独资企业、合伙企业、有限责任公司和股份有限公司按行业特性进行分析，并对 23 家上市公司进行追踪与调查，通过访谈方式按照《财政部统计司相关绩效评价指标与要求》，对企业管理现状与绩效评价体系进行研究，重点分析样本公司内部治理结构与公司战略体系、跨境电商税收新政对"互联网＋"经济的影响。由于金华市中小企业居多，本篇以约束理论和有效产出方法会计对"管理会计思想在小企业中的运用"进行点评与对策性分析。

第二篇："金华市会计人才现状与分析"。本篇按照财政部《会计行业中长期人才发展规划(2010～2020 年)》，从金华市一般会计从业人员学历、职称、工作年限和经验以及接受继续教育主动性等方面入手，分析了会计从业人员存在的主要问题并提出了建议；本篇又以财政部《会计改革与发展"十三五"规划纲要》有关"加快行业急需紧缺专门人才培养和加快推进管理会计人才培养"文件为要领，对金华市会计领军人才在企业管理效能方面所发挥的作用进行了专项调查，就战略管理、预算管理、成本管理、营运管理、投融资管理、绩效管理、风险管理等的调查结果进行评价与对策性分析。本篇建议金华市有关部门应该进一步加强与教育部门的协调，通过金华市会计领军人才项目，推动并加速培养应用型高层次会计人才；积极推进设立会计博士专业学位，完善会计专业学位系列，积极推动会计专业学位研究生教育和会计专业技术资格考试“双向挂钩”。本篇附录根据金华市财政局会计从业资格管理数据库对金华市会计从业人员结构与素质现状进行了统计，为金华市政府制定相关决策提供了非常有价值的信息。

第三篇：“金华市会计服务市场与需求分析”。本篇以浙江省金华地区会计服务市场为基础，对会计服务市场状况包括会计师事务所执业资质、服务对象以及企事业单位会计服务需求进行研究，探讨了商业环境改变对中小企业高端会计人才培养的紧迫性，尤其是在大数据和财务共享模式下会计服务中介、会计人员应该如何转型提出了三个层级的建议，并对会计服务需求状况调查结果以及如何寻求更好的会计服务，进行了比较和对策性分析，这对高校会计人才的培养以及政府有关部门的决策具有重要的参考价值。

第四篇：“金华市独立学院会计人才培养与质量分析”。本篇以金华市独立学院为研究对象，依据“十三五”时期会计行业的机遇与挑战以及教育部关于《普通高等学校独立学院教育工作合格评估指标体系》指出的独立学院应以”培养具有创新精神和实践能力的应用型人才的目标定位”，结合上海财经大学浙江学院会计专业办学特色与优势，探讨了新形势、新模式、新机制下会计人才培养目标、专业建设与方法。通过访谈与问卷调查方式向浙江省部分独立学院征询意见，从毕业生职业发展状况、毕业生对母校评价以及用人单位对学校毕业生的满意度以及财会类专业的招生情况等方面，分析了金华市独立学院会计人才培养现状，同时就浙江省人才培养质量调查结果进行分析并提出对策性建议。这对制定会计人才培养质量、应用型与国际化会计人才培养模式、课程体系改革、会计实践教学与师资队伍建设具有一定的参考价值。

第五篇：“上海财经大学浙江学院会计系实践教学研究”。本篇阐述了上海财经大学浙江学院会计系校内实践教学课程、校外教学实践与实习基地建设经验与体会，以案例分析法对实践教学成果进行总体评价与对策性分析，对改善与提高实践教学水平和层次具有一定的参考意义。

附录：《企业管理建议书》，是上海财经大学浙江学院会计系教师以专业知识并以“管理建议书”方式将实践教学和应用型人才培养目标落到实处、主动对接当地社会经济的一种创新。管理建议书从企业财务管理问题，尤其是应收账款和预收款管理的问题;企业组织结构整合与税务管理咨询;精细化成本管理;财务与会计规范、规避财务风险的内控问题和企业发展战略问题等方面进行了重点研究,并提出相关建议与措施。

● 研究过程与研究方法

我们组建了本课题研究小组,以教研活动方式进行开题讨论、报告主体结构形成、分专题与分小组撰写、确定定稿与审稿时间,最终形成本书。我们要求每个小组在充分理解本课题的基础上,设计调查提纲与调查问卷、访谈提纲与访谈内容,选择撰写与本组研究内容相关的案例,并对案例进行点评与对策性分析。

本书采用以下 6 种研究方法。一、文献分析法:依据我国财政部和有关立法机构最新颁布的一系列会计规范性文件和条例进行重点梳理,对存在的问题提供解决方案并给予权威注解。利用互联网查阅相关数据及报告,关注最新研究动态,重点阅读和梳理与研究有关文献,进行深入分析与合理借鉴。二、问卷调查法:设计调查提纲与调查问卷,包括金华市会计从业人员、会计领军人才调查问卷;会计服务内容的调查问卷,包括会计、审计、税务咨询、管理会计咨询、财务风险规避以及其他会计咨询、会计培训等新型业务,会计师事务所的健康与规范发展问题,以此获取第一手数据。三、案例分析法:本书每篇都附有与研究内容高度相关的案例并提出一些对策性建议,以此帮助思考问题并加深对已有理论的理解。在缺乏大样本的情况下,运用案例分析法对于取得本土化的知识有着重要意义。四、访谈法:通过访谈企业财务规范、精细化成本管理、税收筹划、财务管理等,深入了解案例企业的财务现状。五、问题导向归纳法:基于企业管理现状和存在的问题进行归纳、总结、分析并提出建议和对策。六、图表分析法:研究引用数据分析表、柱状图和饼状图等,使文章直观、清晰。

● 重要意义

这是上海财经大学浙江学院会计系,以母体学校上海财经大学为上海财经大学浙江学院设立的“财大基金”为平台,完成的首部以金华地区企业、会计服务和高校实践教学为调查研究内容的专著。通过研究这一课题,对促进会计服务对象以及进行对策性研究有着重要的意义,也是高校将会计实践教学并把应用型人才培养目标落到实处、主动对接当地社会经济的一种创新。上海财经大学浙江学院会计系教师将持续推进这种模式，积极主动地与企业联系，以专业知识为当地经济社会服务贡献智慧，我们将持续跟踪本书的各项建议与措施，以期达到实践教学的实际效果。

● 本书作者与致谢

本书由上海财经大学浙江学院会计系教师共同参与完成，该成果为上海财经大学浙江学院会计系服务地区经济专著系列之一。第一篇执笔者：张洁、吕颖菲、徐锐、张倩、吕雅慧、章奕玲；第二篇执笔者：王文红、吕颖菲；第三篇执笔者：黄松、吕颖菲、章奕玲、郭萍；第四篇执笔者：王金平、范理、许海亚；第五篇执笔者：傅萌、王晓琴。本书附录《企业管理建议书》，第一篇至第四篇分别由上海财经大学浙江学院会计系徐锐老师、吕颖菲老师、黄松老师、傅萌老师和张洁老师执笔；第五、第六篇由浙江中健会计师事务所何湘娟所长和蒋琦女士执笔。

上海财经大学浙江学院会计系许海亚和王晓琴老师负责编写过程中的沟通事项。上海财经大学会计学院王霞老师负责全书大纲和结构的设计并在定稿时对本书进行修改、补充和总纂，张洁对该项工作给予了协助。在撰写过程中得到了上海财经大学教授、上海财经大学浙江学院院长马洪教授全力支持和肯定，这使会计系青年教师受到了极大鼓舞、增强了自信心。上海财经大学浙江学院纪委书记黄红华女士、金华市财政局张宁总会计师以及浙江中健会计师事务所资深专家何湘娟女士对本书部分章节的编写进行了专业指导并提出了许多宝贵意见。上海财经大学浙江学院实践中心主任朱艳老师对会计系教师积极参与实践教学也给予了大力支持，在此，我们全体编写人员表示衷心感谢。由于时间仓促，更因为我们编写水平有限，疏漏和错误之处在所难免，希望会计同仁提出批评。

王　霞

2017 年 9 月

目 录

第一篇

金华市企业行业分布、企业管理现状与绩效评价

【本篇摘要】

本篇从金华市行业分布入手，以金华市工商行政管理局 2016 年报为依据，对金华市独资企业、合伙企业、有限责任公司和股份有限公司按行业特性进行分析，并对 23 家上市公司进行追踪与调查，通过访谈方式按照《财政部统计司相关绩效评价指标与要求》，对企业管理现状与绩效评价体系进行研究，重点分析样本公司内部治理结构与公司战略体系、跨境电商税收新政对“互联网+”经济的影响。由于金华市中小企业居多，本篇以约束理论和有效产出会计方法对“管理会计思想在小企业中的运用”进行点评与对策性分析。

第一章

金华市企业基本信息分析

企业形态的演变经历了一个从简单到复杂的过程，这是由企业所处的时代背景和自身制度创新能力所决定的。从原始的业主制到现代公司制，企业形态的演化大大增强了其抵御风险、扩大规模以及开拓新业务的能力。从发展史看，企业主要经历了古典企业（业主制和合伙制）和现代企业（公司制）两个阶段。业主制与合伙制等古典企业在其发展过程中，不仅受到来自财力不足等方面的限制，更受到其"自然人"特性的制约，使其难以从事大规模的经济活动和承担高风险的事业经营。公司制企业是现代产业经济中最重要的企业形态。公司制企业的产生，是企业制度史上伟大的创举。它使企业的创办者和企业家在资本来源上摆脱了对个人财富、银行或其他金融机构的绝对依赖，企业有望实现长期持续的发展。因此，从一个地方的企业组织形式就能看出其经济发展的程度。

一、金华市企业的基本类型

2016 年金华市实有市场主体（企业和个体工商户）户数与新设市场主体户数均创历史新高，与杭州、宁波、温州的差距继续缩小，全市在册市场主体总量是青海省的 2 倍、西藏自治区的 3.6 倍。2017 年 1 月，金华市成为浙江省第 4 个市场主体总量超过 70 万的地区。除了总量名列前茅，金华市市场主体户数的增幅也居全省之首。2016 年，金华市新设企业同比增幅 64%，居全省第一。同时，金华市市场主体的增加呈现出两种趋势：第一，投资者选择企业为登记类型的明显增加。第二，"个转企"数量明显增加。2016 年全市新设3 809家"个转企"，其中转公司制企业3 103家。根据金华市工商行政管理局 2016 年年报的数据，金华市独资企业、合伙企业、有限责任公司和股份有限公司的数量比例如图1—1所示：

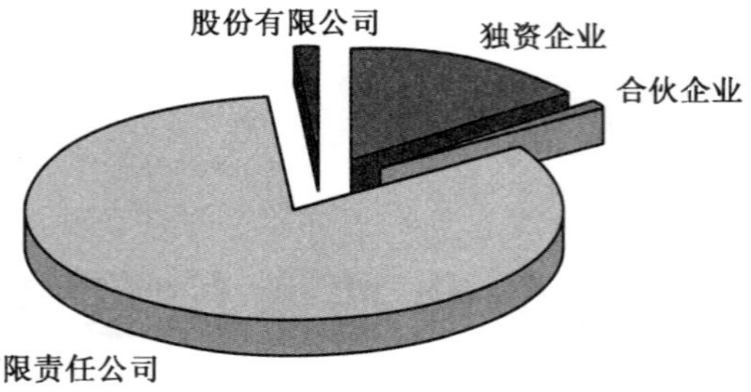

数据来源：金华市市场监督管理局2016年年报数据。

图1—1　金华市独资企业、合伙企业、有限责任公司和股份有限公司的数量

尽管2016年金华市新增企业数量和个体工商户转企业的数量都有明显增加，但是从图1—1可以看出，金华市的企业中绝大部分是有限责任公司，相比之下，股份有限公司非常少。

如前所述，制度创新是人类进步的阶梯。近代以来，工业文明得益于大量的科技创新，但是很少人意识到制度创新之于工业文明的巨大价值。事实上，制度创新与科技创新并驾齐驱，是现代文明进程中的两大动力。如果没有专利法，人类或许没有这么多发明；如果没有公司制，这些技术发明也没有那么伟大。历史上最伟大的商业创新是名为"公司"的制度。股份有限公司成为主要的经济个体，创造了经济增长，提高了生活水平。公司的力量源于市场的力量，公司作为市场主体在"无形之手"指导下整合资本、土地、智力等资源，能使资源价值最大化。

因此，2017年金华市政府工作报告提出要落实大企业大集团、高成长企业培育和小微企业成长计划，新增产值超50亿元的企业5家、股份制企业100家、上市挂牌企业（注：IPO、新三板）60家，新增入驻京东商城制造企业2 000家、工业机器人1 000台，为企业减负100亿元，入选浙江制造精品和省级优秀新产品15个、省级名牌产品10个、省级著名商标40个。同时，加大"个转企、小升规"工作力度，新培育市场主体30万家以上。

二、金华市企业的地域分布

金华各地区企业数量分布如图1—2所示。

从图1—2可以看出，金华各地区企业数量分布不均匀，其中义乌市的企业数

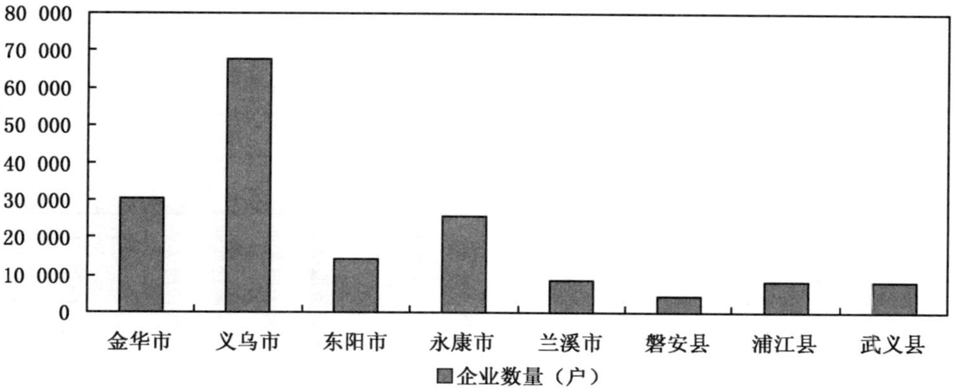

数据来源:金华市市场监督管理局 2016 年年报数据。

图 1—2　金华各地区企业数量分布情况

量明显多于其他各地区,与磐安县的差距最大,是其 15 倍。在这种情况下,2017 年金华市政府工作报告提出要建设网络状城市群、组团式都市区。建立健全都市区共建共融共享共赢体制机制,加大对都市区重大区块、重大平台和重大项目的统筹协调力度,实施都市区建设第二个三年行动计划,提升都市核心区首位度,促进都市区融合发展。政府工作报告同时指出,各县市要充分利用自身的优势,打造城市发展特色亮点。例如,婺城、金东作为中心城市的核心区;金华开发区要加快打造工业发展的主引擎、城市拓展的核心区、产业转型的新高地;金义都市新区要加快打造高端产业集聚、科技创新驱动、对外开放引领的都市区聚合发展战略支点;义乌要建设世界小商品之都;兰溪建设产业振兴示范区;东阳建设影视旅游名城;永康建设现代化国际五金名城;浦江建设世界水晶产销中心;武义建设温泉名城养生胜地;磐安建设江南生态养生源。

三、金华市企业的行业分布

从图 1—3 可以看出,金华市的企业主要集中在批发和零售行业,其次是制造业。关于行业的发展,2017 年金华市政府工作报告提出了以下行业发展战略目标:

1. 打造全省先进制造业基地

大力实施“十百千万”工程,积极创建中国制造 2025 试点城市、全国质量强市

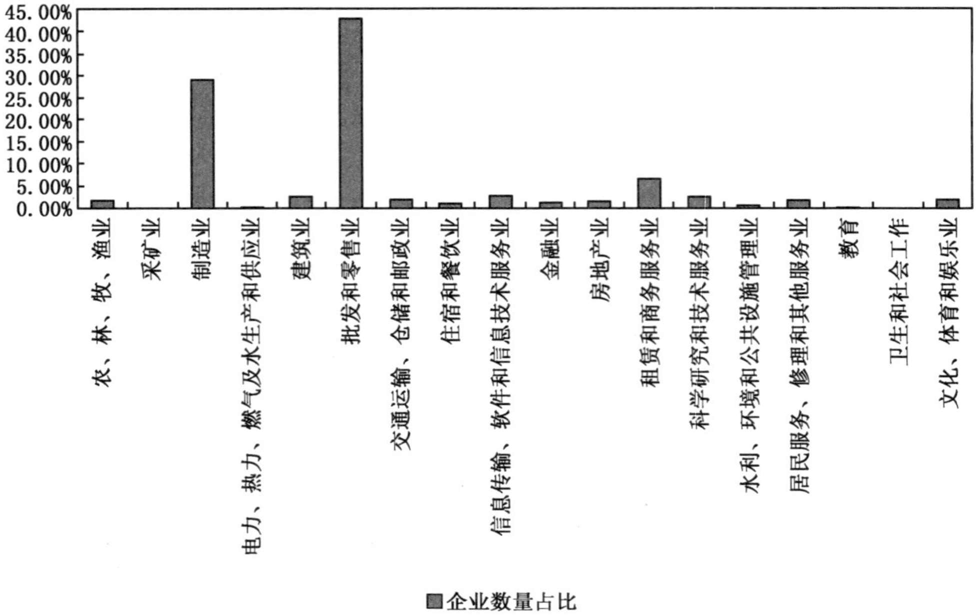

数据来源:金华市市场监督管理局 2016 年年报数据。

图 1—3　金华市企业的行业分布

示范城市和国家消费品工业“三品”战略示范试点城市,并加大“四换三名”“互联网+”“机器人+”“标准化+”工作力度,实现先进装备制造业规模上总产值突破4 000亿元,新能源汽车产业形成 150 万台整车生产能力和超千亿元产业规模,新增产值超百亿元大企业 10 家、超十亿元企业 100 家、中国驰名商标 10 个、省著名商标 200 个、省名牌产品 50 个,战略性新兴产业增加值占规模上工业增加值比重达 28%,高新技术产业占比达 38%。

2. 加快发展现代服务业

深化国家现代服务业综合试点,加快 11 个省级服务业集聚示范区建设。以电子商务、互联网泛娱乐和大数据产业为重点,大力发展信息经济,力争五年达到万亿级规模。发展壮大文化影视时尚产业,五年产值(收入)超过5 300亿元。加快推进全域旅游,培育“千万十亿”大景区,新增国家 5A 级景区 2 家以上、4A 级景区 20 家、3A 级景区 40 家,旅游总收入实现五年翻番。加快构建万亿级市场体系,鼓励龙头市场加快营销网络布局,大力支持菜鸟、京东等电商平台建设,发展壮大“义乌购”“尚五金”“东作云”等线上平台，重视办好品牌展会，巩固提升浙中商贸中心地位。积极引导企业对接多层次资本市场，新增股份制企业 500 家、上市挂牌企业 300 家，力争直接融资比例达到 10%，金融存贷款余额双双突破万亿元。同时，大力发展总部经济、楼宇经济、廊道经济和都市经济。

3. 深入推进农业供给侧结构性改革

全面落实粮食安全责任制，推进“互联网＋农业”，加强农产品品牌建设，建设绿色高效生态农业强市。到 2021 年，建成省级农业产业集聚区 3 个、特色农业强镇 10 个，种子种苗生产基地 1 万亩、设施农业 25 万亩，市级以上农业龙头企业达 300 家、示范性家庭农场 400 家、上市企业 10 家。大力推进畜牧业转型升级，建成省级美丽牧场 100 家、现代生态循环农业示范区 10 个、示范主体 100 个以上。积极发展创意农业、休闲农业、景观农业、养生农业，创建市级农旅融合示范点 100 个、国家级休闲农业与乡村旅游示范点 5 个。

四、金华市上市公司基本信息

截至 2017 年 3 月 31 日，金华市上市公司共有 23 家，如表 1—1 所示：

表 1—1　　**金华市上市公司基本信息**

序号	股票简称	股票代码	公司成立时间	首发上市时间	上市交易所	注册资本（亿元）	所属板块	企业性质
1	浙江广厦	600052	1993 年	1997 年	上交所	8.72	沪市主板	民营企业
2	小商品城	600415	1993 年	2002 年	上交所	54.43	沪市主板	地市国资控股
3	康恩贝	600572	1993 年	2004 年	上交所	25.11	沪市主板	民营企业
4	尖峰集团	600668	1989 年	1993 年	上交所	3.44	沪市主板	地市国资控股
5	华鼎股份	601113	2002 年	2011 年	上交所	8.33	沪市主板	民营企业
6	得邦照明	603303	1996 年	2017 年	上交所	2.40	沪市主板	集体企业
7	普洛药业	000739	1997 年	1997 年	深交所	11.47	深市主板	集体企业
8	横店东磁	002056	1999 年	2006 年	深交所	8.22	中小企业板	集体企业
9	东晶电子	002199	1999 年	2007 年	深交所	2.43	中小企业板	民营企业
10	万里扬	002434	2003 年	2010 年	深交所	13.50	中小企业板	民营企业
11	金字火腿	002515	1994 年	2010 年	深交所	6.11	中小企业板	民营企业
12	哈尔斯	002615	1996 年	2011 年	深交所	2.74	中小企业板	民营企业
13	巨龙管业	002619	2001 年	2011 年	深交所	8.00	中小企业板	民营企业

续表

序号	股票简称	股票代码	公司成立时间	首发上市时间	上市交易所	注册资本（亿元）	所属板块	企业性质
14	道明光学	002632	2007 年	2011 年	深交所	5.92	中小企业板	民营企业
15	棒杰股份	002634	1993 年	2011 年	深交所	4.61	中小企业板	民营企业
16	浙江世宝	002703	1993 年	2012 年	深交所	3.16	中小企业板	民营企业
17	中坚科技	002779	1997 年	2015 年	深交所	1.32	中小企业板	民营企业
18	华统股份	002840	2001 年	2017 年	深交所	1.79	中小企业板	民营企业
19	华谊兄弟	300027	2004 年	2009 年	深交所	27.86	创业板	民营企业
20	金利华电	300069	2003 年	2010 年	深交所	1.17	创业板	民营企业
21	开尔新材	300234	2003 年	2011 年	深交所	2.90	创业板	民营企业
22	花园生物	300401	2000 年	2014 年	深交所	1.81	创业板	民营企业
23	唐德影视	300426	2006 年	2015 年	深交所	4.00	创业板	民营企业

数据来源：同花顺 iFinD 金融数据终端。

（一）首发上市日期

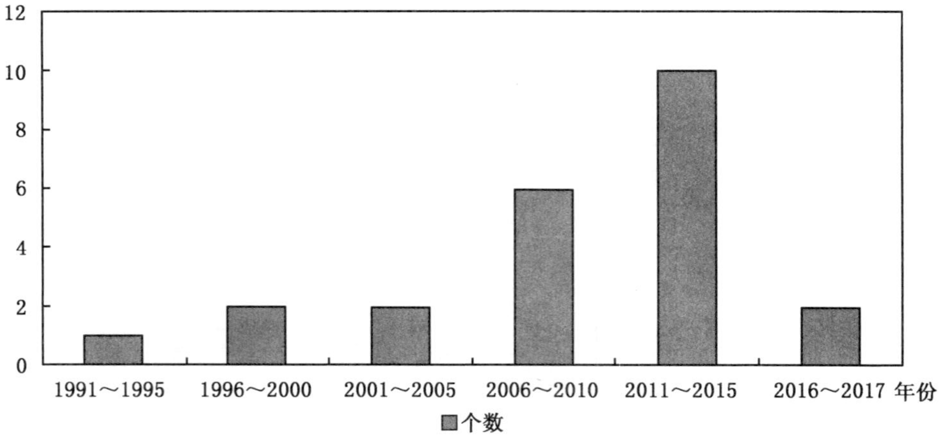

数据来源：同花顺 iFinD 金融数据终端。

图 1—4　首发上市日期

从图 1—4 可以看出，金华市上市公司的数量呈现逐年递增的趋势，特别是近十年增长速度较快，一方面与金华市的经济增长有关，另一方面也与中国资本市场近年来的发展有关，特别是资本市场发行制度的改革。

（二）成立年限

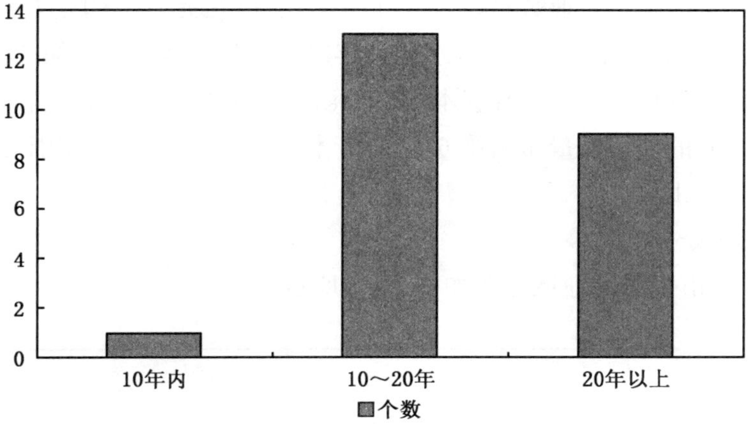

数据来源：同花顺 iFinD 金融数据终端。

图 1—5 成立年限

从图 1—5 可以看出，金华市的上市公司成立时间在 20 年以上的有 9 家，成立时间在 10～20 年的有 13 家，成立时间在 10 年以内的仅 1 家。将金华市上市公司的数量、成立年限、上市时间和注册资本与浙江省其他城市相对比，信息如表 1—2 所示：

表 1—2 浙江省各城市上市公司基本信息对比

序号	城市名称	上市公司数量	成立 20 年以上		最近 5 年内上市		注册资本 10 亿元以下		注册资本 10 亿～50 亿元		注册资本 50 亿元以上	
			数量	占比	数量	占比	数量	占比	数量	占比	数量	占比
1	杭州	108	33	30.56%	31	28.70%	77	71.30%	29	26.85%	2	1.85%
2	宁波	62	25	40.32%	22	35.48%	48	77.42%	13	20.97%	1	1.61%
3	绍兴	48	13	27.08%	14	29.17%	35	72.92%	13	27.08%	0	0.00%
4	台州	41	9	21.95%	16	39.02%	33	80.49%	7	17.07%	1	2.44%
5	嘉兴	30	4	13.33%	11	36.67%	23	76.67%	6	20.00%	1	3.33%
6	金华	23	10	43.48%	6	26.09%	18	78.26%	4	17.39%	1	4.35%
7	湖州	18	1	5.56%	8	44.44%	15	83.33%	3	16.67%	0	0.00%
8	温州	17	1	5.88%	8	47.06%	13	76.47%	4	23.53%	0	0.00%
9	衢州	5	0	0.00%	2	40.00%	4	80.00%	1	20.00%	0	0.00%
10	丽水	2	0	0.00%	0	0.00%	2	100.00%	0	0.00%	0	0.00%
11	舟山	1	1	100.00%	0	0.00%	1	100.00%	0	0.00%	0	0.00%

数据来源：同花顺 iFinD 金融数据终端。

从表1—2可以看出，杭州市作为浙江省的省会城市，其上市公司数量最多，成立时间在20年以上的企业数量以及注册资本在50亿元以上的企业数量也最多。金华市上市公司的数量排名第6，成立20年以上的公司数量排名第4，最近5年内上市的公司数量排名第8，注册资本10亿元以下的公司数量排名第6，注册资本10亿～50亿元的公司数量排名第6，注册资本50亿元以上的公司浙江省一共有5家，其中金华有1家。

（三）地域分布

金华市上市公司的地域分布如图1—6所示：

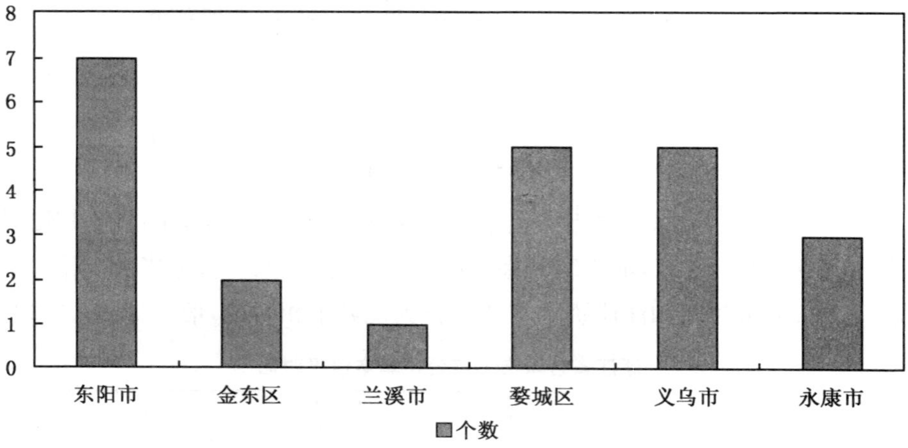

数据来源：同花顺 iFinD 金融数据终端。

图1—6　金华市上市公司的地域分布情况

从图1—6可以看出，金华市上市公司主要分布在东阳市，其次是婺城区和义乌市，磐安县、浦江县和武义县暂时还没有上市公司，因此，金华市上市公司地域分布呈现出不均匀的情况。

（四）金华市上市公司所属证监会行业

按照证监会行业分类标准，金华市上市公司主要集中在制造业，如图1—7所示。

从图1—7可以看出，金华市上市公司主要集中在制造业，文化、体育和娱乐业，房地产业以及租赁和商务服务业，产业集群相对集中。其中，对制造业进行进一步分类，如表1—3所示。

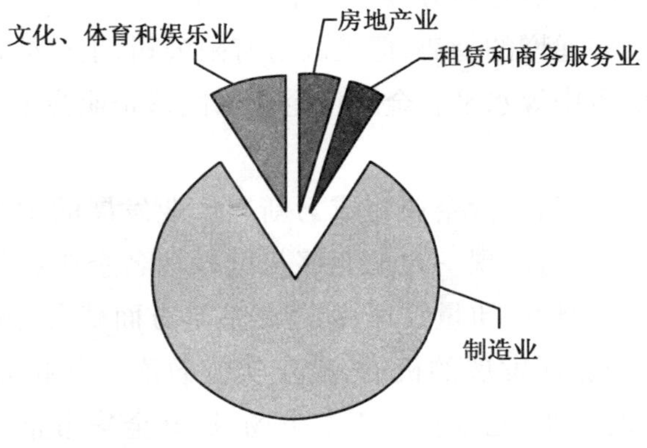

数据来源：同花顺 iFinD 金融数据终端。

图 1—7　所属新证监会行业分布情况

表 1—3　　金华市制造业上市公司

序号	企业名称	制造业分类	序号	企业名称	制造业分类
1	康恩贝	医药制造业	11	尖峰集团	非金属矿物制品业
2	普洛药业	医药制造业	12	道明光学	化学原料和化学制品制造业
3	得邦照明	电气机械和器材制造业	13	华鼎股份	化学纤维制造业
4	横店东磁	电气机械和器材制造业	14	棒杰股份	纺织服装、服饰业
5	万里扬	汽车制造业	15	中坚科技	专用设备制造业
6	浙江世宝	汽车制造业	16	金利华电	电气机械和器材制造业
7	金字火腿	农副食品加工业	17	花园生物	食品制造业
8	华统股份	农副食品加工业	18	东晶电子	计算机、通信和其他电子设备制造业
9	巨龙管业	非金属矿物制品业	19	哈尔斯	金属制品业
10	开尔新材	非金属矿物制品业			

数据来源：同花顺 iFinD 金融数据终端。

从表 1—3 可以看出，金华市制造业上市公司分布在 13 个门类，分布较广，并且体现出从工业型经济向服务型经济转变的特色。

五、本章结语

金华市地处浙江中部，自然资源丰富，民营经济发达，并且目前处于城市扩张建设的关键期。企业的发展是地方经济发展的基础。经过以上的分析可知，金华市企业的总量呈现逐年递增的趋势，但是股份有限公司、上市公司以及大型企业的发展速度仅处于浙江省中等水平。金华市企业以民营企业为主，行业分布较广，体现出创新发展的特点。

放眼全国，未来10年，民营企业将成为新兴产业发展的主力军。在企业规模上，未来中国民营企业中将出现一大批能够与世界知名企业竞争的大型国际化企业，并在公司治理、技术研发、质量管理、品牌塑造等方面都会有较大的改善。

因此，金华市应当抓住发展的机遇，稳步实施政府工作报告中提出的发展战略，做大做强金华市的企业，充分利用资本市场，提升金华市企业的规模和核心竞争力。

第二章

金华市上市公司内部治理结构分析

近年来，国美控制权之争以及阿里巴巴海外上市等事件不断引发人们思考如何提升公司的内部治理能力，并且对境内外治理规则差异与创新进行探讨。席卷2016年全年的保险资金举牌风潮，更是对现代公司治理提出了新的挑战。我国资本市场经过了二十多年的发展，在我国国民经济发展中发挥了与日俱增的重要作用。民营经济也逐渐成为我国经济新的增长点，特别是浙江企业显得尤为引人瞩目。中小企业板和创业板的上市公司中，浙江企业更是占了一席之地。这些都反映了浙江经济发展的活力和浙江经济在资本市场上的优秀价值表现。浙江省上市公司整体成长性很高，为浙江省经济发展、产业升级等方面提供支持。但是，浙江省上市公司多以家族企业为主，家族企业的治理虽然也有借鉴国外发达国家的公司治理经验，但是难免在理解上存在偏差，造成治理效率的低下。金华市上市公司也是一样，只有经过科学的分析、专业的研究判断和规范的公司治理，才能为金华市民营经济指明方向，使金华市上市公司呈现整体的良性成长，从而推动金华市经济的增长。

一、公司治理的基本内容

（一）公司治理的概念

公司治理的英文是“Corporate Governance”，又译为法人治理结构、法人治理机制或公司管治。公司治理是指针对公司制企业的一种制度性的安排，它是在监督与制衡思想指导下，处理因所有权与经营权分离而产生的委托代理关系的一整套制度安排，是围绕公司所形成的各利益方通过一系列内部和外部机制实施的共同治理。

（二）公司治理的功能

1. 权力配置功能

公司治理结构就是要解决公司剩余索取权与控制权的配置问题。公司权力配置的基本原则，是剩余索取权与剩余控制权相对应，即拥有剩余索取权和承担风险的人要有控制权，拥有控制权的人要承担风险。如果剩余索取权与控制权不对应，即承担风险的人没有控制权，有控制权的人不承担风险，就会导致“廉价投票权”，使对自己行为后果不负责任的人拥有投票权。

2. 制衡功能

公司治理的要旨在于明确划分股东、董事会、经理层各自的权力、责任和利益，形成三者之间的制衡关系。规范的公司治理结构就是在股东所有权、董事会、法人财产权三者之间，形成既相互分离又相互联系，既相互统一又相互制衡的机制。

3. 激励功能

公司治理结构的一个重要功能就是设计一套制度，促进代理人除了接受代理合约并且按照代理合约的要求完成任务外，还能对代理人产生强烈的激励，使之不只是例行公事，而且必须表现出创造性的革新精神，从而提高自己的工作积极性。例如让公司的高管拥有一定数量的公司股票或是股票期权，从而使其不仅仅是拿报酬，而且也上升为公司的投资人，成为公司剩余价值的真正分享者。

4. 约束功能

公司治理机制的约束功能主要表现在两个方面：一是所有权约束，即明确产权。明确产权是公司存在的基本前提，也是签订代理合约的基本前提。二是公司的监督机制，即通过董事会对经理层的聘任及监督机制体现。有效的监督机制能够约束代理人的偷懒行为，使之更好地为委托人利益最大化工作。

5. 协调功能

协调功能是指公司治理结构能够协调公司股东及其利益相关者之间的利益关系，从而使公司上下齐心协力，共同为实现公司经营目标而奋斗。

二、金华市上市公司内部治理现状

（一）股东治理

投资者以股权来体现自己在企业中的地位。股权虽然不能直接反映公司经营状况，但作为公司治理结构的基础，它却可以通过公司治理机制来影响企业价值。股权结构会通过股权构成属性、股权集中度和内部人持股等机制对公司治理产生影响。金华市上市公司股东持股比例情况如表 2—1 所示：

表 2—1　　金华市上市公司股东持股比例情况

（2016 年 12 月 31 日）

持股比例	20%以下	20%（含）～50%	50%（含）以上
第一大股东持股比例	3 家	15 家	5 家
前三大股东合计持股比例	—	9 家	14 家

数据来源：同花顺 iFinD 数据库。

从表 2—1 可以看出，金华市上市公司的股权非常集中，有 5 家上市公司第一大股东持股比例达到 50%以上，而前三大股东持股比例合计在 50%以上的达到 14 家。另外，机构持股的非常少，机构持股比例在 1%以下的有 12 家，1%～10%的有 8 家，持股比例最多的两家是康恩贝 10.61%和小商品城 37.56%。金华市上市公司主要以民营企业为主，这样的股权结构符合民营企业的特点。

传统的观点认为，企业之所以需要引入外部投资者，主要是由于企业的资本预算不足。现代企业的生产是建立在专业化分工基础上的社会化大生产，其所需的资本规模远远超过个人和家庭的预算范围。除了预算不足，多个股东相互制衡的公司与只有一个股东控制的公司相比，所产生的资金使用的扭曲程度可能更低，资金更能朝着正确的方向投入。股权集中的好处是能激励大股东监督经理人，但是缺陷是将导致大股东风险分散不足。因此，最有效股权结构的选择需要在上述两个因素中权衡，从而使公司价值最大化。

（二）董事会治理

董事会是公司内部治理结构的核心部分。董事会独立性是指董事会既独立于股东又独立于管理者。董事会只有保持其独立性才能客观地行使其职能。在决策过程中董事会只有作为一个独立的行为主体，不偏向任何一方利益的价值取向，才能达到全体股东价值增值，并保护全体股东利益的目的。董事会通过高效运行来缩小公司经理层与股东的利益差距，使代理成本最小化，从而提升公司价值。董事会能否高效运行，取决于董事会是否具有独立性。因此，董事会的独立性与公司价值存在关联性。金华市上市公司董事人数情况如表 2—2 所示：

表 2—2　　金华市上市公司董事人数情况

（2016 年 12 月 31 日）

董事人数	5	7	8	9	10
上市公司数量	1 家	6 家	5 家	9 家	1 家

数据来源：同花顺 iFinD 数据库。

独立董事是指除了担任公司的董事外，与公司没有任何家族、商业关联的董事会成员。独立董事占公司董事会成员人数的比例，也通常被用来衡量一个董事会的独立程度。金华市上市公司独立董事人数情况如表 2—3 所示：

表 2—3　　金华市上市公司独立董事人数情况

（2016 年 12 月 31 日）

独董人数	2	3
上市公司数量	1 家	21 家

数据来源：同花顺 iFinD 数据库。

从表 2—2 可以看出，金华市上市公司中董事人数主要集中在 7～9 人，以 9 人董事最多。从表 2—3 可以看出，金华市上市公司聘请独立董事的积极性不高，仅以满足相关公司治理强制性要求为限。一方面，由于独立董事在履行监督职能时负有潜在的法律责任，很多专业人士并不情愿出任独董；另一方面，聘请更高比例的独董的公司将获得更多的累积非正常收益。

（三）监事会治理

监事会是公司治理结构中不可缺少的一部分，它是顺应公司监督的需要而产生的，为了防止职权的滥用，保证公司正常有序的经营以及公司各项决策的科学性得到切实有效的执行。因此，监事会须完全独立地行使出资者监督权，在行使监督权时不受公司其他机构和人员的干预。独立性是监事会有效行使出资者监督权的前提。金华市上市公司监事会规模（监事人数）如表 2—4 所示：

表 2—4　　金华市上市公司监事会规模

（2016 年 12 月 31 日）

监事人数	3	5
上市公司数量	19 家	3 家

数据来源：同花顺 iFinD 数据库。

另外，监事会持股情况：只有 9 家监事会持有股份，比例都在 2%以下。监事会会议次数情况：只有两家有披露，浙江世宝 7 次，浙江广厦 6 次。

这说明金华市上市公司中监事会的地位普遍存在被弱化的现象，大部分上市公司的监事会规模仅达到了最低门槛要求，并且没有积极召开监事会会议，没有切实履行监事的职责。

（四）管理层激励

股权激励是上市公司对管理层激励的常用方法之一，但这一做法在我国上市公司中并不普遍，在金华市上市公司中披露有股权激励的公司并不多，且比较多地集中在董事、总经理、副总经理、财务总监、副总裁、董事会秘书。这说明在股权高度集中的情况下，股权激励偏向于公司的大股东或者实际控制人，而不是公司的管理人员和核心技术人员。金华市上市公司管理层持股比例如图 2—1 所示：

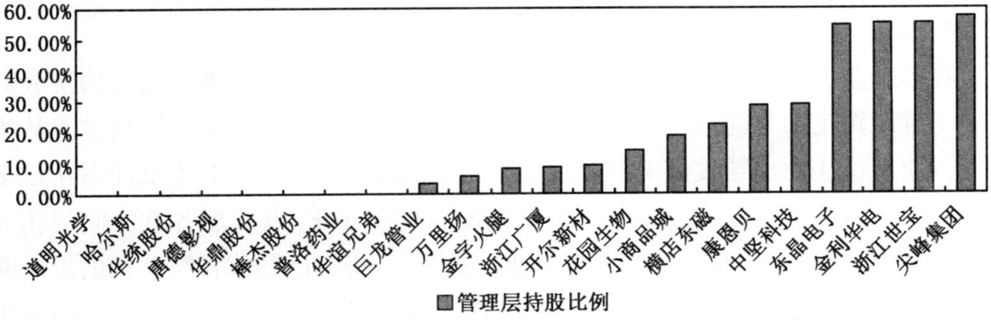

数据来源：同花顺 iFinD 数据库。

图 2—1 金华市上市公司管理层持股比例

从图 2—1 可以看出，金华市上市公司管理层持股比例呈现出两极分化的局面。上市公司作为现代公司治理结构的最高形态，如何实施股权激励，解决上市公司中股东与管理者之间的“委托—代理”关系，提高上市公司整体运营效率，都是上市公司需要解决的问题。在上市公司中实施切实有效的激励约束机制，对完善上市公司治理结构、实现股东与管理者的目标趋同、降低代理成本、控制管理者的道德风险具有十分重要的意义。

三、本章结语与建议

金华市上市公司治理存在的问题从一定程度上说也是我国上市公司治理中普遍存在的问题。在我国，公司治理水平对公司价值的影响不如公司治理水平对公司短期绩效的影响明显。这从一定程度上说明，我国公司治理的结构安排更侧重于以短期绩效为目标，但过于追逐短期绩效往往不利于公司的长远发展。基于提升公司价值的视角，本书提出以下完善上市公司治理的建议：

（一）优化股权结构

国内外大量实证研究显示：公司第一大股东的持股比例与公司绩效等存在U形关系，即随着第一大股东持股比例的增加，公司绩效会出现先降后升的趋势。因此，作为股权高度集中的浙江省上市公司，可以通过一些途径使股权适当分散，从而优化股权结构，使公司价值得以提升。

1. 员工持股计划

我国企业中普遍存在员工持股数量过低、趋于形式化的现象。过低的持股数使员工难以真正参与到企业的监督管理中，员工拥有的股东的实际权利也无从被真正行使。这往往也导致员工自动放弃自己的权利。其实，员工持股计划在很多方面都有积极的作用。通过员工持股可以使股权多元化，以实现各方之间的相互制衡、相互促进。员工通过持股成为企业的所有者，将自己的收益与公司的发展联系在一起，这无形中激励了员工为企业服务，从而提升公司价值。因此，我国应推行相应的法律来明确员工的持股行为，并且在企业内部建立健全各项制度，以保障员工持股计划的顺利实施。

2. 大力发展机构投资者

“一股独大”造成的内部人控制是内部治理结构中监督失效的一个根源。为了解决这一问题，我们需要针对内部人控制采取措施。“内部人控制”直接损害了作为中小投资者之一的机构投资者的利益，变相地增加了机构投资者参与市场经济活动的成本，从而减少了其投资收益。而且机构投资者的投资数额一般都较大，他们因面临巨大的沉没成本而具有很强的参与意识，密切关注着企业的动向和经营业绩，积极参与到公司的治理中，以维护自己的利益。机构投资者积极参与公司治理，可以正面推动上市公司治理机制的改革，有利于遏制大股东与经营者的自利行为，缓解内部人控制的现象。

(二)发展公司治理中介机构

在公司治理的过程当中,存在比较多的常规性事务,这些事务完全可以外包给一些专业化的公司以提高治理的效率。同时,企业在公司治理过程中还会遇到很多难题,特别是第一次遇到的难题需要专业的公司治理人员提供必要的指导,这些都是公司治理中介机构出现的基础。公司治理中介机构还可以比较有效地解决股东监督之间的"搭便车"问题,因为大部分中小股东是缺乏监督的兴趣或者欲望的,如果全体股东都把监督的事宜委托给专业的中介机构来执行,这种"搭便车"的效应就能够有效地消除,监督的效果也会更加明显,同时专业化还可以提高监督的效率。

第三章

金华市上市公司战略分析

一、引言

在漫漫历史长河中，一些企业能够成功，而另一些失败了。譬如，苹果公司从默默无闻的小公司逐步做到强大，最终成为世界上最成功的公司之一，而它的竞争对手诺基亚和索尼爱立信在苹果公司崭露头角时却逐渐退出市场。在数据库软件市场上，微软占据和保持强势的市场地位。究其原因，很大部分在于企业面临战略选择时不同选择导致不同的经营后果。目前，我国正处于经济转型的关键时期，而浙江省作为我国经济大省之一，企业数目庞大，尤以民营企业为甚。在这样一个市场经济环境下，各行各业都会受到一定程度的冲击，在这波浪潮下，有的企业会顺势而上，但有的企业会被迫转型，经营失败则面临破产。因此，如何能够保障企业顺利度过且可持续发展，成为当下一个迫切需要解决的问题。

一个企业的成功，因素有很多，但是每一个成功企业的背后都有一个清晰的战略定位。虽然，随着时间的变化，它们的定位或许在变化，但是从未缺失。清晰的战略定位促使企业选择适合其发展道路的战略方针，认真贯彻企业的战略选择也就促使企业稳定而持续的发展。这是一个良性循环。因此，制定清晰的战略方针成为解决问题的方法之一。

二、企业战略理论

美国哈佛大学教授波特将战略定义为："……战略是公司为之奋斗的一些终点与公司为达到它们而寻求的途径的结合物。"这一定义堪称 20 世纪 60 年代和 70

年代对战略传统定义的代表，它强调了公司战略的一方面属性——计划性、全局性和长期性。20 世纪 80 年代以来，企业外部环境变化速度加剧，六七十年代对战略的定位已不合时宜。加拿大学者明茨伯格在 1989 年提出，以计划为基点的理性战略是不正确的，企业许多战略是在事先无计划的情况下产生的。他将战略定义为“一系列或整套的决策或行动方式”，这套方式包括刻意安排的（计划性）战略和任何临时性出现的（非计划性）战略。事实上，大部分公司战略是事先的计划和突发应变的组合。美国学者汤姆森 1998 年指出：“战略既是预先性的（预谋战略），又是反应性的（适应新战略）”。换言之，战略制定的任务包括制定一个策略计划，即预谋战略，然后随着事情的进展不断对它进行调整。一个实际的战略是管理者在公司内外各种情况不断暴露的过程中不断规划和再规划的结果。

我们一般将战略划分为三个层次：总体战略、业务单位战略和职能战略。图 3－1为企业各层次战略地位以及对应的管理层次。

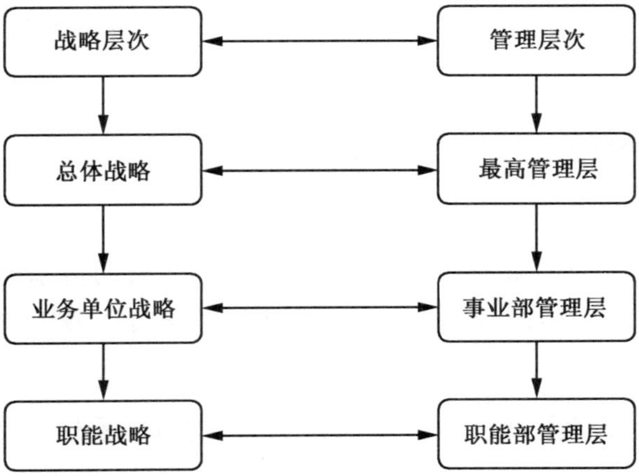

图 3－1 公司战略的结构层次

1. 总体战略

总体战略（公司层战略）是企业最高层次战略。它需要根据企业的目标，选择企业可以竞争的经济领域，合理配置企业经营所必需的资源，使各项经营业务相互支持、相互协调。这个层面的战略往往涉及整个企业的财务结构和组织结构方面的问题。

2. 业务单位战略

公司的二级战略常被称为业务单位战略。这一层战略涉及各业务单位的主管以及辅助人员。这些经理人员的主要任务是将公司战略所包括的企业目标、发展方向和措施具体化，形成本业务单位具体的竞争与经营战略。

3. 职能战略

职能战略主要涉及企业内各职能部门，如营销、财务、生产、研发、人力资源、信息技术等，如何更好地配置企业内部资源，为其他战略服务，提高组织效率。

三个层次的战略虽然侧重点不同，但都是构成企业战略的重要组成部分。在现今瞬息万变的经营环境中，公司战略意味着企业要采取主动态势预测未来，影响变化。企业只有在变化中不断调整战略，保持健康的发展活力，并将这种活力转变成惯性，通过有效的战略不断表达出来，才能获得并持续强化竞争优势，构筑企业的成功。

下面以浙江金华地区的上市公司——花园生物为例，介绍公司的总体战略与业务层战略的选择。

三、花园生物案例

浙江花园生物高科股份有限公司位于浙江省东阳市，始建于 2000 年，注册资本为9 070万元，是一家专业从事医药化工、生物化工及饲料添加剂产品的研制、开发和生产的高新技术企业。公司主要产品为维生素 D3 及 D3 上下游系列产品。经过十多年的发展，公司成为全球维生素 D3 行业销量最大的生产企业之一，资本规模扩张可同时生产 NF 级胆固醇原材料及维生素 D3 系列产品的生产厂家，具有独特的维生素 D3 产业链一体化优势。公司具备较强的产品自主研发和技术创新能力，拥有创新性的维生素 D3 生产工艺、NF 级胆固醇、25-羟基维生素 D3 生产工艺等，突破了国外厂商的技术垄断并革新了传统的生产工艺。

企业自成立以来，面临的市场环境越来越糟糕，为了持久稳定的发展，董事会开始规划企业的战略方向，开启一体化的战略之旅。2014 年 10 月 9 日，公司于深圳证券交易所创业板挂牌上市，正式迈入资本市场。企业上市以来，面对日趋激烈的市场竞争，为达成公司总目标，花园生物也面临着战略选择，下面就从公司层与业务层两方面说明。

（一）总体（公司层）战略：一体化战略

花园生物企业采用的是企业总战略中的发展战略这一类，从公司成立时间以及经营情况来看，花园生物还处于成长期，因此选择发展战略是非常契合公司目前经营情况的。

花园生物企业采用的是发展战略中的一体化战略类型，一体化战略包括纵向一体化与横向一体化。纵向一体化是指企业沿着产品或产业链向前或向后延伸和扩展企业现有业务的战略。横向一体化战略是指企业收购、兼并或联合竞争企业的战略。

花园生物公司所处的维生素行业是生物产业中的细分行业，生产的产品应用于饲料添加剂、食品添加剂、营养保健品和药品，因此维生素行业的发展与饲料工业、食品工业、精细化工、医药工业等多个行业息息相关。花园生物主营产品维生素D3的销售受养殖业效应的波动以及维生素D3产品市场竞争激烈的影响。

花园生物为实现公司长期稳健的发展，企业从纵向一体化和横向一体化两方面实施战略：

1. 纵向一体化

企业采用纵向一体化战略有利于节约上、下游企业在市场上进行购买或销售的交易成本，控制稀缺资源，保证关键投入的质量和新客户的获得。从产业链的上游来看，花园生物已掌握氧化还原、分子蒸馏、分流萃取三大核心工艺，能够自产NF级胆固醇，在维生素D3生产环节形成绝对的成本优势。

公司生产的维生素D3处于行业龙头地位，是维生素D3市场的重要领导者，以2013年数据统计为例，当年公司维生素D3的销量为2 359吨，占全球需求量的33.05%，其中饲料级维生素D3的销量为2 258吨，占全球需求量的41%。从国内市场来看，维生素行业里的企业数目并不多，随着维生素价格的上涨，国内不少新的企业加盟，致使行业竞争加剧。从国际市场上来看，国际维生素巨头帝斯曼集团正向欧盟力推用25-羟基维生素D3完全替代普通维生素D3。因此，在维生素D3生产链的下游，企业面临的风险较高。归纳出来，其一是主要维生素D3和羊毛脂价格波动较大；其二是外销客户依赖性较高以及产业细分导致的客户集中度较高；其三是替代品的出现。因此，企业在保证国外市场稳步增长的同时，加大国内维生素D3市场开拓力度，积极推进现有市场的推广进度。

为打造完整的维生素D3生产链，花园生物募投生产高端产品，2014年公司筹建年产 100 吨饲料级 25-羟基维生素 D3 项目，并于 2015 年 12 月投产且于 2016 年提前实现量产。目前，全球仅荷兰帝斯曼一家生产销售饲料级 25-羟基维生素 D3 产品，目前市场售价约4 000元/千克。普通饲料级维生素 D3 的市场容量约为5 500吨，理论上讲，如果未来饲料级 25-羟基维生素 D3 完全替代普通维生素 D3，和目前荷兰帝斯曼仅 200 余吨的销量相比，其缺口很大。为加快公司新产品 25-羟基维生素 D3 原产品的市场销售，确保公司持续盈利水平，提高公司综合竞争实力，公司与荷兰帝斯曼就 25-羟基维生素 D3 原产品自 2017 年 1 月 1 日起签订了长达十年的采购框架协议，有力保障了公司产品的市场份额及盈利能力。

2. 横向一体化

企业采用横向一体化战略的主要目的是减少竞争压力、实现规模经济和增强自身实力以获取竞争优势。目前，国内维生素板块的上市公司有 15 家，且大多数企业产品多元化程度较高，即产品种类较多，相对而言，花园生物产品种类较少。为了避免潜在的同业竞争，2014 年公司收购了洛神科技 100%的股权，同时也进一步完善了公司的维生素 D3 产业链。

（二）业务层战略

市场经济的实质就是竞争，业务层战略因此也称为竞争战略，企业为在行业与市场中取得竞争优势，必须确定适合本企业的基本竞争战略。波特归纳总结了三种具有内在一致性的基本战略，即成本领先战略、差异化战略和集中化战略。下面介绍花园生物在这三方面的战略选择。

1. 成本领先战略

成本领先战略是指企业通过在内部加强成本控制，在研究开发、生产、销售、服务和广告等领域把成本降到最低，成为产业中的成本领先者的战略。按照波特的思想，成本领先战略应该体现为产品相对于竞争对手而言的低价格。花园生物进入维生素这个细分市场已经 10 多年，与行业内其他企业不同，公司以羊毛脂为原材料，自产 NF 级胆固醇，用于维生素 D3 生产，因此维生素 D3 生产成本大幅低于其他企业，在维生素 D3 市场价格大幅下跌导致其他企业面临较大亏损的情况下，公司仍能保持较高的毛利率。

2. 差异化战略

差异化战略是指企业向顾客提供的产品和服务在产业范围内独具特色，这种特色可以给产品带来额外的加价。如果一个企业的产品或服务的溢出价格超过因其独特性所增加的成本，那么，创造和拥有这种差异化的企业将获得竞争优势。花园生物的主营产品是维生素 D3 系列产品、胆固醇以及羊毛脂产品，公司现有三大核心生产工艺：维生素 D3 生产工艺、NF 级胆固醇生产工艺、25-羟基维生素 D3 生产工艺，在行业内具有领先的生产工艺技术优势。因此，在国内，花园生物的产品种类数目虽然不多，但其产品的销量在国内处于领导者地位，在维生素这个细分市场上，与其他企业形成差异，建立自己的独特品牌定位，形成明显的市场间隔，成为维生素市场的知名品牌，也为后期新产品的市场开拓奠定良好的基础。

3. 集中化战略

集中化战略是指针对某一特定购买群体、产品细分市场或区域市场，采用成本领先或产品差异化来获取竞争优势。集中化战略本质上是特殊的成本领先战略或差异化战略。回顾花园生物 10 多年的发展，从业务层方面考虑，该企业采用的是集中化战略，这也是企业初创时一般采用的基本战略。花园生物在上市之前，一直以维生素 D3 产品为主营产品，因此，市场需求者可以说是比较固定，维生素行业本来是一个细分市场，而花园生物与同行业其他企业相比，产品品种也甚是单薄。特定的购买群体以及狭小的细分市场会使花园生物面临较大的风险，狭小的目标市场难以支撑必要的生产规模，很可能带来高成本的风险，这与花园生物致力于降低成本的初衷相违背。随着业务的发展，花园生物为规避此类风险，自上市以来，努力拓宽产品种类，2014 年募投的两个项目——年产 100 吨饲料级 25-羟基维生素 D3 项目及羊毛脂综合利用项目，已投产使用，而公司的产品结构及收入结构均发生了根本性的变化，改变了以往维生素 D3 产品一枝独秀的现状，形成了胆固醇、25-羟基维生素 D3 原产品及饲料级维生素 D3 齐头并进的格局，大大提高了公司的综合盈利能力和抗风险能力。在企业的努力之下，产品品种虽然有所增加，但仍然没有改变其面临的细分市场过于狭小这一局面，公司采用的集中化战略这一选择并未发生变化。

从花园生物在上述战略中的选择来分析：从产业链纵向来看，公司在打造完整维生素 D3 上下游产业链，以维生素 D3 产品为基础，上游原材料方面发展精制羊毛脂、NF 级胆固醇，逐步介入化妆品原材料领域，下游应用方面进入 25-羟基维生素 D3、核心预混料、环保灭鼠剂；从横向上来看，努力拓宽产品种类，发展产品的相关多元化，在目前产品种类的基础上，未来还将开发全活性维生素 D3 及类似物，不断开拓市场空间。花园生物坚定的战略选择与定位，不断提升公司的核心竞争力,形成了一个良好的上升发展趋势。

四、本章结语

综上所述,企业战略是一个持续演进的过程,如花园生物,从创立之初,就订立了清晰的发展战略目标,在总目标的指导下,选择适合自己的发展战略,而且随着市场环境的变化,不断调整自己的战略步伐,以让企业在这个细分市场上始终保持着领导者地位。花园生物的战略选择可以为其他企业作一个示范,让企业能在激烈的市场经济竞争环境以及企业转型中谋求一条生存之道。

第四章

企业绩效评价

一、引言

上市公司的价值是诸多投资者在进行投资决策时最关心的，而能反映上市公司价值的选项当属上市公司的绩效状况。上市公司各个会计年度的业绩好坏、经营成败又会影响投资者的进一步决策。伴随我国上市公司的迅速发展，上市公司的绩效评价也越来越凸显其重要性。

作为连续三届被评为“中国十佳宜居城市”，并拥有国家级历史文化名城、全国卫生城市、中国十佳宜游城市、中国最安全城市之一、全国双拥模范城、全国科技进步先进城市、十佳和谐城市，以及 2016 年、2017 年分别被授予“国家森林城市”“国家节水型城市”等荣誉称号的浙江省金华市，截至 2017 年 4 月 30 日，拥有上市公司总计 23 家。那么这些上市公司的绩效状况怎样呢？本书采用单一指标评价法和多指标综合得分评价法（因子分析法）对金华市上市公司绩效予以评价，以期为投资者以及金华市政府等部门的决策提供具有借鉴意义的信息。

二、相关理论概述

（一）企业绩效及绩效评价

企业绩效是指一定经营期间的企业经营效益和经营者业绩。企业经营效益水平主要表现在盈利能力、偿债能力、资产运营水平、发展能力（成长性）等方面。经营者业绩主要通过经营者在经营管理企业的过程中对企业经营、发展所取得的成果和所做出的贡献来体现。

企业绩效评价，依据财政部统计评价司的阐述，是指运用数理统计和运筹学原理，特定指标体系，对照统一的标准，按照一定的程序，通过定量与定性的对比分析，对企业一定经营期间的经营效益和经营者业绩做出客观、公正和准确的综合评判。

（二）常见的企业绩效评价方法

1. 单一财务指标评价法

单一财务指标评价法始于 20 世纪初，主要以成本和利润指标为主，净资产收益率、投资回报率、权益报酬率是该方法应用最广泛的评价指标。因为这些数据主要来自严格遵循会计准则编制的财务报表，所以相对具有较高的可比性，但是该方法过分注重短期绩效评价，且未考虑权益资本成本等因素，使得其未能对企业的绩效做出有效的评价。

2. 经济增加值评价法

经济增加值评价法是 20 世纪 90 年代发展起来的一种新的绩效评价方法。1991 年，斯特恩 · 斯图尔特（Stern Stewart）公司提出经济增加值（Economic Value Added，EVA）指标，简单地说，就是公司税后营业利润与资本成本的差额。EVA 不仅是一种业绩评价方法，而且也是一种集绩效评价、激励补偿、管理理念于一体的新型管理体系，但是此方法也存在一定缺陷，比如：无法有效控制公司规模等。

3. 平衡计分卡评价法

平衡计分卡（Balanced Score Card，BSC）是由美国学者卡普兰和诺顿于 1992 年提出的一种集财务指标与非财务指标于一体的绩效评价体系。平衡计分卡从四个视角对企业绩效进行度量：财务视角，如利润、投资回报等；顾客视角，如顾客满意度、市场份额等；内部流程视角，如产品设计、开发、售后服务等；学习与成长视角，如员工能力等。虽然平衡计分卡评价法使得绩效评价方法日趋成熟和完善，但是具体实施过程中还是有一定难度，比如：设置各维度的目标值和权重时存在困难；非财务指标的度量缺乏科学性等。

三、金华市上市公司绩效评价概述

截至 2017 年 4 月 30 日，金华市上市公司总计 23 家，涵盖 15 个行业大类：其中，3 家集体性质企业，2 家地市国资控股企业，18 家民营性质企业（公司其他相关基本信息已在本部分第一章内容中详述，在此不再赘述）。

本章首先从同花顺数据库中选取金华市23家上市公司2016年度反映其盈利能力、营运能力、偿债能力、成长能力的8个对应指标（见表4—1）：净资产收益率、总资产报酬率、总资产周转率、应收账款周转率、速动比率、资产负债率、总资产增长率、营业利润增长率，采用单一指标评价法将23家上市公司的相关指标与其所在行业的2016年《企业绩效评价标准值》进行比较，得出的评价结论如表4—2所示。

表4—1　金华市上市公司绩效评价指标体系

指标分类	编号	指标名称	指标公式
盈利能力	X_1	净资产收益率	归属于母公司所有者的净利润/平均归属于母公司所有者权益×100%
	X_2	总资产报酬率	（利润总额＋利息支出）/平均资产总额×100%
营运能力	X_3	总资产周转率	营业总收入/平均资产总额
	X_4	应收账款周转率	营业总收入/应收账款平均余额
偿债能力	X_5	速动比率	速动资产/流动负债×100%
	X_6	资产负债率	负债总额/资产总额×100%
成长能力	X_7	总资产增长率	（年末资产总额－年初资产总额）/年初资产总额×100%
	X_8	营业利润增长率	（本年营业利润－上年营业利润）/上年营业利润×100%

表4—2　金华市23家上市公司2016年单一指标绩效评价结果

证券代码	证券名称	X_1	绩效评价	X_2	绩效评价	X_3	绩效评价	X_4	绩效评价
300069.SZ	金利华电	4.80	较低～平均	4.57	平均～良好	0.45	较差～较低	1.64	较差
300234.SZ	开尔新材	3.19	接近平均	3.23	平均～良好	0.35	较低	1.18	较差
002615.SZ	哈尔斯	17.21	优秀	12.64	优秀	1.14	平均～良好	11.74	平均～良好
002634.SZ	棒杰股份	6.16	平均～良好	5.29	平均～良好	0.36	较差	10.91	平均
002840.SZ	华统股份	12.03	优秀	7.36	良好	2.78	优秀	167.27	优秀
002779.SZ	中坚科技	5.88	较低～平均	4.50	平均～良好	0.55	较低	4.32	平均
002199.SZ	东晶电子	3.59	平均～良好	5.07	良好～优秀	0.25	较差	2.55	良好～优秀
600052.SH	浙江广厦	21.30	优秀	7.16	优秀	0.34	平均～良好	14.90	良好～优秀
300401.SZ	花园生物	5.98	平均～良好	6.13	良好	0.40	较低～平均	5.73	平均～良好
002632.SZ	道明光学	3.46	较低～平均	3.00	较低～平均	0.33	较低～平均	5.56	平均
600668.SH	尖峰集团	12.56	优秀	10.61	优秀	0.62	平均～良好	10.64	优秀
002703.SZ	浙江世宝	4.35	较低～平均	3.95	较低～平均	0.57	较低～平均	3.14	较差

续表

证券代码	证券名称	X_1	绩效评价	X_2	绩效评价	X_3	绩效评价	X_4	绩效评价
601113.SH	华鼎股份	2.66	平均～良好	3.05	良好～优秀	0.49	平均	8.57	较低～平均
000739.SZ	普洛药业	10.45	平均～良好	7.06	较低～平均	0.87	良好	5.92	平均～良好
002515.SZ	金字火腿	1.48	较低～平均	1.44	较低～平均	0.11	较差	13.14	良好
300426.SZ	唐德影视	18.85	优秀	9.94	优秀	0.39	平均	1.91	较差～较低
603303.SH	得邦照明	28.55	优秀	17.20	优秀	1.47	接近优秀	4.35	平均～良好
002056.SZ	横店东磁	11.80	平均～良好	9.34	良好～优秀	0.86	平均～良好	7.36	良好～优秀
002619.SZ	巨龙管业	6.47	优秀	6.33	优秀	0.15	较差～较低	1.30	较差～较低
600572.SH	康恩贝	10.43	平均～良好	6.88	较低～平均	0.67	平均～良好	7.02	平均～良好
002434.SZ	万里扬	11.81	平均～良好	5.76	较低～平均	0.47	较低	3.11	较差
300027.SZ	华谊兄弟	8.45	良好～优秀	8.06	优秀	0.19	较差	2.24	较差～较低
600415.SH	小商品城	10.81	良好～优秀	5.13	良好～优秀	0.25	较差～较低	82.17	优秀

证券代码	证券名称	X_5	绩效评价	X_6	绩效评价	X_7	绩效评价	X_8	绩效评价
300069.SZ	金利华电	1.17	接近良好	38.23	优秀	18.69	接近优秀	251.88	优秀
300234.SZ	开尔新材	2.73	优秀	14.76	优秀	35.41	优秀	−73.83	较差
002615.SZ	哈尔斯	0.79	平均～良好	48.34	优秀	64.29	优秀	263.12	优秀
002634.SZ	棒杰股份	1.66	优秀	18.01	优秀	0.74	较差	28.69	优秀
002840.SZ	华统股份	0.42	较差	39.94	优秀	−2.94	较差～较低	34.75	优秀
002779.SZ	中坚科技	1.25	良好	19.56	优秀	2.59	较低～较差	−27.00	较差
002199.SZ	东晶电子	1.63	优秀	30.51	优秀	−52.29	较差	96.92	优秀
600052.SH	浙江广厦	0.32	较差～较低	54.42	良好～优秀	−23.49	较差	150.61	优秀
300401.SZ	花园生物	1.26	良好～优秀	14.14	优秀	11.34	良好	556.92	优秀
002632.SZ	道明光学	4.51	优秀	9.54	优秀	2.77	较低～平均	−3.72	较差～较低
600668.SH	尖峰集团	0.60	平均～良好	36.11	优秀	10.00	良好～优秀	53.23	优秀
002703.SZ	浙江世宝	1.35	优秀	28.00	优秀	10.02	良好～优秀	26.86	优秀
601113.SH	华鼎股份	1.27	优秀	36.53	优秀	4.22	平均～良好	−5.47	较低～平均
000739.SZ	普洛药业	0.66	较低～平均	53.43	良好～优秀	4.15	较低～平均	35.23	优秀
002515.SZ	金字火腿	0.59	较差～较低	5.18	优秀	2.28	较低～平均	−14.77	较差
300426.SZ	唐德影视	0.86	较低～平均	58.38	良好～优秀	71.41	优秀	18.27	优秀
603303.SH	得邦照明	1.13	平均～良好	46.48	优秀	11.45	平均～良好	3.75	平均～良好
002056.SZ	横店东磁	0.88	平均	31.86	优秀	13.41	平均～良好	36.17	优秀
002619.SZ	巨龙管业	1.95	优秀	11.80	优秀	5.31	较低～平均	31.27	优秀
600572.SH	康恩贝	1.15	良好～优秀	47.17	优秀	−11.22	较差	−15.51	较差
002434.SZ	万里扬	1.03	接近优秀	42.84	优秀	62.46	优秀	49.60	优秀
300027.SZ	华谊兄弟	1.20	平均～良好	50.38	优秀	10.95	平均～良好	−15.21	较差～较低
600415.SH	小商品城	0.11	较差	61.14	平均～良好	−8.40	较差	66.40	优秀

由表 4—2 可以看出同一家上市公司的不同指标与全行业平均值相比有些表现优秀，而有些则表现较差。整体来看，2016 年浙江省金华市上市公司的相关指标表现还是比较好的。具体而言，在所选的 8 个指标中，5 个指标获得“优秀”的公司有巨龙管业、尖峰集团、华统股份、哈尔斯；4 个指标获得“优秀”的公司有万里扬、唐德影视、得邦照明；3 个指标获得“优秀”的公司有浙江世宝、浙江广厦、开尔新材、金利华电、东晶电子、棒杰股份；2 个指标获得“优秀”的公司有小商品城、华谊兄弟、华鼎股份、花园生物、横店东磁、道明光学；1 个指标获得“优秀”的公司有中坚科技、普洛药业、康恩贝、金字火腿。当然以上单一指标的评价没有办法完全反映一家公司的整体绩效，只能作为绩效对比的简单参考。

四、金华市上市公司绩效评价综合分析

(一)样本选取和指标选择

因单一指标评价法存在一定的缺陷，过分关注短期绩效评价，因此本书选取 23 家上市公司连续三年(2014～2016 年)的指标数据进行实证分析。为了提高数据的可靠性，在选取样本的时候，本书做了以下处理：(1)选取正常的上市公司，剔除 * ST 股公司(* ST 东晶)；(2)选取各个指标齐全且无异常波动的公司(剔除指标异常的浙江广厦、华鼎股份)。经筛选，共选取 20 家上市公司作为研究样本。

对于指标的选择详见表 4—1 内容。综合分析采用 SPSS 17.0 软件，运用因子分析方法对上市公司进行综合评分并排序。

(二)数据标准化及可行性检验

1. 数据标准化

为了确保分析结果的客观性和科学性，减弱指标间量纲和数量级的影响，对样本数据进行了标准化处理：$X_{ij}^{*}=(X_{ij}-X_{j}^{*})/S_{j}$(其中 $i=1,2,\cdots,20$；$j=1,2,\cdots,8$)。在式中，X_{ij}^{*} 表示第 i 个样本第 j 个指标比变量标准化后的数值，X_{ij} 表示第 i 个样本第 j 个指标的原始数据值，X_{j}^{*} 表示第 j 个指标数据的平均值，S_{j} 表示第 j 个指标原始数据值的标准差。

2. 可行性检验

对经标准化处理的数据进行可行性分析，分别采用 KMO 检验和 Bartlett 检验两种方法。检验结果如表 4—3 所示。KMO 值是用于检验是否适用因子分析方法的指标值，若在 0.5～1.0 之间，表示适合；小于 0.5，表示不适合，由表 4—3 中

2014～2016 年的 KMO 检验值(分别为 0.575、0.594、0.561)可知因子分析是适用的。由 Bartlett 的球体检验相对应的显著性概率(均小于 0.001)可知,样本各年数据适合作因子分析。

表 4—3　　　样本公司 2014～2016 年各年 KMO 检验和 Bartlett 检验结果

2014 年	KMO 检验	0.575
	Bartlett 的球形度检验(Sig.)	0.000
2015 年	KMO 检验	0.594
	Bartlett 的球形度检验(Sig.)	0.000
2016 年	KMO 检验	0.561
	Bartlett 的球形度检验(Sig.)	0.000

3. 确定公因子数量

根据数据分析结果,得到 2014～2016 年各年数据分析的 Total Variance Explained(解释的总方差),如表 4—4 所示。根据特征值大于 1 的原则,可以确定 2014 年、2015 年和 2016 年提取的公因子的数量均为 3 个(主要体现在盈利能力、营运能力、成长能力),各年的累计解释总方差分别为 79.186%、83.137%、75.375%,解释程度相对较高。

表 4—4　　　样本公司 2014～2016 年各年的主成分特征值及解释的总方差

年度	成分	初始特征值			旋转平方和载入		
		合计	方差的%	累积%	合计	方差的%	累积%
2014 年	1	3.494	43.671	43.671	3.176	39.702	39.702
	2	1.81	22.622	66.294	1.97	24.623	64.325
	3	1.031	12.893	79.186	1.189	14.861	79.186
2015 年	1	3.171	39.638	39.638	2.68	33.504	33.504
	2	2.047	25.592	65.229	2.013	25.168	58.672
	3	1.433	17.908	83.137	1.957	24.465	83.137
2016 年	1	3.245	40.563	40.563	2.969	37.118	37.118
	2	1.72	21.505	62.068	1.943	24.293	61.411
	3	1.065	13.306	75.375	1.117	13.964	75.375

4. 综合得分

根据分析原理，本文利用 SPSS17.0 软件对所得各因子载荷矩阵进行正交旋转，并以各因子的方差贡献率作为权重进行加权汇总，计算各个样本公司绩效评价的综合得分以及排名（见表 4—5）。

表 4—5　金华市 20 家上市公司绩效评价综合得分及排名

公司名称	行业分类	综合得分					
		2014 年	排名	2015 年	排名	2016 年	排名
金利华电	电气机械和器材制造	—0.76	19	—0.5	16	—0.23	12
开尔新材	非金属矿物制品	0.29	7	—0.08	12	—0.79	19
哈尔斯	金属制品	—0.24	12	—0.2	14	0.65	3
棒杰股份	纺织服装、服饰	—0.6	16	—0.39	15	—0.46	16
华统股份	农副食品加工	0.86	2	0.58	3	1.23	2
中坚科技	专用设备制造	0.26	8	—0.19	13	—0.36	14
花园生物	食品制造业	—0.71	18	—0.75	19	—0.27	13
道明光学	化学原料和化学制品制造	—0.71	17	—0.95	20	—1.06	20
尖峰集团	非金属矿物制品	0.2	9	0.01	10	0.38	5
浙江世宝	汽车制造	—0.3	13	—0.68	17	—0.37	15
普洛药业	医药制造	0.38	5	0.12	9	0.2	8
金字火腿	农副食品加工	—0.85	20	—0.72	18	—0.69	18
唐德影视	广播、电视、电影和影视录音制作	0.78	3	0.37	4	0.42	4
得邦照明	电气机械和器材制造	1.32	1	1.22	1	1.33	1
横店东磁	电气机械和器材制造	—0.14	11	—0.07	11	0.22	7
巨龙管业	非金属矿物制品	—0.59	15	1.08	2	—0.53	17
康恩贝	医药制造	0.64	4	0.33	7	0.02	9
万里扬	汽车制造	—0.33	14	0.14	8	0	10
华谊兄弟	广播、电视、电影和影视录音制作	0.33	6	0.36	5	—0.05	11
小商品城	商务服务	0.17	10	0.36	6	0.35	6

5. 金华市上市公司绩效评价综合分析

(1)横向比较评价

以 2016 年金华市 20 家上市公司的因子分析综合得分情况(见表 4－5)为例，进行绩效的横向比较评价。从总体排名来看，得邦照明、华统股份、哈尔斯排名分别位居前三位，而金字火腿、开尔新材、道明光学分别位居最后三位。从得分来看，得邦照明、华统股份、哈尔斯、唐德影视、尖峰集团、小商品城、横店东磁、普洛药业、康恩贝得分大于 0，说明这几家上市公司综合绩效处于平均水平以上；万里扬得分为 0，说明其综合绩效与平均水平相等；而华谊兄弟、金利华电、花园生物、中坚科技、浙江世宝、棒杰股份、巨龙管业、金字火腿、开尔新材、道明光学得分小于 0，说明其综合绩效在平均水平以下。

(2)纵向比较评价

从 2014～2016 年金华市上市公司连续三年的绩效综合得分情况(见表 4－5)来看，受外部市场环境变化与内部公司治理改善等因素的影响，除得邦照明一家上市公司连续三年保持综合绩效第一的排名外，其他上市公司的绩效都出现了不同程度的波动。

第一，绩效持续上升的上市公司仅有 2 家，它们分别为金利华电、小商品城。

第二，绩效先降后升，波动较大的上市公司有 5 家，它们分别为哈尔斯、花园生物、尖峰集团、浙江世宝、普洛药业。

第三，绩效先升后降，波动较大的上市公司有 3 家，它们分别为巨龙管业、万里扬、华谊兄弟。

第四，绩效持续下降的上市公司有 3 家，它们分别为开尔新材、中坚科技、康恩贝。

第五，绩效排名出现小幅波动，但基本平稳的上市公司有 6 家，它们分别为华统股份、道明光学、金字火腿、唐德影视、得邦照明、横店东磁。

五、本章结论及建议

本章虽然采用多指标因子分析法结合 SPSS 17.0 软件对金华市上市公司的绩效进行综合得分评价，有一定的科学性和合理性，但是，一家公司的绩效不仅仅体现在财务指标上，也体现在非财务指标方面。比如，有学者研究表明高管薪酬及激励机制、高管团队特征、企业社会责任、股权结构、公司治理等因素均会在不同程度上影响企业的绩效。由于部分非财务指标无法量化，同时部分公司的数据获取存在困难，本章未考虑非财务指标对企业绩效的影响。

本章结合 2016 年的综合绩效得分以及各因子得分数值（见表 4－6），给出金华市上市公司未来发展的相关建议。从表中数据可以看出，即便是综合排名第一的得邦照明，其综合得分主要靠非常优秀的盈利能力拉动，以至于弥补了其他两个因子（尤其是成长能力因子）低于 0 的分数；而哈尔斯公司则是主要靠较好的盈利能力以及成长性弥补较差的营运能力因子的负值影响。其他公司情况详见表 4—6，在此不再一一赘述。从整体各因子的得分来看，盈利能力因子得分大于 0 的公司总计 9 家；营运能力因子得分大于 0 的公司总计 7 家；成长能力因子得分大于 0 的公司总计 8 家。所以，对于金华市上市公司而言，仍需要根据自身情况在以上三个方面采取相关措施提升综合能力。

表 4—6　　　　金华市上市公司 2016 年各因子得分及排名分析

公司名称	因子 1(F1)		因子 2(F2)		因子 3(F3)		综合得分及排名(F)	
	得分	排名	得分	排名	得分	排名	综合得分	综合排名
得邦照明	3.101 6	1	－0.011 7	10	－1.302 4	19	1.33	1
华统股份	0.395 9	6	3.588 6	1	0.105 5	8	1.23	2
哈尔斯	1.045 6	3	－0.757 2	18	1.587 2	2	0.65	3
唐德影视	1.128 5	2	－1.234 3	20	0.895 2	5	0.42	4
尖峰集团	0.782 4	4	－0.007 9	9	－0.116 6	10	0.38	5
小商品城	－0.426 1	11	1.228 4	2	1.128 3	3	0.35	6
横店东磁	0.477 8	5	0.022 8	7	－0.184 1	11	0.22	7
普洛药业	0.076 4	9	0.281 0	4	0.423 5	7	0.20	8
康恩贝	－0.048 9	10	0.341 8	3	－0.244 2	14	0.02	9
万里扬	0.198 7	7	－0.914 1	19	0.762 1	6	0.00	10
华谊兄弟	0.079 9	8	－0.340 1	13	－0.004 0	9	－0.05	11
金利华电	－0.697 6	17	－0.324 6	12	1.061 8	4	－0.23	12
花园生物	－0.968 5	19	－0.454 8	15	1.721 7	1	－0.27	13
中坚科技	－0.496 2	13	0.110 9	6	－0.648 7	16	－0.36	14
浙江世宝	－0.624 4	14	－0.005 1	8	－0.206 2	12	－0.37	15

续表

公司名称	因子 1(F1)		因子 2(F2)		因子 3(F3)		综合得分及排名(F)	
	得分	排名	得分	排名	得分	排名	综合得分	综合排名
棒杰股份	−0.662 2	15	−0.026 3	11	−0.540 6	15	−0.46	16
巨龙管业	−0.447 2	12	−0.426 0	14	−0.866 7	17	−0.53	17
金字火腿	−1.361 7	20	0.199 7	5	−0.214 4	13	−0.69	18
开尔新材	−0.678 5	16	−0.717 8	17	−1.153 9	18	−0.79	19
道明光学	−0.875 6	18	−0.553 5	16	−2.203 6	20	−1.06	20

第五章

管理会计思想在小企业中的应用案例

——以约束理论和有效产出会计为例

商业竞争异常激烈的今天，对于小企业生存和发展尤其重要的是企业家的决策。管理会计通过搜集、分析、沟通信息，帮助企业主做出正确决策。管理会计为企业在竞争中取得优势提供了许多思路，而这些管理会计的理论和思想都对企业过去熟悉的生产方式和流程提出了挑战。其中，约束理论（Theory of Constraints, TOC）和有效产出会计（Throughput Accounting, TA）就是企业在改进生产流程、提高生产效率的过程中，发展起来的最重要的理论和方法。约束理论和有效产出会计的思想，将给小企业提高生产效率、增加产能、节约成本、提高利润率带来一些新的思路。

一、约束理论的基本概念

约束理论的概念可以归纳为以下两部分：

首先，每个系统都一定会有至少一个约束。如果某个系统没有约束，以某个营利性组织为例，这个组织就会获得无穷无尽的利润，显然是不合理的。因此，约束就是限制组织达到更高绩效目标的那个因素。

其次，约束的存在也是取得进步的机会。与传统的思维方式不同，约束理论把约束看作积极的而非消极的。因为约束决定了系统的绩效，只要找到约束，并大大提升其能力，就能提升系统的绩效。

约束理论关注的重点是系统的持续进步，这有别于其他管理会计的思想，如适时制生产。在实施的过程中一般有五个步骤：

1. 识别约束

识别约束就是找到阻碍企业提升绩效的因素，这些因素有可能是某些人、机器设备或者是需求水平和管理水平等。

2. 谋划约束

谋划约束即决定如何解决约束，如使某台机器设备的效率最大化，或者采取加班、增派人手的方法增加某生产环节的产能。

3. 协调一致

协调一致即协同系统中的一切其他因素，以支持上述决策。这意味着系统中的其他部分都必须做出调整，以便约束环节能达到产出的最大化。

4. 解决约束

解决约束即提升现有约束环节的绩效，就能使整个系统的绩效都得到提升。

5. 持续改进

持续改进即如果约束环节的产能持续提升，约束必将发生转移，此时应该重复上述步骤，以达到持续改进的目的。

在约束理论的应用中，"击鼓—缓冲—绳索"理论至关重要。击鼓就是系统工作的节奏；绳索为保障系统中各个部分的协同一致提供沟通渠道；而缓冲则是为了系统能顺畅运行投放的战略性库存。"击鼓—缓冲—绳索"理论协同了系统中的资源和物料的使用，使得系统能够得到最大的有效产出。

二、有效产出会计

有效产出会计是建立在约束理论基础上的管理会计思想，其对待成本的理念与传统的成本会计思想有着很大的区别。有效产出被定义为销售收入减去直接材料成本，体现的是企业通过销售获取金钱的速率。在有效产出会计的视角下，库存是成本没有价值，库存的存在完全是为了保障系统运行的顺畅；而人工成本和其他间接费用都被认为在短期内是固定成本，这也符合大多数现代企业的特征。

在有效产出会计下，企业生产运作中的约束被充分挖掘、利用，以便给企业带来最大化的效益。在企业产能不足的情况下，可以使用瓶颈资源的单位有效产出对产品进行排序，做出短期决策，安排生产计划。在绩效评价中，可以使用单位可转换成本带来的瓶颈收益（Throughput Accounting Ratio，TA Ratio）分别对不同产品进行评价，这一比率越高，说明产品给企业带来的经济效益越大。

三、管理会计思想在小企业中应用的意义

企业竞争是时间和质量的竞争，如果企业无法生产出高质量的产品，并且缩短生产时间和加快存货周转速度，就有可能在激烈的竞争中落败，甚至无法生存。而对于势单力薄的小企业而言，要想在如此的竞争中生存下去并且得到发展，就需要管理会计思想的辅助。

无论是在高度发达的市场经济国家还是处于制度变迁的发展中国家，小企业都已经成为国民经济的支柱，加快中小企业发展，可以为国民经济持续稳定增长奠定坚实的基础。小企业的规模虽然小，数量却巨大，分布很广，能吸纳众多的基层劳动者就业，为社会稳定提供重要基础。同时，小企业是最具活力的企业群体，在推动创新、增加税收、吸纳就业、改善民生等方面具有不可替代的作用。小企业不仅仅是工具，还是价值的创造者。科技的进步推动着经济结构和形式的转变，而这种转变使得小企业在未来的重要性和意义甚至超出了我们的想象。

近年来，由于国际经济环境的动荡、国内人力成本的上升以及市场竞争的白热化等因素，小企业频现“倒闭潮”。虽说这是小企业在经济转型升级过程中必须经历的“阵痛”，但站在小企业自身的角度看，能否抓住这个契机，利用管理会计思想，改善企业的经营管理，缩减成本，扩大竞争优势，以便在今后的竞争中立于不败之地。

四、案例应用

（一）案例背景介绍

SX 内衣厂是金华市一家典型的民营小企业，主要从事各大品牌内衣的代加工，客户遍布世界各地，多为一流高端内衣品牌。

SX 内衣厂的前身为一家只有 15 人和 20 台机器设备的微型代工厂，经过几年的努力，2010 年 SX 内衣厂正式成立，并搬迁至东湄工业区的现代化厂房，并拥有自营进出口权。截至 2016 年底，企业拥有员工 76 人，机器设备 120 余台。2016 年全年产量超过 70 万件，产值超过1 000万元。

2016 年初，由于企业决策失误和国际经济环境较差、订单较少等原因，SX 内衣厂面临着现金流不足、利润率下降等经营困境。为此，SX 内衣厂结合自身实际情况，基于多年生产中总结的管理经验，运用管理会计的思想，对生产流程进行改

造、升级，提高生产效率、降低成本、提升产品质量。2016 年下半年，改造成效初现，企业渡过困难时期，生产经营重回正轨，经营效率和效果也逐步提升。

2014 年 3 月，SX 内衣厂为了承接某国际知名零售巨头的大宗订单，将厂房搬迁至金华市东湄工业区某厂区，并增添一部分机器设备和工人，以扩大生产。在工厂订单最为充足的时期，企业员工多达 140 余人，年产值为1 800余万元，息税前利润约为 265 万元。2016 年初，为了维持生产规模，充分利用产能，企业的利润率下降，从过去的 15%左右下降到 10%左右，甚至更低。由于订单质量参差不齐，某些订单回款的速度较慢，资金占用时间较长，导致企业现金流不足，临时增加借款也使资本成本大幅度上升，企业的净利率大幅度下降，一时之间陷入了经营困境。

（二）约束理论的应用

根据预测，如果 2016 年维持前两年的生产规模，订单质量下降的情况下，盈利情况将大大低于往年，而企业的流动性降低使得企业债务违约的风险大大增加。为了提高企业的盈利能力，降低财务风险，SX 内衣厂决定缩小生产规模，摒弃低附加值订单，专注高端产品，将其技术优势发挥到极致。因此，2016 年 9 月，SX 内衣厂将其一半的厂房分租给另一家企业，每年获得租金 15 万元。与此同时，将缝纫车间原有的三条生产线减少为两条，工人由原来的 140 人减少一半，约 70 人。由于场地和人员的大规模缩减，为了完成手头上的订单以及提高产能，SX 内衣厂试图借助约束理论和有效产出会计，提高其生产效率。

SX 内衣厂主要由营业部、采购部、技术部、财务部及办公室、裁剪部、缝纫车间、检验部、包装部组成，其中，裁剪部、缝纫车间、检验部、包装部为主要生产部门。缝纫车间中包含两条生产线，这两条生产线通常相互独立，各自生产不同的订单或者产品。以 2016 年 9 月的生产情况为例，两条生产线分别生产两种不同的订单，生产线 1 的产品为比基尼上衣，生产线 2 的产品为运动文胸。生产流程如图 5—1 所示：

图 5—1　生产部门及流程

1. 发现约束

为了识别出生产流程中的“瓶颈”，需要了解每道工序所花费的人工小时数以及每个部门每天的产能。SX 内衣厂采取轮班制，每天的生产时间为 10 个小时。在减员之前，裁剪部有 6 名员工同时工作，每天的产能为 60 小时，产量为3 000件，每人工小时的单位产量约为 50 件。减员后，裁剪部只有 3 名员工同时工作，每天的产能为 30 小时，最大产量为1 500件；裁剪车间的两条生产线，每条生产线同时有 27 人工作，最大生产能力从3 000件/天减少为2 000件/天；检验部有 2 名员工同时工作，每件内衣的平均检验时间约为 50 秒，如果次品率下降，平均检验时间可以降低到每件约 40 秒。包装部现有员工 5 人同时工作，每日产能为 50 人工小时，最大产量为1 500件。由于比基尼上衣和运动文胸的生产流程和工艺复杂程度都基本相同，两条生产线各自独立，每日的产量也基本相同，约为 750 件(见表 5—1)。

由于检验部和包装部对员工的职业技能的要求比较低，在产能不足时可以通过从其他部门调配员工或者临时增加雇员的办法来扩充产能，弹性较大。在提高产能的时候不会被约束。因此，限制企业目前最大产能的是裁剪部，裁剪这道工序显然是此时增加产能的约束。

表 5—1　　**各部门的最大产能及利用情况**

部　门	实际产量	实际工时	理论工时	差　异
裁剪部	1 500 件	1 800 分钟	1 800 分钟	—
缝纫车间	1 500 件	24 300 分钟	32 400 分钟	8 100 分钟
检验部	1 500 件	1 250 分钟	1 200 分钟	—250 分钟
包装部	1 500 件	3 000 分钟	3 000 分钟	—

2. 谋划约束

裁剪部的员工技能要求较高，如果招聘新手进行培训，需要起码 3 个月甚至半年时间才能达到熟练，同时，裁剪工的工资水平较高且较难招聘到熟练工人。裁剪车间的占地面积与工人数有关，增加工人必然导致增加占地面积，而企业的厂房已经分租，此时的场地也较为紧张。根据上述原因，如何在不增加员工和裁剪车间占地面积的情况下增加裁剪车间的产能成为第一个要解决的问题。

3. 协调一致

在当前的生产流程中，检验部的产能略有不足，但是由于缝纫车间剩余产能为

150 分钟/人，在缝纫车间提前结束生产后，生产线上经验较为丰富的 2 名员工会被调派去检验部门帮助检验，刚好弥补了 250 分钟的产能差异。经过调整，SX 内衣厂在不增加产能的情况下，能顺利完成每天约1 500件的最大产能。

4. 解决约束

2006 年 9 月，公司通过融资租赁的手段，首付 12 万元，每月利息 1 万元，购入电脑裁床。电脑裁床仍然需要 3 名工人进行辅助，但对工人的技能要求降低，不需要熟练工人也能操作。电脑裁床的效率极高，每机器工时产出约为 500 件，每天机器设备的最大产能为 10 个小时，因此最大产量为5 000件。

裁剪部产能提升后，大大超过了需求量，不再成为约束，由于检验部和包装部能够很快并且低成本地增加人手和产能，而熟练的缝纫工人却很难招聘，缝纫车间成为企业新的约束。缝纫车间每日最大产能为32 400分钟，每件内衣耗时约 16.2 分钟，最大产量约为2 000件，两条生产线以同样速度进行生产，每天可生产比基尼上衣和运动文胸各1 000件(见表 5—2)。

表 5—2　　产能提升后各部门最大产能及利用情况

部门	实际产量	实际工时	理论工时	差异
裁剪部	2 000 件	240 分钟(机器工时)	600 分钟(机器工时)	360 分钟
缝纫车间	2 000 件	32 400 分钟	32 400 分钟	—
检验部	2 000 件	1 667 分钟	1 200 分钟	−467 分钟
包装部	2 000 件	4 000 分钟	3 000 分钟	−1 000 分钟

由于裁剪部每天只需要 240 分钟就能完成当天需求2 000件产量，而包装部产能缺口为1 000分钟，裁剪部的 3 名员工在完成当天裁剪工作后，被调配至包装部，帮助包装工作，其剩余产能1 080分钟刚好可以弥补包装部门的缺口。同时，检验部门产能缺口为 467 分钟，办公室经过考虑，决定招聘 1 名员工，新员工经过简单的培训就能上岗，按照每天工作 8 小时计算，平均每天为检验部增加了 480 分钟的产能。在消除约束后，日产能从1 500件上升到2 000件。

5. 持续改进

在引进电脑裁床消除约束后，由于检验和包装程序增加产能的成本很低，速度也很快，缝纫车间成为新的约束。SX 内衣厂为了提高缝纫车间的生产效率进行评估，发现目前的生产流程存在一些可以改进的地方。

以其中一条生产线为例，该生产线生产比基尼上衣，该产品工艺复杂，共有28道工序，由27名缝纫工协作完成(其中有一人完成两道简单工序)。生产线有管理人员线长1名，负责协同生产，管理一线工人。在生产的过程中，经常会出现员工开小差、工作效率降低，导致次品率增加的情况，从而造成生产线上半成品库存堆积。而线长根据其职责四处巡视，及时发现这种情况并不断催促员工。长期下来，实际的生产效率有时候无法达到预计的效果，同时，工人与线长的关系恶化，增加了工人的不满情绪，甚至导致产品的良品率下降。

为了提高生产线的生产效率，SX内衣厂于2017年2月花费10万元对两条生产线进行改造。改造后的生产线应用了约束理论中的“击鼓—缓冲—绳索”的方法。“击鼓”就是由节拍器控制生产推进的节拍，根据生产线上产能最低的约束来决定生产的节拍；“绳索”就是生产线上的履带，每“击鼓”一次，履带就向前移动一格，将上一道工序的半成品移动到下一道工序；“缓冲”是生产线上每一道工序的战略性安全库存，一般为4～5件。

改造后的生产线在每一次上线生产新产品时，都有一段调试期，一般为两天。第一天，根据预先安排好的流程进行试生产，考虑到工人的熟练程度不足，节拍器设定为预期时间的2倍。在生产过程中，履带在一个生产周期结束后自动向前推进，使得线长从现有的督促工人的工作中解脱出来，专心观察生产线运行的情况，第一时间找到库存堆积的“堵点”。在试运行的第一天，主要针对生产线上几个主要的“堵点”进行生产流程的调整，每一次调整后，重新开机运行，并观察“堵点”是否已经解决、生产是否流畅。第二天，在已经顺畅运行的生产线上，根据学习曲线效益进行估算，每隔几个小时调整节拍器的时间，直至节拍器的时间等于甚至小于预期。

通过对缝纫车间的改造，其工作效率大大提升，并且改善了基层管理者与员工的关系，提高了良品率。当缝纫车间的产能大大提升，不再成为企业的产能约束时，企业应当重新找到产能约束，并对其进行改造升级，使得企业的产能能够持续不断地提升。

(三)有效产出会计的应用

SX内衣厂在解决了约束、提高产能后的有效产出情况如表5—3所示：

表 5—3　　产能提升后各产品的有效产出情况

	比基尼上衣	运动文胸
售价(元)	25	21
直接材料(元)	13.30	15.50
有效产出(元)	11.70	5.50
约束时间(分)	16.20	16.20
单位有效产出 有效产出/约束时间	0.72	0.33
可转换成本(元)	8 093.33	8 093.33
TA Ratio 单位有效产出/单位可转换成本	2.88	1.32

可以看出,比基尼上衣的单位有效产出比运动文胸高出许多。如果企业产能不足,可以考虑先满足比基尼上衣的生产。同时,两种产品的 TA Ratio 都大于 1,说明两种产品都能给企业带来利润。

五、本章结语

小企业是经济社会基层的“细胞”,每一家小企业都有着各不相同的特征,也有着不同的优势和弱势。由于小企业的多样性,小企业在其发展的初期,财务、公司质量结构都不够完善,在小企业中推行管理会计遇到很多阻碍。但是,小企业的生存与发展又极其需要控制成本和提高决策的科学性。因此,将一些对企业管理人员技能要求不高、应用成本较低、效果较显著的管理会计思想在小企业中进行普及和推广,可以协助管理层进行决策,以帮助小企业改善生产流程、降低成本,取得竞争优势,发展壮大。其中,约束理论和有效产出会计就是典型的可以推广的管理会计思想。

特别是在各行各业普遍面临产能过剩的今天,企业如果能够站在有效产出的角度看待产能和库存,将给企业的决策带来新思路,给企业的发展增添新动力。

第六章

跨境电商税收新政对“互联网+”经济的影响

——以金义都市新区为例

一、跨境税收政策解读

自2016年4月8日起，由财政部、海关总署、国家税务总局共同发布的《关于跨境电子商务零售进口税收政策的通知》(财关税〔2016〕18号)开始实施。跨境电子商务零售进口税收政策落地，并同步调整行邮税政策。

据商务部统计，目前我国各类跨境平台企业已超过5 000家。有机构预测，至2018年，中国内地的海购人群将增至3 560万人，海购规模将达1万亿元人民币，进口零售电商交易规模将达12.8万亿元人民币①。跨境电商税收新政落地，意味着低门栏跨境电商的政策红利即将结束，跨境电商行业将迎来行业洗牌，跨境电商治理模式将趋于规范。

跨境电商税收新政的实施，对于从业者来说，急需调整经营模式，转变盈利模式，寻求新的发展空间。从产业链的大局着眼，向服务商靠拢、主抓跨境电商物流服务以及拓展平台服务将成为各个跨境电商平台的转型方向。虽然税收新政会在一定程度上转变消费习惯，但对于消费者来说，税收新政带来的是利好。以往的税收红利消失后，跨境电商市场的博弈重心将是满足消费者多元化需求，提升消费体验。此外，跨境税收新政能够促使不同交易模式间税负公平，从“税”的最基本层面确定了跨境电商的模式和地位，从而实现跨境电子商务长远健康发展。

① 数据来源：易观智库，http://www.analysys.cn/view/report/detail.html? columnId = 8&articleId = 1000296。

二、金义都市新区跨境电商经济现状

金华与义乌是国家电子商务示范城市，2016 年“电商百家城市榜单”中金华位列第四，是唯一的地级市。金义都市新区不同于传统的开发区建设，把义乌的活力与金华的潜力嫁接在一起，共同形成浙中城市核心区，将成为浙江省第四大都市区，并带动浙江中西部地区经济社会的发展。目前，金华全市有电商企业 6.86 万家，软件与信息服务业企业5 264家，规模以上电子信息制造企业近 240 多家。

2012 年 7 月，我国首次开始跨境电商商务试点。金华作为 16 个跨境电子商务出口试点城市之一，长期以来，金华地区的外贸势头都发展良好，外贸进出口金额位居全省前列。伴随着菜鸟网络“中国金义电子商务新城”落户电子新城，敦煌网、eBay 等业务的开展，都为金华企业开展跨境电子商务提供了有力的支柱。2014 年“双 11”金义都市新区跨境电子商务园第一期正式运营，它集仓储分拨、数据处理、金融结算、电商平台于一体，有 6 万～10 万人就业，预计 10 年后将达到1 000亿元交易额、40 亿元税收。

2015 年 5 月 29～30 日 ，金华举行全球跨境电商大会，同年 10 月 21 日，国务院正式批复同意设立金义综合保税区，这预示着跨境电商可实现非常高的通关效率，而仓储、人力、管理成本等也将大幅压缩。特别是受惠于行邮税体系，跨境电商的进口税收成本大为降低，甚至可以通过“整进散出”，规避大量税费。表 6－1、表 6－2分别是 2014～2015 年以及 2016 年 1～10 月金华外贸进出口情况。

表 6－1　　2014～2015 年金华外贸进出口情况　　单位：亿元

名　称	1～12 月累计进出口金额	同比增减	1～12 月累计出口			
			出口金额	同比增减	金额进口	同比增减
2014 年金华市合计	2 548.4	19.80%	2 436.8	20.70%	111.6	3.20%
2015 年金华市合计	3 044.6	19.50%	2 958.7	21.40%	85.9	－23%

数据来源：金华市海关统计。

据海关统计，2014 年，金华外贸进出口总额为 2 548.4 亿元，比上年增长 19.8%，进出口额排名全省第三，位列杭州、宁波之后。其中出口额2 436.8亿元，同比增长 20.7%；进口额 111.6 亿元，同比增长 3.2%。2015 年，金华市外贸进出口总值突破3 000亿元，达到了3 044.6亿元，同比增长 19.5%，增速列全省第一位。其中出口2 958.7亿元，增长 21.4%，增速列全省第二位；进口 85.9 亿元，下降

23%。各类出口产品中,机电产品仍然是主打品。当年全国出口 14.14 万亿元,同比下降 1.8%。金华外贸两项指标都远远超过国内平均水平。

2016 年 4 月,跨境电商税制改革新政实施;5 月中华人民共和国财政部又发布消息,对跨境电子商务零售进口实施了过渡期为一年的政策,时间延长至 2017 年。

综观 2016 年,得力于金华政府对电商行业的扶持政策,不但对电子商务类项目进行跟踪指导监督,而且对网络经济发展扶持政策进行了修订,从盘活存量资源、房租补贴、成长型企业做大做强、初创企业奖励、产业链招商、投资机构奖励、网络经济公共服务补助、提升创新能力等方面规定了详细的补助政策。2016 年 1～10 月,金华市外贸累计进出口额25 959 969亿元,同比增加 2.69%,金东区进出口额已达到了611 169亿元,同比增加 14.72%,义乌市进出口额18 161 230亿元,同比增加 3.05%(见表 6—2)。

表 6—2　　2016 年 1～10 月金华外贸进出口情况　　单位:亿元

名称		1～10 月累计进出口金额	同比增减	2016 年 1～10 月累计			
				出口金额	同比增减	进口金额	同比增减
金华市合计		25 959 969	2.69%	25 362 132	3.30%	2 785 584	9.2%
金华市区		1 565 302	11.69%	1 518 144	11.82%	147 138	4.88%
其中	婺城区	306 215	3.13%	288 458	4.19%	17 757	−11.54%
	金东区	611 169	14.72%	602 822	14.74%	8 347	13.61%
	开发区	647 917	13.3%	626 863	12.85%	21 054	28.4%
义乌市		18 161 230	3.05%	17 948 945	2.98%	212 285	9.87%

数据来源:金华市海关统计。

随着全球化进程的推进,人民币升值,劳动成本不断上升。跨境电子商务方式从 C2C 进入 B2C 模式,突破了时间与空间的限制,使得日用消费品企业有更多可能性,以快捷而低成本的方式面向海外消费群体,获得更多的回报。2016 年全省跨境网络零售出口金额不断攀升,截至 2016 年 11 月,全省跨境网络零售出口金额已达433 282.19万美元,同比增长 42.94%,而金华地区跨境网络零售出口金额为253 080.127万美元,同比增长 58.41%,全省排名第一(见表 6—3)。

表 6—3 浙江省 2016 年跨境网络零售出口基本情况 单位:万美元

	全省跨境网络零售出口	同比增长	金华跨境网络零售出口	占全省比重	全省排名
2016 年上半年	223 455.22	35.80%	128 321.72	57.43%	1
2016 年 1～7 月	257 035.97	35.41%	149 325.05	58.10%	1
2016 年 1～8 月	295 661.52	35.62%	171 906.67	58.14%	1
2016 年 1～9 月	337 376.61	44.20%	193 519.223	57.36%	1
2016 年 1～11 月	433 282.19	42.94%	253 080.127	58.41%	1

数据来源:省商务厅政务网。

三、跨境税收新政对卖方市场的影响

(一)市场竞争更加公平合理

在跨境税收新政发布之前,我国实行三税合一,以行邮税的方式纳税。这样的纳税方式,使得零售进口商品的税负成本低于一般贸易进口同类商品,也低于国内生产销售同类商品,进而为许多跨境中小平台创造了税收红利。但同时,也给进口商品传统零售业带来了冲击,导致市场竞争不公平。此次实行综合税制,使得自用物品和一般贸易方式货物的税收管理更加严格,各个跨境电商平台与传统零售业的竞争更加公平合理。此外,税收红利的消失,可以促使各个跨境电商平台更加重视供应链整合与物流成本的控制,行业发展将更具竞争力。

(二)促使行业盈利模式的转变

跨境税收新政实施之后,跨境电商的税负成本有所增加,过去依赖于税收红利的时代已经结束。

对于依赖保税备货的跨境电商而言,除了需要在供应链、电商系统、用户交互、商品定价等环节进行整合,还需要对各类商品进行税收成本分析,优化货品结构。根据财政部、商务部、海关总署、质检总局、国家税务总局等部门公布的《跨境电子商务零售进口商品清单》,结合考虑各类商品的税收成本,跨境电商行业应规避红海市场的竞争,实施消费品差异化战略,根据特定领域、特定人群、特定消费等方面开辟蓝海市场,转变盈利模式,促进行业新的模式和格局诞生。表 6—4 为主要常见涉税商品的跨境电子商务零售进口税改前后的比较。

表 6—4　跨境电商零售进口税改前后的比较

商品种类	行邮税(税改前)	综合税制(税改后)
母婴食品及日用品(消费金额＜500元)	10%,低于50元免税,故为0%	增值税:17%×70%＝11.9%
母婴食品及日用品(消费金额≥500元)	10%	增值税:17%×70%＝11.9%
化妆品(彩妆类)(消费金额＜100元)	50%,低于50元免税,故为0%	增值税:17%×70%＝11.9% 消费税:30%×70%＝21%
化妆品(彩妆类)(消费金额≥100元)	50%	增值税:17%×70%＝11.9% 消费税:30%×70%＝21%
化妆品(护肤类)(消费金额＜100元)	50%,低于50元免税,故为0%	增值税:17%×70%＝11.9%
化妆品(护肤类)(消费金额≥100元)	50%	增值税:17%×70%＝11.9%
家电及服饰(消费金额＜250元)	20%,低于50元免税,故为0%	增值税:17%×70%＝11.9%
家电及服饰(消费金额≥250元)	20%	增值税:17%×70%＝11.9%

数据来源:中国电子商务研究中心。

从表6—4可知,母婴、食品、保健品等热门消费品的税负会有所增加;但化妆品、电器等根据价格区间不同,税负则是有升有降,结合税负成本,各个跨境电商可以选择经营不同的商品以达到降低税负成本的目的。

(三)促使行业调整经营模式

跨境税收新政推出之后,税制的调整促使行业经营模式也相应进行调整。不少单纯以保税模式为主的跨境电商着手处理保税区内商品,同时减少甚至暂停通过保税区进口货物。而跨境税收新政对直邮体系的电商平台影响相对较小。基于物流成本与时间成本的考虑,对于需求量大、规格又相对统一的商品,各个跨境电商趋于选择保税模式。对于未出现在《跨境电子商务零售进口商品清单》中的商品来说,综合考虑法规风险与资金成本后,直邮模式更加妥帖。

(四)监管体系更加成熟

实施跨境税收新政,加强了对跨境市场的监管力度。过去跨境电商市场进入障碍小,跨境电商行业在发展中存在诸如逃税、逃检、逃避非关税壁垒,服务滞后,信用危机等问题,跨境税收新政的实施,使得过去的政策洼地有法可依,可以有效规避以往海外代购逃避纳税现象的发生,也促使跨境电商这一行业的发展更加法制化和规范化。随着监管体系的成熟,不仅能够提高行业进入门槛,加大行业竞争,也促使跨境电商平台不断整合发展,形成完整的产业链和生态链。

四、跨境税收新政对买方市场的影响

(一)消费渠道逐渐转变

跨境税收调整最大的变化是针对不同的人群进行税率的区分。之前消费者可免税购买大部分跨境电商零售进口商品,新政实施之后,客观上会提高消费者的税负水平。消费者在购买低价格商品时会更加倾向于较少次数集中购买以合理避税。取消保税商品的免税额,会使得对价格敏感度较高的消费者调整消费渠道。

(二)消费体验更具个性化

针对跨境税收新政对卖方市场带来的冲击,为保住用户粘性,各个跨境电商平台更加重视买方市场的消费体验。根据消费者的个性需求,满足消费者对品类、质量、质保和时效等方面的要求,同时也会逐步优化供应结构,横向拓展商品来源,纵向加速物流渠道。未来跨境电商平台的竞争优势在于服务和货源,尤其是对平台服务的要求将提高,产品类型多元化也将是未来跨境电商平台的发展趋势。

五、本章结语

跨境电商税收新政的实施,对于金义都市新区来说是一个良好的发展契机。跨境电子商务是金义都市新区的重点发展领域之一,跨境税收新政的推行,会促使行业大洗牌,各个跨境电商会积极从盈利模式、经营方式与供应链等方面进行转型,行业的发展会反哺区域经济。金义都市新区得天独厚的区域优势,在电子商务领域对消费者的辐射作用,也会带动跨境税收新政对买方市场的影响,促进市场共同发展。

参考文献：

[1]中国注册会计师协会. 公司战略与风险管理[M]. 北京：中国财政经济出版社，2017.

[2]李杰，滕斌圣. 企业战略[M]. 北京：机械工业出版社，2016.

[3]伊志宏，刘军. 中国企业成长调查研究报告(2016)[M]. 北京：北京人民大学出版社.

[4]国务院国资委财务监督与考核评价局. 企业绩效评价标准值(2016)[M]. 北京：经济科学出版社.

[5]闫长乐. 公司治理(修订版)[M]. 北京：人民邮电出版社，2016.

[6]夏洪胜，张世贤. 公司治理[M]. 北京：经济管理出版社，2014.

第二篇

****

金华市会计人才现状与分析

【本篇摘要】

本篇按照财政部《会计行业中长期人才发展规划(2010～2020年)》，从金华市一般会计从业人员学历、职称、工作年限和经验以及接受继续教育主动性等方面入手，分析了该行业从业人员存在的主要问题并提出了建议；本篇又以财政部《会计改革与发展“十三五”规划纲要》有关“加快行业急需紧缺专门人才培养和加快推进管理会计人才培养”文件为要领，对金华市会计领军人才在企业管理效能方面所发挥的作用进行了专项调查，就战略管理、预算管理、成本管理、营运管理、投融资管理、绩效管理、风险管理等的调查结果进行评价与对策性分析。本篇建议金华市有关部门应该进一步加强与教育部门的协调，通过金华市会计领军人才项目，推动并加速培养应用型高层次会计人才；积极推进设立会计博士专业学位，完善会计专业学位系列，积极推动会计专业学位研究生教育和会计专业技术资格考试“双向挂钩”。本篇附录根据金华市财政局会计从业人员资格管理数据库对金华市会计从业人员结构与素质现状进行了统计，为金华市政府制定相关决策提供了非常有价值的信息。

第一章

金华市会计从业人员现状分析

一、引言

(一)研究意义

提升金华市会计从业人员的整体素质,保证为金华市提供高质量的服务,促进会计行业的稳健发展,特别是在“浙中崛起”发展战略的影响下,经济增长速度加快、企业规模发展壮大、会计人员需求增加,金华市会计从业人员专业素质提升越来越得到广泛关注,并意识到会计专业素质统一化、规范化的重要性。对会计从业人员专业素质的相关研究在我国现阶段是比较丰富的,理论界、实务界对加强会计人员素质提升的重要性都达成了一致的意见。然而,对金华市会计从业人员应具备的素质研究滞后直接影响到当地社会经济的发展。因此,就有必要调查研究当地会计人员现状,构建适合金华市会计从业人员素质框架,考虑到金华市对会计从业人员专业素质的特定要求,本篇尝试着从这些方面分析当地会计人员素质的影响因素,提出提升金华市会计人员专业素质的对策及建议。

(二)国内外研究现状

1. 国内研究现状

为了提升会计从业人员的整体素质,保证为公众提供高质量的服务,促进会计行业的稳健发展,我国是在近些年才开始意识到将会计人员职业能力统一化和规范化的必要性,并开展了一些相关的研究工作。2002 年,财政部曾召开与会计工作相关的 8 家单位负责人会议,期间就研究到我国会计从业人员的能力建设问题,就此财政部成立了会计人员能力框架项目研究课题组,从会计岗位资格能力框架、会计专业技术资格能力框架和会计从业资格能力框架等不同层面研究会计人员能力框架问题，这标志着我国全面构建会计人员能力框架的正式开始。对会计人员专业素质的相关研究在我国现阶段是比较丰富的，理论界、实务界对加强会计人员素质提升的重要性都达成了一致的意见。

周宏、张巍等(2007)针对初、中、高级不同层次的会计人员胜任能力、能力要素(包括知识、技能、价值观)、教育层次、准入标准、后续教育建立了评价框架体系。吕志明(2010)从企业人才需求实际出发，构建了会计信息化人才能力框架三维模型，会计信息化人才必备的能力要素包括专业能力、方法能力和社会能力三大方面。徐恩景、朱家荣等(2012)调查发现用人单位对会计人员具备的素质依重要性为财务核算能力；诚信和责任心等为职业道德；熟练操作电脑及财务软件；良好的沟通、表达和协调能力；预测、决策和财务管理能力；创新和职业判断能力；懂英语等，提出学校会计教育应以培养应用型人才为目标。王新华(2005)从一个实践者的角度认为经济发展时期会计人员应具备职业道德、专业知识、创新发展意识、品德情操修养、分析管理能力、沟通协调能力六方面素质。姚曦(2009)对新疆财政厅2008年初对全疆会计从业人员的统计调查结果发现，新疆财会人员的总体结构存在民汉比例不合理、无职称人员所占比例过大及学历程度与职称不匹配等问题。卓琼蕾(2013)通过对杭州市教育局直属中学调查分析发现，杭州市直属中学会计人员学历分布有待提升、职称分布趋于合理、工作年限分布面临调整；职业技能认识趋于合理；职业品质认识正确；会计从业人员参与科研、后续教育机会偏少。秦国华、唐爱民等(2005)通过对当时西藏会计从业人员的年龄结构、学历水平、职称层次的现状进行分析，提出必须加强会计职业培训的力度才能有效地解决西藏会计从业人员素质偏低的问题，并根据西藏的实际情况提出了相应的对策。李红玉(2012)通过对晋城市会计人员的现状调查发现，晋城市会计从业人员学历及职称偏低；知识更新较慢；会计职业意识不强；会计基础工作存在不规范现象。丁玲、张璐(2013)针对黑龙江地区现阶段经济的发展指出，黑龙江省应该重视会计从业人员的从业素质，着重对会计人员进行道德教育和法律宣传，最终做到提高会计从业人员的职业道德，保障社会经济的稳定与发展。袁寒松(2009)提出会计从业人员继续教育的松散型柔性培训法，能有效避免现行的继续教育模式的弊端，做到内容丰富、层次性明显、方式多样、时间灵活，以提高会计从业人员继续教育的有效性。许萍(2006)通过搜集国内外企业招聘信息并结合问卷调查，探讨我国各级会计人员的能力现状及其发展定位。她借鉴国际先进经验,采用以能力要素法为主,结合应用功能分析法的分析框架,设计出了涵盖职业知识、职业技能、职业价值观三大模块的高级、中级与初级会计人员能力框架,并采用层次分析法构建了能力评价指标体系,为科学评价会计人员的能力提供标准。同时,从改革会计教育、完善职业准入制度、加强后续教育等途径探讨分级会计人员能力框架的实施。陈明、周宏(2007)研究表明,我国会计教育的知识结构仍然较为狭窄,跨专业学科知识尚未得到足够的重视,技能培养方面也相对较弱。赵忆怀(2010)仅从"浙江省会计人员管理系统"数据和财税部门的税务登记报表出发,对绍兴市会计人员的现状、需求进行分析,并提出管理建议。

2. 国外研究现状

比较而言,国外的有关研究则相对较早。从20世纪80年代起,国外就开始对会计人员的职业能力进行系统研究。由于我国的会计人员能力框架研究起步较晚,因此,我们需要借鉴外国已有的研究成果和实施方案,这样可以帮助我们了解能力研究目前的发展状况,迅速向国际先进的研究水平靠拢,同时通过对国外经验的分析,也可以帮助我们在能力框架的构建和实施过程中避免一些问题,少走一些弯路。

关于会计人员能力框架的研究可以上溯到20世纪,美国注册会计师协会(AICPA)在20世纪60年代就开始了会计人员能力的研究,并于1999年发布了在线的胜任能力框架——《进入会计职业的核心胜任能力框架》;1993年,澳大利亚特许会计师协会(ICAA)、注册会计师协会(ASCPA)与新西兰特许会计师协会(ICANZ)联合发布了《澳大利亚和新西兰职业会计师基于胜任能力的标准》;1998年,英国特许会计师协会(ACCA)发布了《职能图:胜任能力框架与会员胜任能力》;2000年,加拿大注册会计师协会(CGA)发布了《加拿大注册会计师胜任能力框架》;2003年,国际会计师联合会(IFAC)发布了《成为胜任能力的职业会计师》(IEP2),这些代表性的报告系统化地规范了各个国家或组织下的会计人员能力框架,并在实践中得到不断地应用和完善。

较早对会计人员能力框架的研究方法进行研究的是Hager、Gonczi和Oliver(1990),他们辨别了会计职业界分析胜任能力的三种主要方法:一是按照工作角色、任务分析职业工作;二是分析个体职业人员需要的知识、技能和态度(品质);三是在实际工作任务环境中分析知识、技能和态度,这种方法将品质和业绩放在一个框架中。目前,对会计人员能力的研究主要有功能分析法和能力要素法。国际会计师联合会(IFAC)在其2001年5月发布的《职业会计师的预备及工作:以能力为基础的方法》(征求意见稿)中曾对这两种方法做了专门的阐述。IFAC在2003年4月发布的IEP-2《成为有能力的会计师》中再次分析了功能分析法和能力要素法。IFAC征求意见稿中将职业会计人员素质能力分为以下六大类,分别是态度、行为技能、广阔的商业视野、功能性技能、技术知识、理性技能。而上述六类素质又可概括为知识、技能和职业态度三个方面。其中,知识包括一般性知识、组织和企业知识、信息技术知识、会计和相关知识;技能包括智力技能、人际关系技能、交流技能沟通能力;职业价值观念包括承诺客观公正独立、遵守职业道德标准、关心公众利益和承担社会责任、致力于终身学习等。

Bloom和Debessay(1984)认为,会计教育应该主要围绕基本原则进行,而不是试图传授所有技术领域的知识。他们鼓励会计教育方法的改革应从程序性和技术性的教学方法向概念性和问题式方法转变,这种新的教学方法包括批判式的思维,人际关系及书面和口头的交流技巧。Porter和McKibbin(1988)及Garnevale、Gainer和Meltzer(1990)的研究表明,学生缺乏雇主所要求的智力、人际交往能力和沟通能力。Whitney(1992)认为学校教给学生的知识过于陈旧,教育界应重新审视课程的设置以使学生能适应现在和未来的企业环境。Min(1987)指出会计教育的概念性方法和技术性方法的巨大分歧,他认为两种方法都适用,发展的趋势可能是两者的融合。Baldwin和Ingram(1991)认为,不管是采用哪种方法,会计基础课程都需要改革,应让学生掌握更多相关的和有用的会计信息。针对美国会计学生数量和质量下降的趋势,他们建议对会计基础课程的内容和方法进行彻底的更新,以吸引有着很好的推理和分析能力的学生选择会计专业。May、Windal和Sylvestre(1995)的调查研究表明,会计教育者在改革的必要性这一点上达成了广泛的一致,但是在改革的内容和形式上存在着明显的分歧,调查结果再次强调会计教育内容中应包括更多的交流技巧、人际关系和职业道德。Jordan和Clark(1995)、Wilson和Baldwin(1995)等人也在不同程度上研究了会计教育内容及模式的改革。Albrecht和Sack(2000)的研究成果《会计教育:设计课程以渡过危机重重的未来》对会计教育界和职业界影响较大,他们认为传统的会计教育模式存在较大问题:会计课程内容过于狭窄,过于关注技术规则及职业考试;会计教学过于强调课堂讲授和记忆,教学过程过于依赖课本,缺乏创造性的学习。他们总结出传统的会计教育过于强调学术知识方面,而对能力的运用方面关注不够。他们指出:会计教育要强调基本原理(基础原则)的教育和技能的培养;强调高水准、宽口径的课程,而非深入的专业教育;应教会学生如何寻找答案及如何学习。Francisco 和 Kelly(2002)研究了会计教育中技能要素发展的重要性。

二、金华地区会计从业人员现状

根据金华市财政局会计从业人员管理数据库的数据,进行综合统计分析得知,截至 2016 年 4 月 30 日,金华地区会计从业持证人数为100 776人,其中男性19 013人,约占 18.87%;女性为81 763人,约占 81.13%。从年龄结构来看,25 岁以下的有14 017人,约占 13.91%;25～35 岁的有37 884人,约占 37.59%;35～45 岁的有27 781人,约占 27.57%;45～60 岁的有18 631人,约占 18.49%;60 岁以上的有2 463人,约占 2.44%。从所在行业来看,行政事业单位有10 043人,约占 9.97%;上市公司有1 553人,约占 1.54%;非上市公司(企业)有54 373人,约占 53.95%;其他组织有3 285人,约占 3.26%;无行业的有31 522人,约占 31.28%。从地区分布来看,金华市本级有28 828人,约占 28.61%;义乌市有21 203人,约占 21.04%;永康市有14 550人,约占 14.44%;东阳市有12 987人,约占 12.89%;兰溪市有8 670人,约占 8.60%;其他地区有14 538人,约占 14.43%。

(一)从学历上看

中专及以下有 38 099 人,约占 37.81%;大专有42 040人,约占 41.72%;本科有20 210人,约占 20.05%;硕士研究生及以上有 427 人,仅占约 0.42%。

(二)从职称上看

无职称的有 78 687 人,约占 78.08%;初级职称的有15 533人,约占 15.41%;中级职称的有6 032人,约占 5.99%;高级职称的有 520 人,仅占约 0.52%。

(三)从工作年限(经验)上看

5 年以下的有 39 794 人,约占 39.49%;5～10 年的有20 912人,约占 20.75%;10～20 年的有23 463人,约占 23.28%;20～30 年的有11 347人,约占 11.26%;30 年以上的有5 260人,约占 5.22%。

(四)从继续教育上看

全市参加网培的有 33 390 人,约占 33.13%;参加面培的有39 297人,约占 38.99%,其中金华市本级参加面培6 860人、非市本级参加面培32 437人;未参加培训的有28 089人，约占 27.88%。

三、金华地区会计从业人员存在的主要问题

（一）会计从业人员离岗率偏高

离岗人员 31 831 人，离岗率总体达到 31.59%，占总持证人员的 1/3。其中，25 岁以下的，离岗率高达 66.74%；无行业的，离岗率高达 95.79%；从事会计工作年限 5 年以下的，离岗率高达 57.70%；高中学历的，离岗率达到 58.56%。

（二）无职称人数所占比例过大

无职称人数为 78 687 人，占比高达 78.08%；初级职称占比 15.41%；中级职称只有 5.99%，高级职称仅有约 0.52%。

（三）学历程度与职称不相匹配

大专以上学历占比为 62.19%，对财会专业而言，学历结构尚可。但从学历结构和职称结构的对比可以发现，全市有职称人数仅占 21.92%，其中拥有中高级职称的只占 6.51%，这与学历结构是不相符的。

（四）高素质会计人才紧缺

这主要表现在以下几个方面：一是上市公司中有1 553人，仅占约 1.54%；二是硕士研究生及以上有 427 人，仅占约 0.42%；三是高级职称有 520 人，仅占约 0.52%；四是金华市会计领军人才仅两期，共 69 人，其中今年的第二期 35 人尚未毕业。

（五）审计、评估等人才缺乏

截至 2015 年底，全市共有 31 家会计师事务所、16 家评估机构的 305 名注册会计师、134 名资产评估师。

四、金华地区会计从业人员现状的影响因素分析

关于上述问题存在的原因，试着从以下几个方面进行分析：

(1)离岗人员 31 831 人，离岗率总体达到 31.59%，占总持证人员的 1/3。离岗原因有两个方面：一方面，金华当地经济发展水平不高，导致待遇不高、发展空间不大，进而对工作不满意；另一方面，财会工作有风险、压力大，需要实际工作经验，因故知难而退。会计人员工作首先是为了获得报酬，如果没有得到足够的报酬来满足自身需求，会引起他们的不满，这可能会引发会计人员离开原来的工作岗位而去

寻求新的工作。

(2)全市会计从业人员中约有高达78.08%的人员没有职称，比例过大。职称是一种专业技术任职资格，会计职称分为初、中、高三级，相应地代表三级任职资格，而没有职称即代表其不具备从事会计专业的任职资格，这反映出全市会计人员的整体素质有待提高。无职称人数比例过大，一方面与金华本地发展水平缺乏吸引力有关，由于金华周边像杭州、上海等地经济发达，造成金华的人才流失严重；另一方面也与职称的受重视程度有关，现在很多单位执行的是岗位工资、职务工资，职称对薪酬和晋升的影响较小，人们便失去了提高职称的动力。

(3)全市大专以上学历占比为62.19%，但有职称人数仅占21.92%，这与学历结构是不相符的。有了学历却没有获取相应的任职资格，究其原因，一方面与金华的经济发展水平相关，金华的经济主体为中小企业，对会计人员的要求并不高，一般只要会做账、报税即可，注重的是工作经验，这就使得大多数从业人员失去了继续学习从而提高自身任职资格的动力。另一方面与大部分单位的用人机制有关，金华无论政府还是企业，在用人机制上都缺乏有效激励，对高素质会计人员缺乏机制上的激励与吸引，而吸引不了高素质的人才，又会导致本地会计人员不思进取、固步自封。

(4)通过走访企业和实地调研发现，金华地区企业会计管理规范性有待提高。金华市本级企业会计管理比下辖县市要规范，但是与杭州等大城市比还是有差距，走资本市场的企业还可以，但是中小企业两三套账的情况比较普遍。金华市国资委下属企业、走资本市场企业比较规范，执行《企业会计准则》，但其他中小企业大多仍采用《小企业会计准则》。

(5)根据浙江省财政厅统一部署，金华市财政局2014年在市本级范围开展了行政事业单位《会计法》专项执法检查，共检查了行政事业单位314家，涉及财务人员883人，其中持证人员780人，占总数的88.3%；无证人员103人，占总数的11.7%。2015年开展《会计法》执法后续检查，此次检查对象是市本级2014年存在问题的67家行政事业单位，涉及财务人员86人，检查中发现23家单位已整改，占34.33%，27名财务人员取得会计从业资格证，占31.40%。通过此次检查，发现在行政事业单位会计管理方面存在以下问题：(1)机关事业单位对会计工作岗位的认识和重视程度不够，违反《会计法》的现象很普遍。(2)会计队伍素质参差不齐，自我要求提高专业素质的积极性不高。(3)对违反《会计法》现象的查处难度较大。

五、金华市会计从业人员管理建议

(一)加强会计管理

1. 大力推行“信义会计”,加强诚信体系建设

为确保“信义会计”争创活动在金华全市企业、会计人员、会计中介机构中推进开展,通过完善会计人员数据库、集聚企业单位会计信息、会计管理工作平台,加强信用信息归集、查询工作,建立违规、失信惩戒机制,主要从以下几个方面入手:

(1)强化动态考核,规范会计人员从业行为。建立会计人员诚信档案。对诚信档案实施动态管理,及时将会计人员守信和失信行为录入档案,定期向社会公布会计人员诚信信息。2015年金华市表彰50位会计行业“信义先锋”和98家“信义会计”。加强部门之间会计人员违规、违法行为信息共享。建立会计人员存在违规、违法行为的惩戒办法,对严重违规违法的会计人员依法吊销其会计从业资格证书,并列入“黑名单”。建立会计诚信等级评定、诚信信息公开、诚信激励约束等制度,规范单位会计行为,促使单位提供真实、合法、完整的会计信息,联合财政、国税、地税等部门,重点做好企业财务会计信用等级管理。

(2)强化监督检查,加大违法违纪惩戒力度。加强会计师事务所执业质量监督检查,全面、客观、公正地评价会计师事务所及注册会计师的执业质量,规范注册会计师行业的执业行为,对监督检查中发现的违法违纪问题,依法予以行政处罚。完善行业自律公约,对执业质量做出约定,加大行业自律检查力度,优化行业自律检查内容,由原来以行业收费检查为主、执业质量检查为辅向行业收费检查、执业质量检查并重转变,加大会计师事务所执业质量问题惩戒力度,促进注册会计师诚信执业,提高注册会计师行业的公信力。

(3)开展部门联合惩戒协作。加强公、检、法、司等部门之间的协作,建立信息交换机制,实现对会计人员违法违纪行为的信息资源共享。财政部门负责对会计人员的日常管理,加强与纪检、公安、法院、国税、地税等部门的信息联络,确定各部门信息沟通的负责人和具体联络人,定期进行信息交换,并对违法违纪会计人员进行及时处罚,提高信息资源的利用率。审计部门、财政监督、税务检查、税务稽查中发现会计人员违规信息及时告知同级财政部门并及时处理。

(4)尽快推行《金华市企业会计人员诚信考核办法》。考核内容包括会计人员

职业道德、会计从业资格、职业行为、涉税工作等情况。考核采取财政与税务协作的工作形式，财政部门负责会计人员考核管理，税务部门在日常征收管理、税务检查、税务稽查中发现会计人员存在违规情形的，应依法对其进行扣分，并将扣分情况报送财政部门。考核实行累计扣分制，结果分为合格、基本合格和不合格三个等次，年度考核期满，扣分不满20分（不含20分）的会计人员为考核合格等次；扣分超过20分（含20分）不满30分的会计人员为基本合格等次；扣分超过30分（含30分）的为考核不合格等次。年度考核期满，若有扣分的，自动清零，下一年度重新进行考核。考核工作按会计从业资格管理原则属地考核。会计人员管理部门负责会计人员日常管理、会计执法检查中发现会计人员有违规情形的，据实予以扣分。

财政部门将会计人员的考核结果录入会计诚信档案，并实施动态分类管理，考核结果作为高级会计师任职资格评审和先进评比的重要依据。考核合格的会计人员接受财政部门正常管理。考核基本合格的会计人员，须参加财政部门举办的专题业务培训，完成培训任务的视同考核合格。考核不合格的会计人员，须参加财政部门举办的专题业务培训和闭卷考试，培训考试合格者视为考核合格，否则为不合格。考核不合格的人员，在网站、报纸等媒体进行公告，如违反有关法律法规需给予行政处罚和追究刑事责任的，依法惩处。

(5)加快实施《企业财务会计信用等级管理办法》。细化评定内容，量化评定标准，优化评定程序，切实体现公平、公正、合理、合法原则。加强评定结果运用和管理，企业财务会计信用分为A（优秀）、B（良好）、C（合格）、D（不合格）四个等级，并实施分类管理。向社会公布评定结果，接受公众监督，并作为财政税务部门日常管理、纳税信用等级评定、实施财政优惠政策等重要依据，同时作为企业会计人员申报高级会计师任职资格评审和先进评比等推荐依据之一。

财务会计信用等级评定和管理遵循以下原则：一是属地管理原则。根据财政管理权限，市与县（市）实行属地管理，分别负责所辖企业财务会计信用等级评定和管理工作。二是分类评定原则。对各类参评企业按照《关于印发中小企业划型标准规定的通知》（工信部联企业〔2011〕300号）划分为大中型企业和小微型企业两类，并制定不同评分标准进行评定。三是突出重点原则。企业财务会计信用等级评定以享受财税扶持政策、国有及国有控股企业和纳税重点监管户为重点。据此，逐步分阶段分行业拓展企业财务会计信用等级评定范围。评定实行指定与自荐相结合，参评单位具体名单根据评定重点和企业自荐情况由财政税务部门按有关程序确定。四是公平公正原则。实行统一评定标准和评定程序，评定结果予以公告，接受社会监督。五是奖惩结合原则。表彰财务会计信用优良企业，加强财务会计信用不良企业的监管，评定结果作为企业是否享受财税扶持政策的重要依据。企业财务会计信用等级实行分类管理。信用等级从高到低依次分为A、B、C、D四类，并相应实施A、B、C、D分类管理。企业财务会计信用等级实施动态管理，可以根据企业依法从事财务会计活动及违法违纪情况，按本办法有关规定确认和调整企业的财务会计信用等级。

企业财务会计信用等级评定主要内容包括：一是单位负责人重视、支持财务会计工作情况；二是会计基础工作规范化情况；三是单位建立和实施内部财务会计控制制度情况；四是财务会计信息的真实性和完整性情况；五是单位依法诚信纳税情况；六是单位年度财务会计报告和依法实施注册会计师审计情况；七是有关财税法规、财经纪律专项检查情况。财务会计信用等级评定实行百分制考核。考核等级分为：A(优秀)、B(良好)、C(合格)、D(不合格)四类。考核得分95分(含)以上的，评定为A类企业；考核得分75分(含)以上但低于95分的，评定为B类企业；考核得分60分(含)以上但低于75分的，评定为C类企业；考核得分低于60分的，评定为D类企业。对A类企业实行以下管理措施：①除专项、专案、举报案件检查外，三年内免除财政日常会计信息质量检查；②优先列入和办理须批准实施的有关财政优惠扶持政策事项；③作为评选财务会计工作先进单位和先进个人的重要条件；④中小企业需申请由政府出资设立的中小企业贷款信用担保基金提供贷款担保的，可优先办理。对B类企业，根据有关法律、法规，实行财政、税务常规管理。对C类企业除实行常规管理外，还实行以下管理措施：①作为财政会计信息质量重点检查和税务纳税评估或稽查对象；②严格审查和控制企业可享受的财政优惠扶持政策的实行；③根据检查情况，由主管财政税务机关督促单位限期整改，并在规定期限内将整改情况报主管财政税务机关。对D类企业实行以下管理措施：①财政、税务部门实施重点监管，强化对企业进行日常检查和专项检查；②建议暂停直至取消享受相关财政优惠扶持政策待遇；③除法律、法规规定的财务会计业务学习和培训外，企业负责人、财务会计机构负责人和财务会计人员每年至少增加一次由主管财政机关组织的财务会计、税收法律、法规的强化培训；④依法查处违法行为。

2. 依托金华财税网站开设“会计之窗”，加强信息化管理

为普及相关会计知识，传达最新会计文件，帮助会计从业人员及有志于此的群

众更好地了解相关考试信息，也为了进一步宣传信义企业及个人，警示违反职业道德的有关单位和个人，金华市财政局建立了“会计之窗”，激励网络，打破时空界限，通过信息化手段，为会计从业人员提供更为丰富的政策咨询和便捷的信息获取渠道。金华市会计之窗的主要特色是对会计从业人员分阶段、多层次地展开互动式教育培训。

3. 会计人员实名制管理

实行会计岗位实名登记和会计人员信息化管理，是为了掌握和了解全市会计人员从事会计工作情况及动态，是一项全新的会计应用管理系统工程。全面实施这项工程，有利于理顺会计秩序，明确法律责任，增强会计人员职业道德水平；有利于规范单位依法任用会计人员，提升企业财务管理水平，提高会计信息质量；有利于进一步加大非法代理记账整治力度，加强代理记账机构和代理记账人员管理。

(二)加大教育力度

1. 加强会计人员继续教育

修订金华市会计人员继续教育管理办法，推进会计人员继续教育工作科学化、规范化、信息化，培养造就高素质的会计队伍，为会计行业和经济社会发展提供人才保证和智力支持。创新继续教育方式，注重培训工作的针对性、科学性和实效性，努力提高专业胜任能力。采取培训和其他形式相结合的教育方式，鼓励会计人员通过会计领军人才考试、会计专业技术资格考试、会计相关执业资格考试、会计学历教育、会计论文发表、会计知识大赛等形式，提高自身专业水平，达到继续教育的目的。

2. 开展注协行业案例评审

建议开展会计师事务所、评估机构审计、评估案例示范创建活动，进一步深化注册会计师、注册资产评估师行业规范化建设，提高执业质量，夯实行业执业基础工作，开展会计师事务所、评估机构审计、评估案例示范创建活动，评选出优秀的案例供参考和借鉴学习。

3. 分层次培训，建立会计人才库

全市会计人员实行分类管理：一是注会类，二是职称类，三是持证类，四是无证类。建立财政、税收、高校、中介等组成的师资库，依托互联网信息系统开展对会计人员分层次培训和财政、税收、会计管理等经验交流会，建设多层次会计队伍，全面提高会计人员素质。选拔会计领军人才，建立市会计领军人才库，积极组织全市会计人员参加省级会计人才库的选拔。建议金华市会计领军(后备)人才培训由市财政局委托国家高等院校具体实施,培训师资由选聘国内外知名教授和会计实务界资深专家组成。金华市会计领军(后备)人才培训班每3年一个周期,实行集中学习培训与跟踪学习培训相结合。学习与实践相结合,成立课题研究小组,小组成员需参与金华市管理会计试点单位课题活动,形成理论成果。建议会计人才库建设主要从以下三个方面着手:

(1)人才库管理

一是人才库实行“动态管理”,实行聘任制,聘任期限三年。①选拔。一是符合基本条件的通过个人(或组织)申报,专家评审,择优纳入人才库。已纳入金华市会计领军人才的在同等条件下优先录取。二是其他市财政局会计主管部门研究可纳入的人员。②考核。每三年对人才库人员进行考核。考核重点为论文发表、工作实绩、管理创新等方面。③退出机制。坚持“德才兼备”,专业技术与职业道德并重,政治上与党中央保持一致,对违反社会主义价值观、违反公序良俗言行的或因违反《会计法》等法律法规及会计职业道德,受到行政处罚、刑事处罚的,实行一票否决,退出人才库。

二是加强知识更新培训。市财政局不定期组织市会计人才进行知识更新培训。从人才库中择优聘任为市各行业专家库成员、各类会计管理改革咨询专家、会计考试评卷专家。

三是搭建沟通交流平台。发挥“大会计口”优势,选派优秀市会计人才参加省财政厅、省会计学会、省总会计师协会举办的座谈会、研讨会、学术论坛,为会计人才与其他高端会计人员人才之间搭建相互学习、沟通交流平台。会计人才应充分发挥自身优势,研讨交流财务、会计管理等改革内容与知识,共同学习与提高。建立微信公众号、QQ群等多种形式的市会计人才信息共享平台,及时发布培养动态、人才业务成果、培训研讨通知等信息。

四是积极参与管理改革。市会计人才要充分利用所学知识、自身技能,积极参与当地政府部门、企事业单位发展规划的制订,为经济社会发展服务;积极参与管理会计应用、内控规范建设等改革,为提高单位管理水平、促进企业转型升级服务。

五是强化参与课题研究。鼓励各类会计人才参与当地政府部门、会计学会等部门的课题研究,为政府部门、企事业单位管理与发展提出可行性意见与建议。引导、鼓励、支持市会计人才参与会计管理实践,在会计理论研究 、会计制度贯彻实施、会计人才队伍建设等方面做出积极贡献。

（2）人才库培训

项目培训方式实行集中培训与跟踪管理相结合，课堂教学与应用研究相结合，全面培养和提升学员的综合能力相结合的培训方式。人才库培训周期为三年（比如 2016～2019 年），分三个阶段实施。第一年为知识拓展阶段；第二年为能力提升阶段；第三年为实践拓展阶段。根据三个阶段培训考核的目标，设置培训内容。

①知识拓展阶段。该阶段重点培养学员的专业素养，以组织教学、跟踪管理为主，着力提高学员的财务理论水平，特别是政府会计、行政事业会计领域涉及的制度、办法、规定及准则体系，以及公共管理与行政管理等方面的能力，为学员实现从执行者向管理者、领导者、决策者的转变夯实基础。主要培训内容包括：根据会计领军（后备）人才能力框架，以课堂教学为主要教学手段，以案例教学为主要形式，围绕提高学员会计理论、风险管理、财务管理意识以及分析判断、沟通协调、团队精神等管理能力的要求，科学、系统地设计培训课程，聘请国内一流师资，讲授科学理论、科学知识、科学方法。

②能力提升阶段。该阶段重点培训学员的综合素质，以高层论坛、交流学习为主，着力提高学员的战略管理能力、决策能力、组织能力、沟通能力、研究分析能力、风险管理能力，提升学员在业界的知名度和影响力，促进学员从执行者向管理者、领导者、决策者角色的转变。主要培训内容为：根据经济社会发展的新形势、新要求，宏观政策变化新趋势，国内外会计理论及组织管理理论的新成果、新动态，围绕政府会计、行政事业单位会计改革，以增强课题研究能力，提高文化底蕴、政策水平、决策能力、沟通能力等方面素质为目标，安排培训内容，举办高层次专题讲座和论坛。

③实践拓展阶段。该阶段以实地考察、工作实践为主，在持续打造学员各项能力的同时，强调知行合一，发挥学员在业界的引领、带动作用，搭建平台，帮助学员实现从执行者向管理者、领导者、决策者的角色转变。主要培训内容为：在进一步深化对前沿会计、金融、管理等知识融会贯通的基础上，组织专家去部分学员所在单位，考察学员在单位的实际工作情况，协助学员解决工作中的实际问题，提升组织的管理水平；组织学员到有关企事业单位实地考察，通过交流，了解行业发展动态及先进的管理经验。

（3）人才库考评

一是实行学员管理信息化。培训机构负责建立学员档案，建立会计领军(后备)人才信息库，系统记载学员在培训期间的学习考勤、课程考核、报告撰写、成绩评定等情况。

二是实行学员管理动态化。培训机构负责学员的日常管理，及时更新会计领军(后备)人才信息库，加强培训机构、学员及学员所在单位的联系、沟通，通报学员的学习、工作、科研等情况。

三是实行培训管理持续化。市财政局和培训机构应定期了解学员职业岗位变化，听取学员对培训工作和学习课程的建议，了解学员的培训需求，为不断完善培训效果收集信息。

四是建立学员考核评价体系。①建立不合格学员淘汰制。建立量化考核体系，根据学员在培训周期中的综合表现，以量化指标为依据，对于无故缺课、未完成培训机构规定的全部课程学习、不按规定向科研培训基地和人才办报送学习心得、实践应用报告、调研报告、专业论文、案例研究报告、业绩报告等的学员，予以淘汰，劝其退学，并将情况通报学员所在单位和推荐单位。正式学员被淘汰后由候补学员按顺序替补。②建立优秀学员评比制。培训周期届满，学员完成教学计划规定的全部课程，经考核合格的，颁发金华市会计领军人才毕业证书。根据学员在培训期间的表现，通过个人自评、学员互评与管理部门测评相结合的方式，评选优秀学员，优秀学员人数原则上不超过学员人数的 10%。

会计人才所在单位应从业绩贡献(包括学术水平和社会贡献)、道德品质(包括求知欲望和职业道德)、工作表现等方面对会计人才进行定性、定量分析与评价，填列《金华市会计人才评价表》，市财政每三年对会计人才进行一次全面评价。

六、金华市会计从业人员素质提升的对策

(一)大力发展金华社会经济，提升吸引力

2016 年金华政府工作报告指出："十三五"是金华实现追赶发展、高水平全面建成小康社会的关键时期。金华将以"把握新常态、共建都市区"为战略主线，按照"走在前列、共建金华"的要求，坚持发展第一要务，坚持"五大发展"理念，加快形成县域经济向都市区经济转型的发展格局，加快形成全省发展新的重要增长极。全市生产总值年均增长 7.5%～8%，到 2020 年，全市生产总值将达到5 000多亿元(超过目前的温州)，人均生产总值 10 万元左右，综合实力明显增强，生活水平明显

提升，城乡统筹明显加强，生态环境明显改善，治理体系明显健全，努力建成走在全省前列的城市。目前金华发展势头良好，其中新三板已经挂牌上市的有十几家。相信届时会涌现出一大批大中型企业和上市公司，这些单位都需要高素质会计人才，需求决定供给，那么就会有大批量高素质会计人才涌入金华，这样金华地区会计从业人员素质自然也就得到更大提升，同时，这些企业做大做强了会计核算和管理也会逐渐规范起来。

（二）改革金华用人机制，积极培养和引进高素质会计人才

为了使会计人才能更好地发挥自己的作用，明确自己的职责和权限，政府和企业就需要科学系统地对会计人才进行评价和选拔，建立合理有效的激励机制和公平竞争的用人机制。因此笔者建议金华市政府首先要从顶层设计上改革用人机制，研究制定会计行业中长期人才发展规划和中、高级会计人才奖励办法等，大力培养和引进会计师，高级会计师，注册会计师，全国、省、市会计领军（后备）人才等高素质会计人才。对于中、高级会计人才不仅给予相应的物质奖励，还要求各单位应安排人才培养专项经费，建立人才培养激励机制；且安排预算在会计管理经费中列支补助资金；健全先进会计工作者评选表彰机制，把积极参加会计专业职称考试作为评选先进会计工作者的必要条件，以形成良好的会计人才培养、成长环境。

（三）加快金华会计改革和发展，紧跟时代变迁

随着信息技术的飞速发展以及企业财务管理形势的发展和现实要求，促使会计改革和发展的有两大趋势：一是从会计电算化向会计信息化转变。会计电算化简称“仿真手工”，只需要基本的电脑操作和财会知识。而会计信息化则应用现代信息技术，对传统会计模式进行重构，建立信息技术与会计高度融合的现代会计信息系统，并强调与企业整体信息系统的融合，以实现“提供决策有用信息”的会计目标。二是由核算型会计向管理型会计转变。核算型会计就是传统的财务会计，当今中国 80%是核算型会计，金华也不例外。这类会计所做的工作更多着眼于过去，无法对未来进行预测，是“事后会计”。与核算型会计相对的是管理型、战略型会计，也就是管理会计。管理会计着眼于企业未来的发展和走向，通过分析、预测，实现企业的风险管控以及流程再造，从而进行价值提升，是“事前会计”。

随着现代信息技术的高速发展，机械性、重复性的核算工作将逐渐被取代，特别是像金蝶、用友、ERP 这类软件越趋廉价，更多的中小企业也能购买得起，这就加快了会计向这两个方向发展，并将加速信息技术与会计的高度融合，以及管理会

计与企业业务的紧密契合。相信通过这两个转变，传统会计的弊端也会逐渐淡出，会计核算与管理也会逐渐规范起来，以更好地发挥会计的管理职能。因此，金华会计发展就该顺应趋势，加快会计改革和发展步伐，努力提高从业人员专业技能和管理水平，满足企业财务管理工作的实际需要。

（四）加大会计教育和培训，提高综合素质

金华会计教育和培训水平整体不高，与杭州相比还有差距，金华当地高校主要有浙江师范大学（本科）、上海财经大学浙江学院（本科）和金华职业技术学院（高职高专）等，浙江师范大学会计教育不是强项，其他也都是高职高专和中专类学校，会计教育水平整体不高。

因此，只有加强从业人员的后续教育，才能提高其专业水平。会计人员接受继续教育，不仅是我国有关会计法规的明文规定，也是从事会计工作的实际需要。首先，要提高各级领导对会计人员继续教育重要性的认识。各单位应重视本单位会计人才建设，根据单位发展需要制定本单位会计人员的培训计划，鼓励会计人员按规定要求参加继续教育。其次，要克服会计人员本身对继续教育认识的不足。会计人员必须增强参加继续教育的积极性，做到自觉学习、主动学习，才能适应工作的需要。再次，要加强对会计人员的检查监督，对于在岗会计人员未按规定完成继续教育，给予不同程度的处罚；对当年未完成继续教育的会计人员给予警告。由于我国会计继续教育的内容基本都是新制度、新准则等新知识，所以会计人员必须进行日常的业务培训，规范会计人员继续教育，才能使其知识更新速度跟上我国会计改革的进程，也只有这样才能提高从业人员专业水平，增强其综合素质。

本章附录

表 1　　金华地区会计从业人员结构现状统计表　　单位：人

类	项	在岗	离岗	合计	占比	离岗率
性别	男	14 059	4 954	19 013	18.87%	26.06%
性别	女	54 886	26 877	81 763	81.13%	32.87%
性别	合计	68 945	31 831	100 776	100.00%	31.59%
年龄	25 岁以下	4 662	9 355	14 017	13.91%	66.74%
年龄	25～35 岁	25 852	12 032	37 884	37.59%	31.76%

续表

类	项	在岗	离岗	合计	占比	离岗率
年龄	35～45 岁	20 994	6 787	27 781	27.57%	24.43%
年龄	45～60 岁	15 320	3 311	18 631	18.49%	17.77%
年龄	60 岁以上	2 117	346	2 463	2.44%	14.05%
年龄	合计	68 945	31 831	100 776	100.00%	31.59%
行业	行政事业单位	9 966	77	10 043	9.97%	0.77%
行业	上市公司	1 545	8	1 553	1.54%	0.52%
行业	非上市公司(企业)	53 435	938	54 373	53.95%	1.73%
行业	其他组织	2 671	614	3 285	3.26%	18.69%
行业	无	1 328	30 194	31 522	31.28%	95.79%
行业	合计	68 945	31 831	100 776	100.00%	31.59%
地区	金华市财政局	10 715	4 699	15 414	15.30%	30.49%
地区	婺城区财政局	3 396	1 800	5 196	5.16%	34.64%
地区	金东区财政局	2 359	1 427	3 786	3.76%	37.69%
地区	金华开发区财政局	3 511	921	4 432	4.40%	20.78%
地区	义乌市财政局	14 874	6 329	21 203	21.04%	29.85%
地区	永康市财政局	10 685	3 865	14 550	14.44%	26.56%
地区	东阳市财政局	8 398	4 589	12 987	12.89%	35.34%
地区	兰溪市财政局	5 130	3 540	8 670	8.60%	40.83%
地区	武义县财政局	4 316	2 135	6 451	6.40%	33.10%
地区	浦江县财政局	3 490	1 616	5 106	5.07%	31.65%
地区	磐安县财政局	2 071	910	2 981	2.96%	30.53%
地区	合计	68 945	31 831	100 776	100.00%	31.59%

数据来源:金华市财政局会计从业资格管理数据库。

表 2 金华地区会计从业人员素质现状统计表 单位:人

类	项	在岗	离岗	合计	占比	离岗率	备注
学历	初中及以下	2 586	1 704	4 290	4.26%	39.72%	
学历	高中	7 931	11 208	19 139	18.99%	58.56%	
学历	中专	8 786	5 884	14 670	14.56%	40.11%	
学历	大专	32 978	9 062	42 040	41.72%	21.56%	
学历	本科	16 295	3 915	20 210	20.05%	19.37%	
学历	硕士研究生及以上	369	58	427	0.42%	13.58%	
学历	合计	68 945	31 831	100 776	100.00%	31.59%	含非全日制
职称	初级	13 511	2 022	15 533	15.41%	13.02%	
职称	中级	5 495	537	6 032	5.99%	8.90%	
职称	高级	507	13	520	0.52%	2.50%	
职称	无	49 432	29 259	78 687	78.08%	37.18%	
职称	合计	68 945	31 831	100 776	100.00%	31.59%	
工作年限	5 年以下	16 832	22 962	39 794	39.49%	57.70%	
工作年限	5～10 年	18 613	2 299	20 912	20.75%	10.99%	
工作年限	10～20 年	18 649	4 814	23 463	23.28%	20.52%	
工作年限	20～30 年	10 169	1 178	11 347	11.26%	10.38%	
工作年限	30 年以上	4 682	578	5 260	5.22%	10.99%	
工作年限	合计	68 945	31 831	100 776	100.00%	31.59%	
继续教育	网培(全市)			33 390	33.13%		
继续教育	面培(市本级)			6 860			
继续教育	面培(非市本级)			60 526			
继续教育	面培(全市)			67 386	66.87%		市本级+非市本级
继续教育	合计			100 776	100.00%		

数据来源:金华市财政局会计从业资格管理数据库。

第二章

“十三五”规划背景下高端会计人才培养效果研究

——以金华市会计领军人才培养项目为例

一、引言

根据财政部《会计改革与发展“十三五”规划纲要》(财会〔2016〕19 号)的规划,在“十三五”期间将继续深化会计领军人才培养。财政部将研究制定《全国会计领军人才培养工程发展规划》,不断充实全国会计领军人才队伍,到 2020 年,完成全国会计领军(后备)人才达到2 000名的培养目标。“十三五”规划中还强调要继续推进会计领军人才特殊支持计划,指导各地财政部门和中央有关主管单位开展会计领军人才培养工作。

为加强高端会计人才队伍建设,推动浙中经济发展,金华市从 2013 年开始实施会计领军(后备)人才培养工程。我们针对金华市会计领军人才培养项目的学员设计了调查问卷,基于问卷调查的结果,对项目开展四年来的培训效果进行研究。此项调查能够有效考量前期培养的成果与可改进之处,为金华市深入实施财政部“十三五”规划中会计领军人才的培养提供现实依据。

二、金华市会计领军人才培养项目基本情况

金华市会计领军人才培养项目的目标是建设一批高端会计人才,发挥高端会计人才“传、帮、带”作用,带动金华市会计队伍整体素质不断提高,为实现全面小康、加快浙中崛起提供坚强有力的会计人才保障。

金华市自 2013 年首次开展会计领军人才培养项目以来,已经有两批共计 70

名学员。金华市的会计领军人才培养项目的选拔分为行政事业类与企业类，培训周期为三年，实行集中学习培训与跟踪学习培训相结合。

经问卷调查，目前金华市入选会计领军人才培养项目的学员男女比例为50.94%：49.06%，接近于1：1。近98.11%的项目入选学员在45周岁以下，其中35周岁以下的入选学员有15.09%。金华市会计领军人才培养项目入选学员的具体年龄情况如表2—1所示。

表2—1 金华市会计领军人才培养项目入选学员的年龄情况 单位：人

选　项	小计	比　例
25～35周岁	8	15.09%
36～45周岁	44	83.02%
46～55周岁	1	1.89%
56～65(含)周岁	0	0%
65周岁以上	0	0%
本题有效填写人次	53	

如表2—1所示，入选学员的年龄构成符合前期选拔中关于“年龄原则上不超过40周岁，担任大、中型企业(含上市公司)财务负责人，年龄可适当放宽”的基本条件。并且，由上表可知，金华市高端会计人才队伍建设具有合理的年龄梯队，能够为金华市的会计领域的发展持续注入活力与创造力。

目前，金华市会计领军人才培养项目入选学员中有86.79%具有10年以上工作年限，学员实务经验丰富。具体入选学员工作年限情况如表2—2所示。

表2—2 金华市会计领军人才培养项目入选学员工作年限情况 单位：人

学员工作年限	小计	比　例
5年以内	1	1.89%
6～10年	6	11.32%
11～15年	11	20.75%
16～20年	23	43.4%
20年以上	12	22.64%

如图2—1所示，金华市两期入选学员均为本科及本科以上学历，其中硕士研

究生占比 9.43%。入选学员的学历构成具备高起点的特征，符合财政部对于会计领军人才培养的定位。

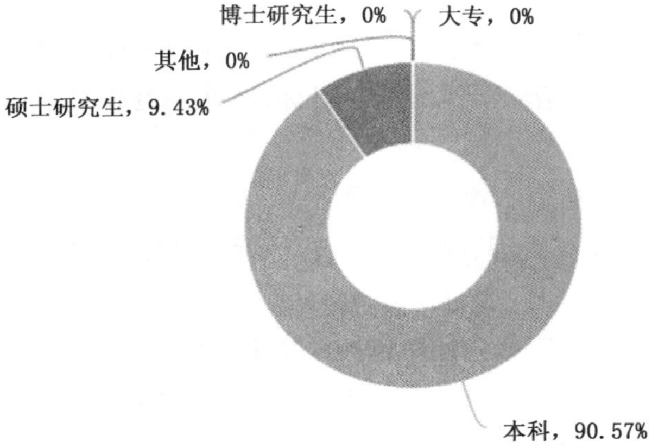

图 2—1 金华市会计领军人才培养项目入选学员学历情况

据问卷调查结果所示，入选学员中，高级职称占比 47.17%，中级职称占比 52.83%，学员职称结构符合金华市会计领军人才梯队建设的要求。金华市会计领军人才培养项目入选学员的具体职称情况如表 2—3 所示：

表 2—3 金华市会计领军人才培养项目入选学员职称情况 单位：人

入选学员职称	小计	比 例
初级职称	0	0%
中级职称	28	52.83%
高级职称	25	47.17%
本题有效填写人次	53	

综上所述，金华市会计领军人才培养项目在选拔学员时，在男女比例、年龄、工作年限、学历以及职称这几个方面已经充分考虑了建设高端会计人才梯队的基本要求。学员具备高层次、高起点的特征，能够在带动全市会计领域进步、辐射地方经济发展方面发挥重要作用。

三、问卷设计及样本情况

（一）问卷设计

本次问卷设计旨在研究金华市会计领军人才培养项目的效果。为了考量是否已经实现会计领军人才培养项目的培养目标，本次问卷设计从以下四个方面进行研究：

1. 会计领军人才在企业管理中的作用

包括战略管理、预算管理、成本管理、营运管理、投融资管理、绩效管理、风险管理等方面。

2. 会计领军人才在管理会计和财务共享中的作为

包括精细化成本管理、税务筹划、财务管理、会计信息化、财务共享等方面。

3. 会计领军人才的个人专业发展

包括个人职务、职称、学位与薪水的变化，个人发表论文数量，个人管理的资产、下属人数以及公司收入的变化。

4. 会计领军人才对于该培训项目的评价

包括对会计领军人才培训项目的培训内容、培训周期、课程教师以及班级活动的评价。

（二）样本情况

在2017年2月我们通过问卷星在微信平台针对两期入选学员一共发放了70张问卷，回收了53张，其中有效问卷53张，有效回收率为75.7%。

本次问卷中入选样本的学员分别有8位来自政府机关、11位来自事业单位、6位来自国企、6位来自上市公司、11位来自民营企业以及11位来自事务所。入选学员单位性质具体构成比例如图2—2所示。

由图2—2可知，金华市选拔会计领军人才培养项目学员时，在各领域均有侧重。为满足全面发展小康，各行业各领域对高端会计人才的需求提供保障。

从图2—3可以看出，入选学员有58.49%为所在企业的部门副（总）经理及以上职务。在最高层级的三个职务中，总会计师（财务总监）比例为16.98%，但总经理及副总经理的比重相对偏低，鉴于他们在企业运行中的重要性，今后的培养选拔中需要进一步吸纳更多总经理及副总经理。

综上所述，本次问卷调查的入选样本在学员单位性质以及学员所任职务方面，

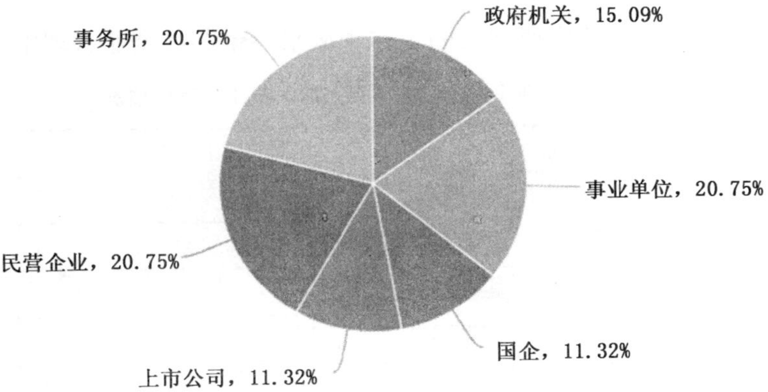

图 2—2 金华市会计领军人才培养项目入选学员的单位性质情况

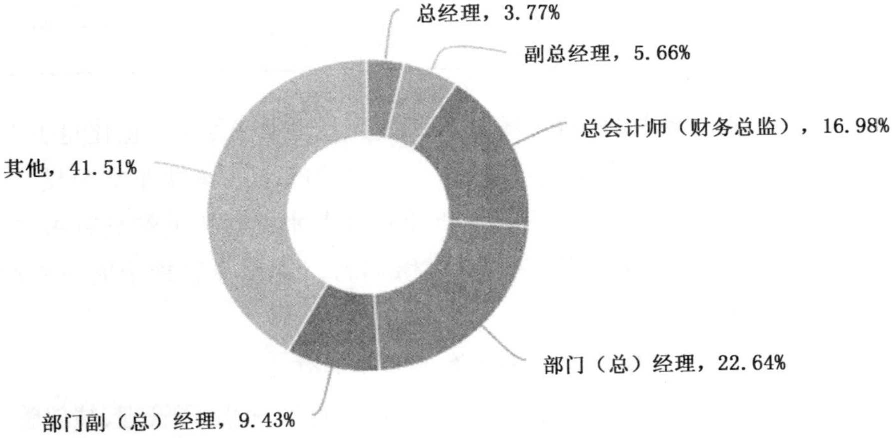

图 2—3 金华市会计领军人才培养项目入选学员职务情况

充分体现了会计领军人才服务地方经济、推动全面小康社会建设的培养定位。

四、研究分析

本章将依据上海财经大学浙江学院会计系制作的金华市会计领军人才项目调查问卷的调查结果，从四个维度分析金华市会计领军人才培养项目的管理效能：

(一)会计领军人才在企业管理中的作用

本章将从学员在企业中所涉及的工作领域来考量其在企业管理中的作用。

表 2—4 金华市会计领军人才培养项目入选学员工作领域情况

学员的工作领域(多选)	小计	比 例
精细化成本管理	15	28.3%
税务筹划	20	37.74%
财务管理	31	58.49%
会计信息化	17	32.08%
财务共享	7	13.21%
管理会计	19	35.85%
金融	4	7.55%
审计	19	35.85%
其他	14	26.42%

由上表可知,在财务管理、税务筹划、管理会计、审计、会计信息化这五个工作领域均有超过30%的学员涉及,会计领军人才培养的会计属性非常明显。并且,入选学员负责的工作均涉及多个领域。会计领军人才负责的工作具有多样性、重要性的特点。并且入选学员具备复合型人才的特征,在企业管理中充分发挥了高端会计人才的作用。

(二)会计领军人才在管理会计和财务共享中的作为

本章将从战略管理、预算管理、成本管理、营运管理、投融资管理、绩效管理、风险管理等方面来考量学员在管理会计和财务共享中发挥的作用。入选学员承担企业工作的具体情况如表 2—5 所示:

表 2—5 金华市会计领军人才培养项目入选学员承担工作情况

学员承担的工作(多选)	小计	比 例
战略管理	10	18.87%
预算管理	16	30.19%
成本管理	20	37.74%
营运管理	13	24.53%

续表

学员承担的工作(多选)	小计	比 例
投融资管理	8	15.09%
绩效管理	17	32.08%
风险管理	10	18.87%
其他	28	52.83%

在企业管理会计活动中,均会涉及预算管理、成本管理、投融资管理以及绩效管理,由上表可知,金华市入选学员在以上几方面都承担了相应的工作,尤其在成本管理、预算管理以及绩效管理中均有30%以上的学员参与。此调查结果表明,会计领军人才在管理会计工作中发挥了重要作用。此外,根据表2—4所列示,只有13.21%的入选学员在企业工作中涉及了财务共享,金华市会计领军人才在财务共享方面起的带动作用仍有很大的进步空间。

(三)会计领军人才的个人专业发展

本章从三个方面来讨论会计领军人才的个人专业发展,分别是:会计领军人才项目对于学员工作能力的影响;会计领军人才项目对于学员的学习能力的影响;会计领军人才项目对于学员个人价值的影响。

1. 会计领军人才项目对于学员工作能力的影响

会计领军人才项目对于学员工作能力的影响,我们将从学员入选前后参与管理的资产和年收入及下属人数的变化,入选项目后学员管理分工的变化以及入选项目后学员晋升情况三方面来探讨。

学员入选前后参与管理的资产和年收入及下属人数的变化情况具体如表2—6所示:

表2—6 入选前后参与管理的资产和年收入及下属人数变动情况

项 目	入选前(平均值)	入选后(平均值)	变动幅度
参与管理的资产总额(万元)	4 367 908.234	4 654 703.568	6.56%
管理的直接下属人数	12.5	16.2	29.6%
参与管理的公司年收入(万元)	108 699.063 8	113 477.383	4.39%

由上表可知,学员在入选会计领军人才培养项目之后,参与管理的资产总额增

长了 6.56%，管理的直接下属人数增长了 29.6%，参与管理的公司年收入增长了 4.39%。虽然也会有其他因素能够使资产、年收入以及下属人数发生变动，但是，经过会计领军人才培养是入选学员工作能力提升的一大关键，学员所管理的资产、年收入以及下属员工的增加是入选学员工作能力提高的直接体现。因此，我们认为，经过会计领军人才的培训，能够更好地发挥学员的工作能力，并有效促进企业的经营发展。

此外，我们也统计了学员入选项目之后管理分工的变化，具体内容如表 2—7 所示：

表 2—7　　入选项目后学员管理分工变动情况

选　项	小计	比　例
有管理分工增加	10	18.87%
有平调其他岗位	1	1.89%
有系统内换单位(岗位不变)	2	3.77%
有系统内换单位(岗位也变化)	5	9.43%
有工作变动到系统外	2	3.77%
暂时无变动	35	66.04%
本题有效填写人次	53	

从上表可知，入选项目后，有 33.96% 的学员管理分工有所变动，有 18.87%的学员管理分工有所增加。我们再结合入选项目后学员晋升情况，具体如表 2—8 所示：

表 2—8　　入选项目后学员晋升情况

选　项	小计	比　例
没有变化	39	73.58%
有升职	14	26.42%
本题有效填写人次	53	

由上表可知，有 26.42%的学员在入选会计领军人才培养项目后在职位上有了显著的提升。依据学员的管理分工以及晋升情况，说明在学员入选后，其综合管理能力都有不同程度的提升，一方面得益于会计领军人才培养项目的培训，另一方面也体现了各单位对高端会计人才的重视。

本次问卷调查也统计了学员入选项目后因工作表现优异而获奖的情况，具体情况如表 2—9 所示：

表 2—9　　入选项目后因工作表现优异而获得的奖励情况

选　项	小计	比　例
没有	30	56.6%
获得本单位内部奖励	21	39.62%
获得单位所在系统的内部奖励	4	7.55%
获得省部级奖励	0	0%
获得全国性奖励	0	0%
本题有效填写人次	53	

由上表可知，入选会计领军人才培训项目后，有 43.4%的学员因工作表现优异而获得单位内部或系统的奖励，但是其中获得省部级及以上奖励的为 0 人次，这表明，在市本级我们的学员很好地发挥了项目的辐射效应，但是，在省部级金华市会计领军人才项目的辐射效应仍有很大的提升空间。

2. 会计领军人才项目对于学员的学习能力的影响

本章将从学员论文发表情况，以及是否新获得各种专业资格、职称或学位情况，来讨论会计领军人才项目对于学员的学习能力的影响。图 2—4 为学员入选项目后发表论文情况。

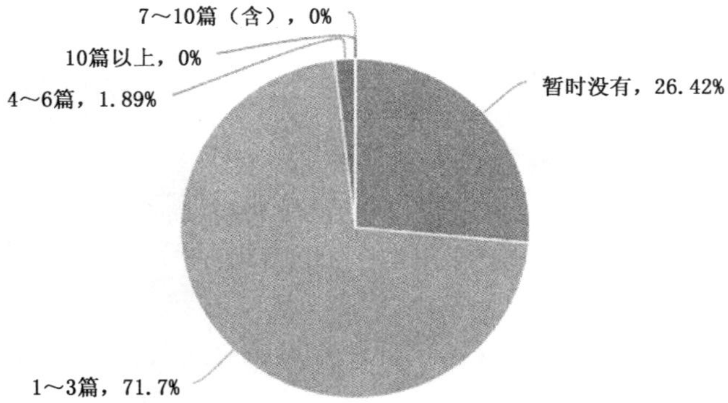

图 2—4　入选项目后学员发表论文情况

如上图所示，有 73.59%的学员能够在入选项目后发表论文。此外，根据

表 2—10所示，有 33.96%的学员能够在入选项目之后，通过继续学习获取新的专业资格、职称以及学位。

表 2—10　　入选项目后新获取专业资格、职称或学位的情况

选　项	小计	比　例
没有	35	66.04%
有	18	33.96%
本题有效填写人次	53	

以上数据表明，金华市入选会计领军人才项目的学员，经过项目培训之后学习能力有了进一步提升。此外，入选学员能够充分体现自己的"领军"带动作用，发挥会计领军人才在强化会计职能、宣传会计政策、组织继续教育、研究实务问题等方面的辐射效应。

3. 会计领军人才项目对于学员个人价值的影响

会计领军人才项目对于学员个人价值的影响，本章从两方面来探讨：一方面是学员个人收入增长情况，另一方面是学员对项目在个人价值提升方面的打分情况。

学员个人收入的增长能够体现会计领军人才培养项目品牌价值的变现情况，此外，通过由学员自主打分能够直观地体现学员对项目的期望值，也能从学员主观层面来探究培养项目的效果。

入选项目后，学员的个人收入增长的具体情况如图 2—5 所示：

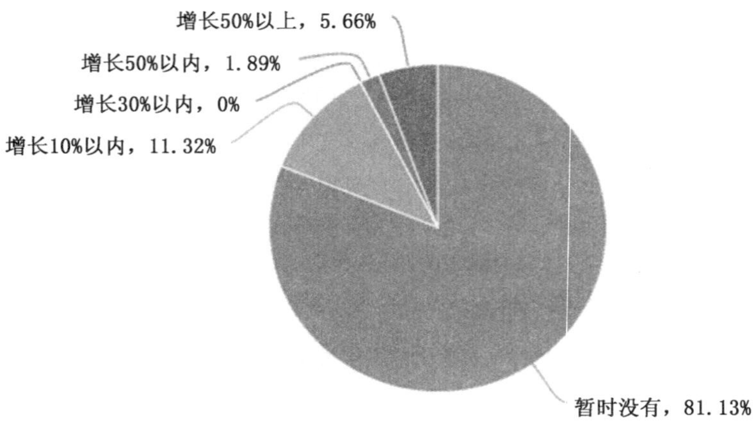

图 2—5　入选项目后学员个人收入增长情况

我们可以从图中发现，18.87％的学员收入有不同程度的增长，81.13％的学员表示个人收入暂时没有增长。介于品牌价值的变现通常具有一定的滞后性，对于此数据，我们认为已经体现了会计领军人才培养项目的品牌价值。

学员基于项目对自身价值提升的打分情况如表2—11所示：

表2—11　　项目对学员个人价值提升的情况

分　值	小计	比　例
1分	4人次	7.55％
2分	3人次	5.66％
3分	19人次	35.85％
4分	10人次	18.87％
5分(满分)	17人次	32.08％
本题有效填写人次	53人次	平均分：3.62

由上表可知，有32.08％的学员打出了满分，但是也有7.55％的学员认为个人价值并未得到明显提升。我们认为，此数据已经表明，会计领军人才培养项目对于学员个人价值具有提升作用，只不过对于不同的学员提升的程度不同而已。综上所述，会计领军人才培养项目已经发挥了其品牌价值，并且对于入学学员的个人价值提升产生了重要作用。

（四）学员对项目的评价分析

为了持续地改进会计领军人才培养项目，进一步提升培养质量，我们就学员对项目的评价进行了调查。会计领军人才对于该培训项目的评价，包括对会计领军人才培训项目的培训内容、培训周期、课程教师以及班级活动的评价。

根据金华市会计领军(后备)人才培养实施方案可知，培训课程的主要内容有：我国会计准则制度改革和发展动态、企业会计准则、企业风险管理与内部控制设计及实施、成本控制与全面预算管理、企业税收环境与税务筹划、企业发展战略、企业并购重组、资本市场运作、高级会计人员能力框架，行政事业单位会计准则、财务规则等。

培养周期为3年，其中集中学习培训一般每年安排1次，每次7～8天。集中学习培训采取课堂教学、专题讲座、案例讨论、论坛等形式，以案例教学为主要形式。跟踪学习培训以在职自学为主，采用边实践边学习的方式。培训师资由选聘国内外知名教授和会计实务界资深专家组成。

金华市会计领军人才培养项目入选学员对项目的具体评价情况如表 2—12 所示：

表 2—12　　学员对项目的评价情况

打分类别	5 分（打分比例及人数）	4 分（打分比例及人数）	3 分（打分比例及人数）	2 分（打分比例及人数）	1 分（打分比例及人数）	平均分
培训内容	33.96%（18 人次）	37.74%（20 人次）	24.53%（13 人次）	1.89%（1 人次）	1.89%（1 人次）	4
培训周期	33.96%（18 人次）	43.4%（23 人次）	18.87%（10 人次）	1.89%（1 人次）	1.89%（1 人次）	4.06
课程教师	32.08%（17 人次）	50.94%（27 人次）	16.98%（9 人次）	0%（0 人次）	0%（0 人次）	4.15
班级活动	37.74%（20 人次）	45.28%（24 人次）	13.21%（7 人次）	1.89%（1 人次）	1.89%（1 人次）	4.15

由上表可知，学员对于培训内容、培训周期、课程师资以及班级活动的评价均达到了 4 分，各项均有超过 30%的学员给出了 5 分满分的评价。但是，对于培训内容、培训周期以及班级活动均有学员给出了较低评价，这意味着在这三方面还有需要我们改进和注意的地方。

五、本章结论及建议

（一）金华市会计领军人才培养项目已实现预期目标

本章从学员的基本状况，包括男女比例、年龄、工作年限、学历以及职称等情况分析得出，金华市会计领军人才培养项目合理有效地搭建了一支高端会计人才梯队。从入选学员的单位性质、职务以及工作领域等角度可以看出，入选学员符合会计领军培养项目高层次、高起点以及复合型人才的定位。通过对入选学员的管理分工、个人发展等指标进行分析，得出金华市入选会计领军人才培养项目的学员在企业管理以及管理会计的推广应用方面发挥了重要作用，并且也充分体现了自己的“领军”带动作用，实现了金华市关于建设“一批精通业务、善于管理、勇于创新、熟悉国际惯例、具有国际视野和战略思维的高素质会计人才”的目标。

（二）后续深入实施会计领军人才建设仍需持续改进

通过问卷调查发现，我们在项目实施过程中也还存在一些改进空间：一是在培训内容、培训周期以及班级活动这几方面可以设置得更加多元化、系统化以及人性化，可以在今后的培训中不断收集学员所关注的问题，根据学员实际需求，灵活调整培养事宜，使培训更加具有科学性和针对性。二是搭建平台，与各高校充分合作，加强人才基地建设，会计领军人才可以进入校园，进一步发挥“领军”作用。三是需要建立科学的评价体系，对入选学员加强考核，这样可以有效维护会计领军人才的品牌严肃性和高层次定位，也更加能够激励入选学员持续有效地发挥高端会计人才的价值。

新时期浙中经济发展需要怎样的人才是非常值得深思的问题，在会计领域，我们应该吸纳更多高层次、复合型人才进入到高端会计人才梯队中。在建设全面小康社会、推动浙中经济发展中，最大程度发挥会计领军人才的辐射带动作用。

参考文献：

[1]余钦爽. 中小城市会计从业人员现状调查与思考——以湖北省仙桃市为例[J]. 财会通讯(综合)，2014(1).

[2]李爱芳，丛旭日. 试论会计行业的现状和发展趋势[J]. 时代金融，2013.7(下).

[3]王文红. 提升浙中金华地区会计从业人员素质的措施研究[J]. 商业会计，2016(20)：128～129.

[4]欧阳宗书，郭永清，万文翔. 企业类全国会计领军(后备)人才培养项目效果研究——基于问卷调查的分析与建议[J]. 会计研究，2013(1).

[5]王志英. 完善会计领军人才培养模式的建议——基于河南省会计领军人才培养的实践[J]. 河南商业高等专科学校学报，2014(2).

第三篇

****

金华市会计服务市场与需求分析

【本篇摘要】

本篇以浙江省金华地区会计服务市场为基础,对会计服务市场状况包括会计师事务所执业资质、服务对象以及企事业单位会计服务需求进行研究,探讨了商业环境改变对中小企业高端会计人才培养的紧迫性,尤其是在大数据和财务共享模式下会计服务中介、会计人员应该如何转型提出了三个层级的建议,并对会计服务需求状况调查结果以及如何寻求更好的会计服务,进行了比较和对策性分析,这对高校会计人才的培养以及政府有关部门的决策具有重要的参考价值。

第一章

金华市会计师事务所服务基本情况

目前，在企业内部控制和审计业务不断加强的背景下，会计师事务所的业务范围和其他会计服务业务在不断扩大。一方面是承接了越来越多中小型企业的审计业务和代理业务，另一方面是从简单的审计业务扩展到财务审计、工程造价咨询、资产评估、税务代理及企业管理咨询等多方面的业务。

在会计业务和服务不断发展的过程中，会计师事务所也越来越多，并结合数量众多的会计业务代理机构和税务师事务所及代理机构，共同组成了目前会计服务市场的基本力量。会计师事务所是会计服务市场的重要组成部分，本章将主要对会计师事务所的服务情况进行分析，并对其他会计服务机构进行简要分析。

本章将立足于金华地区，对金华地区的会计师事务所及其他会计机构会计服务情况进行研究。截至 2016 年，金华市全市实现生产总值(GDP)3 635.01亿元，按可比价计算，比上年增长 7.5%。其中：第一产业增加值为 148.06 亿元，增长 1.9%；第二产业增加值为1 585.61亿元，增长 4.9%；第三产业增加值为1 901.34 亿元，增长 10.3%。在第三产业增加值中，其他服务业占比 36.6%，会计服务作为其他服务业的一部分，也在其中扮演了非常重要的角色。

随着第二产业和第三产业的不断增长，金华市会计服务市场的规模也在不断扩大，会计师事务所及其他会计机构的业务也在不断增长。在上述背景下，本章将从目前金华市会计师事务所的基本情况、从业人员数量、执业资质、营业收入和规模等方面进行研究，以期促进金华市会计师事务所及其他会计服务机构不断做大做强，从而更好地促进金华市会计服务市场的整体发展。

一、金华市会计师事务所基本情况

(一)金华市会计师事务所及其从业人员情况

1988年,金华市财政局成立了下属的金华会计师事务所,并于1999年8月脱钩改制成立金华安泰会计师事务所有限责任公司。这是金华较早的会计服务机构和会计师事务所。在市场化改革不断推进、经济不断发展的背景下,越来越多的注册会计师成立了会计师事务所。

截至目前,金华地区的会计师事务所共有31家,其中金华市本级为12家、义乌市6家、东阳市4家、永康市2家、兰溪市2家、武义县2家、浦江县2家、磐安县1家。从数量上看,获得了较快的发展。金华市本级和非本级会计师事务所具体名单和注册会计师人数如表1—1及表1—2所示:

表1—1　金华市本级会计师事务所及注册会计师人数　单位:人

序号	会计师事务所名单	注册会计师人数	从业人员人数
1	金华安泰会计师事务所	26	91
2	金华金辰会计师事务所	7	15
3	金华中健会计师事务所	32	75
4	金华金正大联合会计师事务所	5	9
5	金华新联联合会计师事务所	4	15
6	金华纵横联合会计师事务所	6	10
7	金华宏誉联合会计师事务所	5	18
8	金华禾兴联合会计师事务所	12	14
9	金华中恒泰会计师事务所	2	7
10	金华锦尚联合会计师事务所	2	13
11	金华佳成会计师事务所	6	11
12	金华君安会计师事务所	12	30

从表1—1可知:截至目前,在金华市本级的12家会计师事务所中,注册会计师总人数为119人,从业人员总人数为308人。在12家会计师事务所中,规模最大的两家会计师事务所分别是金华安泰会计师事务所和金华中健会计师事务所,其注册会计师人数和从业人数都处于领先地位。而其他几家会计师事务所无论从

注册会计师人数还是从业人数上，都与前两家差距较大。这也说明金华市本级的会计师事务所之间在规模上还是存在较大的分化。

表 1—2　　金华非市本级会计师事务所及注册会计师人数　　单位：人

序号	会计师事务所名单	注册会计师人数	从业人员人数
1	浙江新世纪会计师事务所(义乌)	10	37
2	浙江明达会计师事务所(义乌)	20	70
3	义乌市聚丰会计师事务所(义乌)	5	23
4	金华市盛业会计师事务所(义乌)	6	20
5	北京永拓会计师事务所(特殊普通合伙)浙江分所(义乌)	10	30
6	浙江至诚会计师事务所义乌分所(义乌)	36	缺
7	永康天正会计师事务所(永康)	13	22
8	永康五金会计师事务所(永康)	15	24
9	东阳衡升会计师事务所(东阳)	5	11
10	东阳荣东联合会计师事务所(东阳)	4	缺
11	东阳明鉴会计师事务所(东阳)	10	30
12	东阳市众华联合会计师事务所(东阳)	8	16
13	兰溪开泰会计师事务所(兰溪)	14	27
14	兰溪兴兰会计师事务所(兰溪)	10	12
15	武义方正会计师事务所(武义)	10	14
16	浙江武义中亿联合会计师事务所(武义)	4	5
17	浦江普信会计师事务所(浦江)	8	22
18	浦江弘哲会计师事务所(浦江)	3	8
19	金华公众联合会计师事务所(磐安)	7	15

从表 1—2 可知：在金华非本市级的 19 家会计师事务所中，注册会计师总人数为 198 人，从业人员总人数超过 386 人。规模较大的一家为浙江至诚会计师事务所义乌分所，其他的会计师事务所规模都较小。与金华市本级的会计师事务所相比，非市本级的会计师事务所也存在从业人员和注册会计师不多的情形，规模偏小。

从整体上看，金华地区的事务所数量较多，但普遍规模较小。将金华地区的会计师事务所与总部在浙江杭州的浙江天健会计师事务所进行对比，差距非常大。以天健会计师事务所为例，现有的4 600余名从业人员中，有注册会计师1 600余名，注册会计师行业领军人才 30 名，教授级高级会计师 14 名。因此，金华会计师事务所如何从规模上扩大，并获得更强的优势，这是非常值得重视的一个问题。

(二)组织形式

在 1997 年 2 月 23 日第八届全国人民代表大会常务委员会第二十四次会议通过的《中华人民共和国合伙企业法》中规定，普通合伙企业由普通合伙人组成，合伙人对合伙企业债务承担无限连带责任。而有限责任制以有限责任公司的形式存在，股东对有限公司债务承担有限责任。

会计师事务所的组织形式只能是有限责任公司和普通合伙企业两种形式，而根据目前对金华地区会计师事务所的统计，几乎所有的会计师事务所都采取了这两种组织形式中的一种。金华地区会计师事务所组织形式如表 1－3、表 1－4 所示：

表 1－3　　金华市本级会计师事务所组织形式

序号	会计师事务所名单	组织形式
1	金华安泰会计师事务所	有限责任
2	金华金辰会计师事务所	有限责任
3	金华中健会计师事务所	普通合伙
4	金华金正大联合会计师事务所	普通合伙
5	金华新联联合会计师事务所	普通合伙
6	金华纵横联合会计师事务所	普通合伙
7	金华宏誉联合会计师事务所	普通合伙
8	金华禾兴联合会计师事务所	普通合伙
9	金华中恒泰会计师事务所	普通合伙
10	金华锦尚联合会计师事务所	普通合伙
11	金华佳成会计师事务所	普通合伙
12	金华君安会计师事务所	普通合伙

从上表可知，金华市本级会计师事务所大多数采用了普通合伙制的形式，只有

两家采用的是有限责任制形式。而会计师事务所的成立时间、规模和执业资格等都会对会计师事务所的组织形式产生影响。

表 1—4　　金华非市本级会计师事务所组织形式

序号	会计师事务所名单	组织形式
1	浙江新世纪会计师事务所(义乌)	有限责任
2	浙江明达会计师事务所(义乌)	有限责任
3	义乌市聚丰会计师事务所(义乌)	有限责任
4	金华市盛业会计师事务所(义乌)	普通合伙
5	北京永拓会计师事务所(特殊普通合伙)浙江分所(义乌)	特殊普通合伙
6	浙江至诚会计师事务所义乌分所(义乌)	有限责任
7	永康天正会计师事务所(永康)	有限责任
8	永康五金会计师事务所(永康)	有限责任
9	东阳衡升会计师事务所(东阳)	有限责任
10	东阳荣东联合会计师事务所(东阳)	普通合伙
11	东阳明鉴会计师事务所(东阳)	有限责任
12	东阳市众华联合会计师事务所(东阳)	普通合伙
13	兰溪开泰会计师事务所(兰溪)	有限责任
14	兰溪兴兰会计师事务所(兰溪)	有限责任
15	武义方正会计师事务所(武义)	有限责任
16	浙江武义中亿联合会计师事务所(武义)	普通合伙
17	浦江普信会计师事务所(浦江)	有限责任
18	浦江弘哲会计师事务所(浦江)	普通合伙
19	金华公众联合会计师事务所(磐安)	普通合伙

从上表可知,金华非市本级的会计师事务所较多采用有限责任制的形式,部分采用了普通合伙制的形式,且有一家非本土会计师事务所采用了特殊的普通合伙制形式。

2006 年 8 月 27 日修订的《合伙企业法》加入了特殊的普通合伙制形式。以专业知识和专门技能为客户提供有偿服务的专业服务机构,可以设立为特殊的普通合伙企业。特殊的普通合伙企业名称中应当标明“特殊普通合伙”字样。

在修订的《合伙企业法》中规定，一个合伙人或者数个合伙人在执业活动中因故意或者重大过失造成合伙企业债务的，应当承担无限责任或者无限连带责任，其他合伙人以其在合伙企业中的财产份额为限承担责任。合伙人在执业活动中非因故意或者重大过失造成的合伙企业债务以及合伙企业的其他债务，由全体合伙人承担无限连带责任。

对于几种组织形式而言，在不同的经济发展阶段扮演了不同的角色。需要结合上述的实际情况对几种会计师事务所组织形式进行探究。

1. 普通合伙制形式

优势：能够在风险的制约和共同利益的驱动下，促使事务所提高执业质量，提高风险控制能力；劣势：不利于会计师事务所的扩张，同时，任何一个合伙人执业中的过失或欺诈行为都可能给整个事务所带来灭顶之灾。

2. 有限责任制形式

优势：可以通过公司制形式迅速聚集一批注册会计师，组成大型会计师事务所，承办大型企业；劣势：降低了风险责任对职业行为的高度约束，弱化了注册会计师的个人责任，对注册会计师的不谨慎执业行为缺乏威慑力。

3. 特殊的普通合伙制形式

最为明显的特征是：合伙人只需承担有限责任，无过失的合伙人对于其他合伙人的过失或不当执业行为以自己在事务所的财产为限承担责任，不承担无限责任，除非该合伙人参与了过失或不当执业行为。特殊的普通合伙制既融入了合伙制和有限责任公司会计师事务所的优点，又摒弃了它们的不足。这种组织形式顺应经济发展对注册会计师行业的要求。

因此，为了更好地扩大金华地区的会计师事务所规模、促进会计师事务所的发展，应当以金华市财政局为统筹，以企业意愿为最大原则，对金华地区的会计师事务所按照特殊的普通合伙制形式进行整合，缩减会计师事务所的数量、扩大单个会计师事务所的规模。

（三）执业资质

根据前两部分内容的阐述可以得出，无论从规模上还是从目前的组织形式上，金华地区的会计师事务所发展都相对滞后。现从会计师事务所的执业资质出发，对金华地区会计师事务所的业务范围进行简要分析。

以金华市本级规模较大的安泰会计师事务所和中健会计师事务所为例，安泰会计师事务所取得了注册会计师法定审计资格、工程造价咨询甲级资格、工程招投标乙级资格、资产评估资格、工程咨询资格、税务代理资格、司法鉴定资格、培训资格；中健会计师事务所取得了审计业务、资产评估、税务代理、工程造价咨询、会计咨询、会计服务业务相应执业资质。除上述两家及两家义乌分所外，其他会计师事务所大多只具备审计、代理、验资等执业资质，而不具备更加复杂业务的执业资质。

目前，浙江天健会计师事务所的执业资质主要有18项，分别为：(1)注册会计师法定业务；(2)证券期货相关审计业务；(3)H股企业审计业务；(4)美国公众公司会计监督委员会(PCAOB)注册事务所；(5)中央企业审计入围机构；(6)金融相关审计业务；(7)从事特大型国有企业审计资格；(8)军工涉密业务咨询服务；(9)IT审计业务；(10)税务代理；(11)工程造价咨询(甲级)；(12)工程预结算审价(一级)；(13)国家建设项目工程预决算审计验证(A级)；(14)工程咨询(甲级)；(15)招投标代理资格；(16)司法会计鉴定；(17)破产管理人资格；(18)浙江股权交易中心会员。与浙江天健会计师事务所拥有的执业资质进行对比，金华地区的会计师事务所有巨大的提升空间。

执业资质的取得一方面需要考虑一个企业的规模和营业收入，另一方面还要考虑会计师事务所是否拥有相应的人才。当会计师事务所规模更大时，对人才的吸引力会更大，对会计师事务所业务能力和业务范围的提升也将带来极大的促进。因此，从会计师事务所的执业资质分析，仍然需要对金华地区的会计师事务所进行相应的整合，以形成更加强大的合力。

二、金华地区会计师事务所会计服务的基本情况

(一)服务对象

目前，金华地区会计师事务所的服务对象包括企事业单位、政府部门等。从所提供的服务来看，大部分集中在审计、代理记账、工程造价评估等业务。总体来说，业务范围和所提供的服务范围较窄，形式并不多样。

上市公司要求进行信息披露，会计师事务所对其信息的真实性要承担责任。上市公司一般是区域内的一些龙头企业，在资本规模、产业覆盖度和利润等方面都在本地区中发挥重要作用。而能够承担上市公司审计业务的会计师事务所，一方面要求其具有审计资格，另一方面对于事务所的规模和专业能力要求都较高。目前，金华地区上市公司聘用的会计师事务所情况如表1－5所示：

表 1—5 金华地区上市公司聘用的会计师事务所情况

序号	证券名称	审计机构
1	浙江广厦	天健会计师事务所(特殊普通合伙)
2	小商品城	安永华明会计师事务所(特殊普通合伙)
3	康恩贝	天健会计师事务所(特殊普通合伙)
4	尖峰集团	天健会计师事务所(特殊普通合伙)
5	华鼎股份	立信会计师事务所(特殊普通合伙)
6	得邦照明	立信会计师事务所(特殊普通合伙)
7	普洛药业	山东和信会计师事务所(特殊普通合伙)
8	横店东磁	天健会计师事务所(特殊普通合伙)
9	东晶电子	立信会计师事务所(特殊普通合伙)
10	万里扬	天健会计师事务所(特殊普通合伙)
11	金字火腿	天健会计师事务所(特殊普通合伙)
12	哈尔斯	天健会计师事务所(特殊普通合伙)
13	巨龙管业	天健会计师事务所(特殊普通合伙)
14	道明光学	天健会计师事务所(特殊普通合伙)
15	棒杰股份	立信会计师事务所(特殊普通合伙)
16	浙江世宝	天健会计师事务所(特殊普通合伙)
17	中坚科技	北京兴华会计师事务所(特殊普通合伙)
18	华统股份	天健会计师事务所(特殊普通合伙)
19	华谊兄弟	瑞华会计师事务所(特殊普通合伙)
20	金利华电	天健会计师事务所(特殊普通合伙)
21	开尔新材	立信会计师事务所(特殊普通合伙)
22	花园生物	大华会计师事务所(特殊普通合伙)
23	唐德影视	瑞华会计师事务所(特殊普通合伙)

从表 1—5 可以看出,目前注册地点在金华地区的上市公司中,对其审计的会计师事务所基本上是会计师事务所中的大所,金华本土的会计师事务所并不能参与到上市公司的审计中,而这是受到事务所的规模、专业能力及执业资质的限制的。这种现象的存在也说明金华本土的会计服务机构不能较好地与上市公司进行

匹配，无法充分发挥本土会计服务机构的区位优势。这不得不说是一种非常遗憾的现象。

(二)营业收入

2016年，金华地区有统计的会计师事务所的营业收入总额约为1.04亿元，其中以安泰会计师事务所和中健会计师事务所最高，均为接近2 000万元的规模，是金华地区营业收入最高、从业人员最多的两家会计师事务所。

根据2017年1月12日中国注册会计师协会公布的《2016年会计师事务所综合评价前百家信息》中所列示的信息，按照会计师事务所自身业务收入规模排名前十位的会计师事务所依次为：普华永道中天(41亿元)、瑞华(40亿元)、立信(35亿元)、德勤华永(33亿元)、安永华明(29.6亿元)、毕马威华振(25亿元)、天健(19亿元)、大华(15.7亿元)、信永中和(15.6亿元)、致同(15.3亿元)。且排在第100位的事务所的业务收入为3 553.06万元。

可以看出，金华地区会计师事务所的业务收入规模和前十大会计师事务所差距甚大，在挤入事务所前100的榜单中还需继续努力，不断扩大规模、提升业务收入。

三、其他会计服务机构的基本情况

在金华地区，除了上述会计师事务所，较多存在的会计服务机构有资产评估事务所、会计培训机构、会计代理记账报税服务机构、税务师事务所、高职高专的职业教育以及普通高校的本科教育服务等。

(一)资产评估事务所

资产评估事务所往往是作为会计师事务所的合作伙伴而存在，且资产评估事务所和会计师事务所的合伙人往往是相同的。两者虽然合伙人相同，但是执业资质不同，业务范围也有所区别。

对于资产评估事务所而言，评估业务类型有企业改制、资产处置、拆迁补偿、股权转让、债务重组、资产抵押、营业房租赁等，其主要从业人员是注册评估师，其他从业人员为房地产评估师、机器设备工程师、会计师以及经济师等专业人员。截至目前，金华地区的资产评估事务所共16家，具体名单如表1—6所示：

表 1—6 金华地区资产评估事务所

序号	名 称	序号	名 称
1	金华汇金资产评估事务所	9	东阳华宇资产评估事务所
2	金华金联资产评估事务所	10	东阳市正兴资产评估事务所
3	金华公众资产评估事务所	11	武义县天平资产评估事务所
4	兰溪开泰资产评估事务所	12	金华金辰资产评估事务所
5	永康天正资产评估事务所	13	义乌至诚资产评估房地产估价有限公司
6	义乌市明瑞资产评估事务所	14	金华立盛资产评估有限公司
7	东阳明鉴资产评估事务所	15	浦江静远资产评估事务所
8	金华中勤资产评估事务所	16	金华宏信资产评估公司

从表 1—6 可知，在数量上，资产评估事务所相比于会计师事务所下降了一半。而且一个比较明显的特点在于，资产评估事务所基本上是会计师事务所的关联实体。一个从业人员也许既有注册会计师执业资格，又有资产评估师执业资格，只是针对不同的业务，以不同的实体名义进行从业。

截至 2016 年，金华地区 16 家资产评估事务所的营业收入约为3 700万元，与会计师事务所一样，仍远远低于国内较大的会计师事务所。为了更好地承接业务、扩大业务范围、增强业务能力，需要对资产评估事务所进行整合，做大做强，树立标杆企业，为金华会计服务市场注入新的活力，以期取得更大的成功和发展。

（二）会计培训机构

会计培训机构以会计考证为主要目标，并进行一定的会计培训（如手工做账、报账、总账和电算化等）。在移动互联网时代，有会计培训需求的学员越来越多地参与到网上学习中，比如国内会计类培训机构东奥会计和中华会计网校。当然，线下的培训市场也仍然占据较大的比例。线上和线下的培训机构共同构成了目前的会计培训市场。

总体而言，线下的会计培训市场在不断萎缩，特别是取消会计证考试后，目前的主要培训项目为会计从业人员资格（初级）。以金华市本级而言，据不完全统计，目前的会计培训机构主要有金华市华成会计培训中心、金华上元会计培训学校、金华市会计电算化培训中心及其他会计培训服务机构。会计培训机构在为市场提供相关人才方面也做出了一定的贡献，但这个市场受到较多因素以及互联网的冲击，它对于会计服务市场的影响也在相应减弱。

(三)会计代理记账报税服务机构

目前,代理记账主要包括每月票据分类、整理、装订,做账,出具凭证、报表、账本,报税等服务。企业在新设立、生产经营过程中都会涉及会计代理记账和报税问题。例如公司注册完成后,需要立即进行税务报到,注册完成后的下月15日前,需要进行首次记账报税。在生产经营过程中,无论是作为小规模纳税人还是一般纳税人,在代理记账报税、代开税务发票、使用财务管理软件、代开进项发票抵扣、会计外包、出口退税等方面,都有较多的会计代理机构参与其中。

目前中国的企业中,很大一部分是小微企业,而这些小微企业并不具备自我做账及报税的能力,往往需要委托会计代理机构进行。就金华地区而言,之前所提及的会计师事务所的一些关联实体也从事着会计代理业务,会计培训机构也从事着会计代理报税业务(比如之前提及的华成)。会计代理机构的数量暂时无法进行精确的统计,但数量众多,是会计服务市场中不可或缺的一部分。会计代理机构在规范性、专业化和规模化等方面还需要提升。在可预见的未来,服务外包的情况将会不断增加,会计服务外包的可能性和现实性也不断加大。因此,对于金华地区众多的会计代理机构而言,不断地做大做强,提升专业性,增强服务能力,将是一个不得不考虑的发展方向。

(四)税务师事务所

税务师事务所的服务内容主要包括五项:一是涉税鉴证业务;二是涉税咨询类业务;三是税务代理类业务;四是国际涉税业务;五是其他。国内较大的税务师事务所通常具备进行上述五项服务的能力(如立信税务师事务所)。在金华地区,会计师事务所一般都会有关联的税务师事务所实体,比如浙江中健会计师事务所的关联实体是金华东方税务师事务所。而金华地区的会计师事务所大多只能进行涉税鉴证业务和税务代理类业务,业务和规模范围都比较小。

对于税务师事务所而言,其合伙人一般都需要具备税务师资格。根据国家税务总局2017年第13号文《涉税专业服务监督办法(试行)》公告,涉税专业服务机构可以包括税务师事务所、从事涉税服务的会计师事务所、律师事务所、代理记账机构、税务代理机构和财税类咨询公司等。其中,主要的区别在于增加了律师事务所也可以从事涉税专业服务。这也将对税务师事务所产生较大的影响。

金华地区的税务师事务所与会计师事务所一样,存在着规模小、从业人员少、业务范围少等问题。因此,需要对税务师事务所进行整合,扩大规模和业务范围,以应对不断变化的政策和市场环境。

市场中会计服务机构众多,高职高专和普通本科教育也为会计服务市场不断地输送人才,这个方面的内容将在后面讲述。金华地区除会计师事务所外的其他服务机构也同样存在规模小、从业人员少、执业资质不多、业务范围不宽等特点,而这需要企业自身的努力发展,也需要政府的引导,不断扩充规模,不断做大做强,为金华会计服务市场贡献自己的力量。

四、本章小结

对于金华地区的会计师事务所而言,虽然从数量上达到了 31 家,但是无论在规模还是业务范围和营业收入等方面,都与国内领先的会计师事务所差距巨大。而随着全面营改增的实施及外包业务的发展,需要专业代理和服务的事项将不断增多,而这需要会计师事务所和其他会计服务机构提供更好的服务。如何提升会计师事务所的服务能力和业务范围是一个值得深思的问题。

从事务所自身而言,需要不断扩大业务范围,而这涉及执业资质和具有相关资质人才的引进。只有执业资质不断增多、人才不断进入,事务所的业务范围和规模才能够不断增强,才可以在会计服务市场中不断斩获大客户。此外,事务所之间可以选择主动合并,将会计师事务所规模扩大,并不断增加可以从事的业务范围,从而不断提升影响力和服务水平。

从政府的角度而言,金华市政府应当确立发展服务业的这一导向。金华市财政局可以在这个过程中扮演重要角色。金华市财政局应当以市场运行机制为原则,以发展会计服务为指导方向,在充分协商和平等公正的原则下,以特殊的普通合伙制形式,对部分会计师事务所进行整合,扩大会计师事务所规模。并且对会计方面的高端人才加大引进措施,增强事务所的从业资质,扩大业务范围和业务收入。同时,在条件成熟时,金华市政府应该鼓励金华本地上市公司聘用本地会计师事务所,从而让本地的会计服务机构发挥更大的能量,扩充会计服务市场,促进金华地区的第三产业和经济的发展。

第二章

金华市企事业单位会计服务需求的基本情况

一、研究背景及意义

财政部颁布的《会计改革与发展"十三五"规划纲要》指出,"十三五"期间会计改革与发展的总体目标是,建立健全与社会主义市场经济相适应的会计体系,深入推进会计工作法治化、信息化、现代化。2016 年 1～8 月金华新增企业 2.9 万家,同比增长 72.47%,连续 6 个月增幅排名居全省第一,企业总数达 16.2 万家。金华作为浙江省企业特别是中小企业最为聚集和活跃的地区之一,必然需要大量高素质、高技能的会计专业人才。

根据 2016 年第一季度金华市人才市场人才供求分析报告显示(见图 2－1),在所有求职人数中,财务类排名第一的有6 832人,而在供给岗位上,财务类仅1 506人,求人倍数为 0.2(求人倍率＝有效需求人数÷有效求职人数)。相比 2015 年,不论是求职人数还是岗位供给、求人倍数上都有所上升,但在供求情况上依然是供大于求。财务、审计、税务因岗位供给的数量有限,职业流动性相对较弱,所以求职竞争最为激烈。

在岗位短缺的情况下,我们也注意到,在实际工作中随着计算机及网络的普及,会计核算工作量被大大减少,对会计从业人员的要求也随之提高,会计工作的重点转为对会计信息的处理和财务的管理,实现了会计由核算型向管理型的转变。这也要求会计人员不仅要熟练掌握和及时更新会计业务知识,还要有熟练的电算化操作能力以及管理、创新等方面的能力。

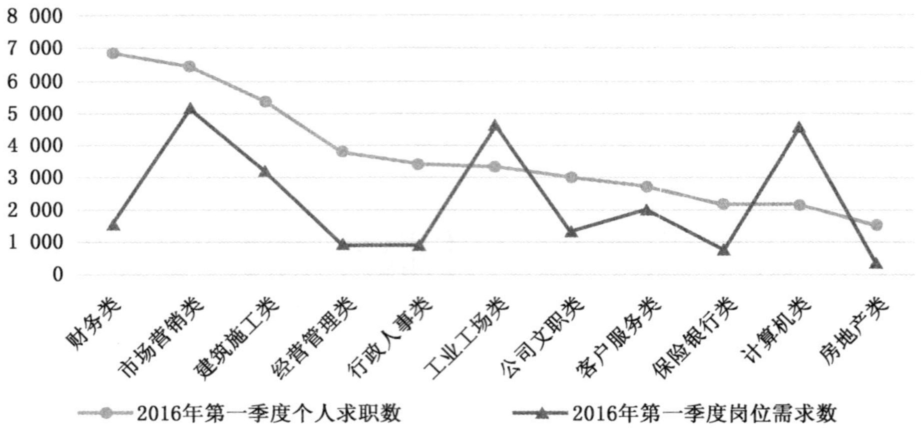

图 2—1 浙江金华 2016 年第一季度岗位个人求职数量与岗位需求数排名

二、金华市企事业单位会计服务需求状况调查结果分析

此次调查主要是针对金华地区，采用问卷调查形式，共收回 42 份有效问卷。收回的问卷涉及物流业、农业、服务业、旅游业、建筑行业、金融证券、商业、制造业等各个行业，包括事业单位、集体企业、合资企业、外资企业、民营企业、国有企业等不同所有性质的单位。先将主要调查数据及分析结果报告如下：

表 2—1 被调查企业行业类型构成和企业规模人数的分组

企业类型	占被调查企业总数的百分比(%)	企业规模人数	占被调查企业总数的百分比(%)
国有企业	28.57	50 人以下	0.0
民营企业	23.81	50～100 人	9.52
外资企业	21.43	100～500 人	42.86
合资企业	14.29	500～1 000 人	35.71
集体企业	7.14	1 000～5 000 人	7.14
事业单位	4.67	5 000 人以上	4.76
合　计	100.0	合　计	100.0

1. 企事业单位对会计人员的数量要求

在被调查的企事业单位中，因企业规模大小、经济业务和财务收支的繁简及经

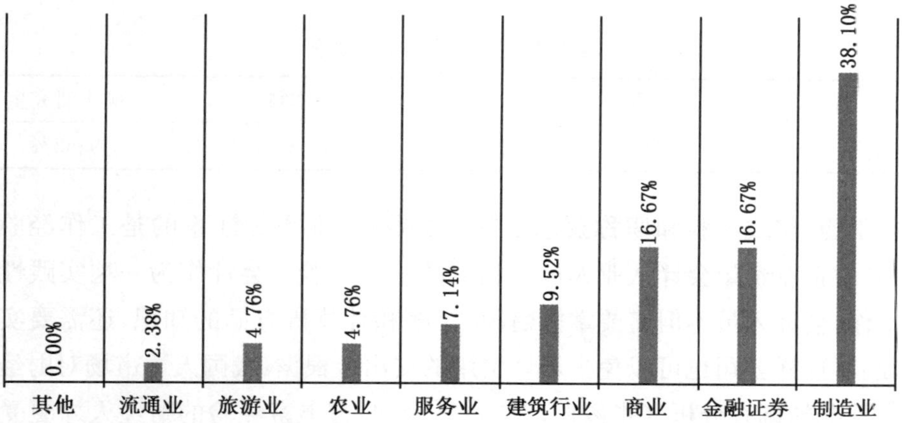

图 2—2　被调查企业基本行业构成

营管理要求的不同，企事业单位会计人员数量有所差异。如图 2—3 所示，50％的被调查单位会计人员都在 3～10 人，且有相当一部分企业表示需要增加财会人员，这说明市场对会计服务的需求还是有空间的。

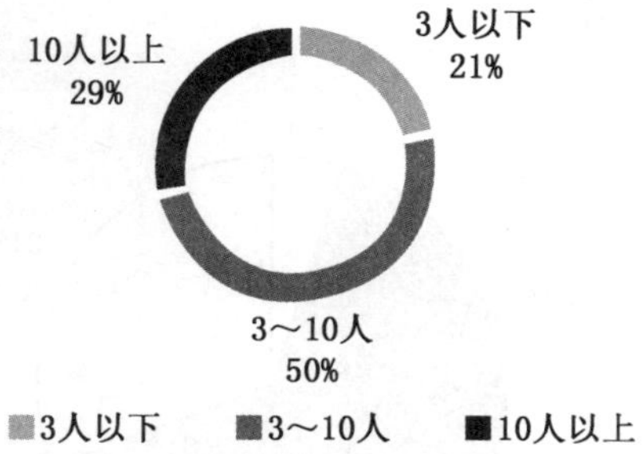

图 2—3　被调查企业会计人员数

2. 企事业单位对会计人才的学历、经验、职称要求

在学历方面，需求量最大的是本科学历，占 69.05％；其次需求是大专层次，占 14.29％；只有 9.52％的企业对会计方向的人才要求是研究生（见表 2—2）。调查数据表明，随着金华地区企业单位的不断发展，用工数量也在不断增加，对本科及以上高素质人才的需求在不断扩大，而部分中小企业因规模不大，经济业务也比较简单，为了减少人工成本以及考虑到人员的稳定性，也会将大专生作为会计人员的

首选。

表 2—2　　企业对会计人员的学历要求

项　目	高中(中专)	大专	本科	硕士研究生
比例	7.14%	14.29%	69.05%	9.52%

在学历、实践经验和职称要求之间，被调查企业更加注重的是工作经验。有45.24%的企业希望会计从业人员有相应的工作经验。会计作为一项实践性非常强的工作，会计人员不但需要掌握财税、金融和计算机方面的知识，还需要实际的工作经验，这样公司也可以免去培训费用的支出。根据《我国人才市场对财经类人才需求状况的调查分析》(张俊瑞，2005)显示：拥有丰富经验的财经人才更受企业青睐，39.4%的企业要求相关人员有一年以上的会计相关工作经验；34.7%的企业要求有三年以上的会计相关工作经验；8.9%的企业要求会计人员有五年以上的会计相关工作经验。这说明此次的调查结果和我国会计服务人才的需求的情况是相吻合的。

除了实践经验，企业对职称也有一定的要求，38.10%的企事业单位要求会计从业人员有相应的职业资格证书。

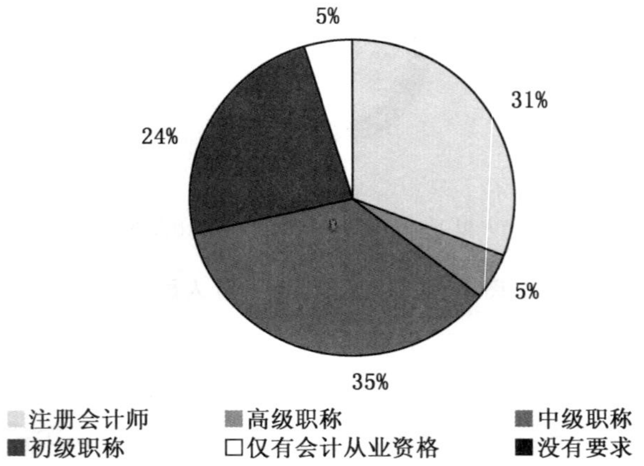

图 2—4　被调查企业对职业资格的最低要求

如图 2—4 所示，有 35.71%的企业要求会计从业人员具有中级职称，30.95%的企业要求具有注册会计师的资格证，可见用人单位对会计人才的专业技能要求在不断地提高。

3. 企事业单位对会计人才的年龄要求

考虑到会计从业人员的年龄，通过调查可以发现 54.76%的企业希望招聘的会计人员年龄在 26～30 岁，这一点应该与企业所注重的职称与工作经验相关联，在这之间的从业者基本已具备 3 年以上的会计相关工作经验或取得相应的资格证书，且相对精力比较充沛可以投入于工作。对年龄无所谓的企业占 26.19%，31～35 岁的占 19.05%。

4. 企事业单位岗位需求明细

根据调查目前需求度最大的岗位是会计岗位，占 85.71%，这一方面与要求从业者有过硬的专业技能和综合素质有关，另一方面由于跳槽的人数较多也造成了岗位需求较大。需求度排名第二的是出纳岗位，占 64.29%。下面依次是会计主管与审计岗位，需求度分别是 64.29%和 45.24%(见表 2—3)。

表 2—3 对会计专业岗位需求

会计岗位	财务助理	审计	财务管理	会计主管	出纳	会计	其他
所占比例	40.48%	45.24%	45.24%	61.9%	64.29%	85.71%	0.0%

5. 用人单位对会计人才的能力要求

伴随着企业的飞速发展，财会人员的价值也需要被充分地体现，而传统的记账与算账已不能满足企业竞争的需求。从本次调查中可以看出，用人单位最看重的还是财务分析能力，有 80.95%的单位选择了此项；其次是办公自动化操作能力和财务软件运用能力，有 73.81%的单位选择此项；后续依次是组织协调能力、语言表达能力和外语应用与交流能力(如图 2—5 所示)。

财务分析能力是目前最受企事业单位重视，也是最需要被提高的会计业务能力。通过财务分析，投资者和债权人可以更好地了解企业的经营业绩与财务状况，挖掘会计数据背后的经济含义，摆脱会计系统的滞后性与财务报告的不恰当之处。而办公室的自动化操作与财务软件的熟练运用也已成为企业的基本要求，随着计算机的普及，除了传统的手工账务处理，越来越多的企业都采用了财务软件，据一项调查资料(温素彬)表明：37.39%的企业采用了用友软件，19.13%的企业采用了金蝶软件，浪潮占 5.22%，甚至有相当一部分企业选择自主开发财务软件，这说明财务软件已成为企事业单位所普遍使用的工具，对于会计从业者或者财会专业的

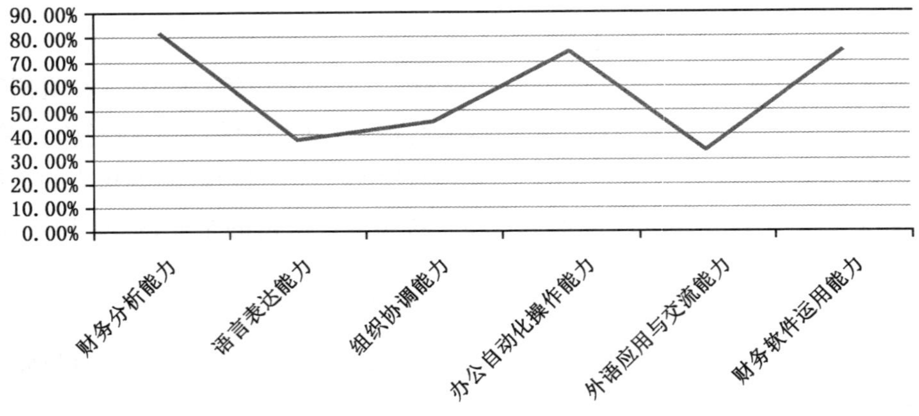

图 2—5　会计人员应具备的能力

学生来说，只有掌握好多种软件的使用方法，才能更好地适应市场需求。在市场经济条件下，企业的社会化程度不断提高，会计人员不但需要与企业内部的人员接触，与企业外部包括银行、工商、税务等接触也不断地密切，因此用人单位也要求会计人员具有良好的语言表达能力与交流能力。

从本项调查结果来看，用人单位对会计人员的外语水平要求并不高，这项结果可能与被调查的地区和企业结构等有一定的联系。因为在另一项全国人才市场对财经类人才需求状况的调查分析显示（张俊瑞，2005），11％的单位要求财经类人才要精通外语（其中有 60.9％的要求通过国家英语四级考试，17.4％的要求具备国家英语六级水平）；而金华处于三线城市，且被调查企业大多属于中小微企业。

6. 企事业单位获得会计服务的费用支付情况与会计服务机构的选择标准

在被调查的企事业单位中，有很大一部分属于中小企业与私营企业，如企业的内部控制制度与会计运营系统并不完善，那么会选择代理记账和财务外包的方式，降低运营成本获取更高质量的会计服务，加快企业的组织结构调整，将更多的资源投资在主营业务上。另外，外商投资企业、股份有限公司、金融证券公司等需要向股东、工商部门等提供会计师事务所出具的审计报告，得以客观地反映出企业的财务状况和经营成果。当然还有其他的会计服务，这些都要求企业支付相应的费用，所承担费用与委托方的资产总额、注册资本、要求的服务类别等相关。

根据此次调查，有 57.14％的企事业单位选择中小型会计师事务所，42.86％

的企事业单位则选择了大型会计师事务所。结合财政部会计司关于引导企业科学规范选择会计师事务所的指导意见:大中型企业选择大中型会计师事务所提供服务,而小型企业原则上选择小型会计师事务所提供服务,这一调查结果与财政部的指导意见是相吻合的。调查企业以中小型企业为主,且国有企业、外资企业和合资企业偏向于选择大型会计师事务所。

表 2—4　企业规模人数与为取得会计服务所支付的费用

企业规模人数	2 000 元以下	2 000～5 000 元	5 000～10 000 元	10 000～15 000 元	15 000 元以上	受访总人数
50 人以下	0.00% 0	0.00% 0	0.00% 0	0.00% 0	0.00% 0	0
50～100 人	0.00% 0	50.00% 2	25.00% 1	0.00% 0	25.00% 1	4
100～500 人	5.56% 1	16.67% 3	72.22% 13	5.56% 1	0.00% 0	18
500～1 000 人	0.00% 0	6.67% 1	80.00% 12	13.33% 2	0.00% 0	15
1 000～5 000 人	0.00% 0	0.00% 0	33.33% 1	66.67% 2	0.00% 0	3
5 000 人以上	0.00% 0	0.00% 0	0.00% 0	100.00% 2	0.00% 0	2
受访总人数	1	6	27	7	1	42

三、会计类人才在综合素质方面存在的不足与相应的建议

通过此次对金华地区会计服务需求状况的问卷调查与分析,在一定程度上了解该地区人才市场对会计人才最新的需求状况。与此同时,我们不能忽视整个市场(不仅包括金华地区)目前对于会计人才的一些缺陷与不足的认识。

1. 目前市场上的会计人才都已经具备一定的财会专业理论知识,但是实践与综合应用能力却十分缺乏

通过此次调查可以发现企事业单位普遍都非常重视会计人员的工作经验与财务分析、软件应用能力,但这也是目前会计人员所缺乏的。因此,在财会人才高等教育培养上,不能仅限于书本上的学习,为提高财会人员的动手能力与实践应用能力,高校应该积极改革培养方案,除了采用案例教学,让学生所学的知识能够应用

到实践当中，培养学生的动手能力、分析问题与解决问题的能力；同时高校也可以采取“校企合作”的方式，让行业的专家与高校的专家组成指导小组，设立培养基地，形成人才的培养与输送，这样既可以提高学生的实践能力，也可以了解会计行业的人才需求状况，掌握会计行业的发展趋势。

2. 会计人才的组织管理能力有待提高

根据此次调查，有 24.6%的单位对人才的管理能力有一定的要求，当然管理能力的培养并不能一蹴而就，需要财会人员在日常的工作中逐渐培养并形成，一个优秀的组织管理者不但能让自身在岗位上崭露头角，而且能有力推动企业单位的长远发展。

3. 财会人才的创新能力需要加强，提高行业的竞争能力

通过以上的调查，我们可以发现企事业单位对会计人员的职称有一定的要求，大部分企业单位需要会计人员有中级以上职称，且对高学历的(即本科及以上)会计人才需求在不断扩大。为了提高会计人员的行业竞争能力，除了在以上方面需要加强外，创新能力、创造能力更是必不可少。大多数会计人员在报表编制、记账算账方面比较擅长，但是对于财务的分析、纳税筹划、税务处理方面就略有逊色。因此在会计人员培养中，应扩大专业知识并通过教育、科研等多种途径来激发学生的创新能力，并通过多种平台加以实践。

第三章

会计师事务所服务市场与企事业单位需求的匹配情况

一、前言

现有的会计师事务所服务主要有咨询服务、审计鉴证业务、资产评估业务等。此处的会计师事务所指的是网络会计师事务所。网络事务所是指通过合作实现一个或多个目的的联合体，这一“联合体”是由会计师事务所与其他事务所或实体（如咨询公司）构成。不同的事务所或实体之所以以“联合体”的形式构成网络事务所，旨在增强各自提供专业服务的能力。

会计服务主要包括管理咨询和审计鉴证业务等。本章针对金华地区的企事业单位的上述服务展开调研，分析会计师事务所与企事业单位需求之间的匹配情况，以及如何提高各自的满意度。

二、会计师事务所服务市场提供的服务是否以市场为导向

在市场经济的大环境下，会计师事务所服务行业作为市场经济主体之一，也遵循着市场规律，以市场为导向开展业务。细分当前会计服务的市场需求，主要包括以下两大类业务：以审计业务为主的鉴证类业务；以管理咨询为主的咨询服务业务。各业务模块有各自不同的客户群体，不同规模的事务所在各个模块上也各有侧重。

（一）咨询类服务业务

咨询类业务是事务所的新兴业务，咨询的内容涉及方方面面，从经营管理建议

书到企业上市计划等，需求较多的群体是处在上升阶段、专业指导需求逐渐增大的公司群体，该类客户群体大多是事务所未来发展的潜力客户，正因如此，将咨询类业务作为抓手，对扩大业务平台起到了很好的推动作用。

新兴业务策略的确定需要根据现有顾客的需求，依据各板块业务目前相对的规模，特别是目标市场的吸引力、事务所的能力、环境的限制而提出。因为此类业务的发展导向，首先需要解决的问题是哪些行业目前需要服务、需要的是何种服务、哪些原有的服务可以被开发。新兴业务的产生过程，是会计师事务所提炼与培养核心竞争力的过程。对大型事务所而言，普通的客户在选择委托时，很难以专业的眼光判断比较传统业务的优劣，所以理所当然地会认为许多事务所均能胜任，而如果在存在传统业务的同时事务所还能提供一些多元化的咨询业务，对客户而言会产生极大的吸引力。对中小型事务所而言，受业务平台限制，往往致力于开拓某一行业领域的市场。咨询类业务的开展，为客户提供合理化建议，在业内“传帮带”的交流推动下，可以提升事务所在领域内的知名度，塑造品牌形象。

咨询业务在互动模式上，也可以调整以往书面文件往来的方式，建立面对面网络信息平台，方便客户与会计师及时沟通了解公司发展情况，用类似的方式推出爆款产品，能极大提升事务所的品牌影响力。

其他传统服务，例如以代理账务、税务等传统业务为主，需求客户群体多为公司规模较小、财务人员配备不齐全的小型公司，业务分布相对比较分散，项目收益较低。针对该类业务，在市场应对导向上，以服务质量为抓手，加强基础工作，提升该类业务的转介绍价值。在服务类业务开展的同时，注重对人才梯队的培养，为持续经营打好基础。

在开放的市场环境下，以市场为导向的会计行业虽然业务竞争激烈，但作为一个专业性极强的行业，需要同业之间相互合作支持。同业间的良好竞争合作关系，不仅影响的是业内的稳定，更影响到社会对会计行业的尊重与信任。在开展业务的同时，不得以诋毁同业、损害同业利益的方式来争揽业务。同样地，在同业获取到自身业务时，也应积极配合，提供以往年度工作底稿等，共同打造合作共赢的市场环境。

（二）鉴证类业务

鉴证类业务的需求群体多为大中型企业及上市公司，作为行业内的主流服务，该类业务一直是各家事务所竞争的重点。因会计服务属于无形产品，客户无法直观地了解到服务质量的好坏，大中型企业在选择委托时会寻求软硬件设施较好的事务所，例如职场办公设备完善、人员专业素质良好等，这就使得一些经营时间长、部门配备齐全的大型事务所在该类业务的竞争中表现得尤为突出。

大型会计师事务所作为市场的领军者，在规划市场战略时，以提升品牌形象作为市场导向。一方面，积极维系老客户的续期业务，打破传统的单一产品经营模式，从产品维度转变为客户维度，即注重客户服务完成后的关系维护，依据客户类型区分群体，对发展潜力较强的客户可不定期推送增值服务，如管理建议书等，打造客户全周期服务项目，在获取利润的同时，找出方法使客户成为忠实消费者；另一方面，加强基础工作管理及产品有形展示，进行客户访问及行业调研，积极扩大品牌的影响力，提升事务所在公众心目中的专业性，逐步提升市场份额。

三、企事业单位对现有会计服务的满意度

现有的会计服务有咨询服务、审计鉴证业务、资产评估业务等。咨询服务又可以细分为税务咨询、内部控制咨询、管理咨询等。

（一）从咨询服务看

管理咨询服务又可以细分为税务咨询、内部控制咨询等。管理咨询主要是针对企业的一些具体管理问题，借助咨询团队的专业知识和经验，帮助客户解决问题，提出有针对性的方案，协助客户实施方案。我国目前的管理咨询主要是借鉴欧美国家企业管理咨询的经验发展起来的。随着我国经济的快速发展，企业管理咨询业在数量和服务质量上都有了巨大的发展。

目前，管理咨询存在两大问题：第一，顾客对管理咨询服务的期望越来越高；第二，管理咨询企业之间的竞争越来越激烈。企业咨询服务面对的客户需求层次差别大，需要针对不同的客户需求和资源进行有效配置。

会计服务机构需要知道影响顾客满意的因素并且知道顾客对自己的满意评价和最满意之间的差距，这样才能通过改善所有的因素不断地提升顾客的满意水平。但实际操作上并非如此，理由有两个：第一，无论是大企业还是小企业，其占有的资源都是有限的，无论是在财力上还是在精力上都一样，如果试图去改善所有影响顾客满意的因素，必然要占用大量的资源和时间，服务机构难以做到；第二，顾客满意的程度不是一成不变的，它会随着环境、时间的变化呈现越来越高的趋势，永远做不到最满意，只能更满意。

因此，我们需要将影响顾客满意度的因素划分为不同层次，对不同层面的因素采取不同的管理态度，才能在资源稀缺的情况下最大限度地提高顾客满意度，将资源和管理活动的重点放在关键的顾客需求上，使得有限资源得到最大的利用。咨询行业在现阶段的中国是一个较为特殊的智力服务行业，客户比较关注服务机构累计的成功案例数量、与同类服务比较的优势、咨询师专业程度、服务机构背景、咨询费用高低、方案持续改进性能、合同完成情况、信息沟通满意程度、咨询方案可操作性、业内声誉、服务态度、拥有知名企业客户数量、售后服务、数据库完备程度和抱怨及时解决程度。

客户选择咨询服务主要希望咨询结果要能够解决客户的实际问题，数据库完备、咨询师的专业胜任能力是做好咨询服务的先决条件，而诸如服务态度等则不是很敏感。

我们发现，大部分企事业单位对于数据库完备程度、及时解决问题的程度和售后服务这三项服务的满意度不高，应该引起会计服务机构的注意和重视。在国内，管理咨询是为了获取审计而不得不提供的服务。换言之，目前我国的会计师事务所收入主要来源于审计服务，管理咨询服务的市场相对较弱。其中的原因有多种，管理层对管理咨询服务需求不大，具有决定性影响。在这种环境下，会计师事务所是否发展非审计业务，主要取决于事务所的自身资源优势与发展战略。从国际竞争环境来看，我国会计师事务所无疑也应当走多元化发展路径，在发展审计业务的同时，大力培育并拓展非审计业务市场，包括税务咨询、管理咨询、财务咨询、投资咨询、人力资源管理、保险咨询、法律咨询、IT 咨询等多种新型服务。这种多元化服务不仅有助于减少事务所对审计业务的过分依赖性，提高事务所的业务收入，同时也在一定程度上方便了客户。顺应历史和世界潮流，我们无论如何也不能放弃这类服务。

目前，我国事务所也开展管理咨询业务，只不过业务类型狭窄、层次较低，主要局限于代理记账、税务代理、资产评估等，收入规模小，仅占事务所收入的 30%左右。所以，今后事务所的发展方向应该是在保持传统的审计业务的同时不断拓展咨询业务，实施多样化产品经营策略。

（二）从审计鉴证看

审计是一项比较特殊的业务。它是独立审计，是针对第三方的鉴证业务，服务对象是所有的利益相关者，对企事业单位的财务报表出具审计报告，而不是针对一家企业的管理层。所以，本章的满意度针对的也是社会相关利益者，当然也包含企事业单位，但不仅仅是企事业单位，还包括其他大股东、小股东、员工、政府等利益相关者。

审计的满意度，客观、真实、及时地反映企事业单位的财务状况，而不是以其出具的审计意见报告类型为主。即使出具了保留、否定意见，也不会影响审计鉴证业务的满意度，因为其客观、真实，没有掩饰任何的虚假信息，仍应作为满意评价。

由于年报审计的时间限制，许多企事业单位会对审计业务的时间提出比较高的要求，而审计又是一项较高难度的工作，每个单位的内控和风险不一样，所需要的审计时间会有很大的不同。因此，不少企业会有不满的现象，要求提前审计，但受限于会计师事务所的时间安排。针对这些现象，我们不能简单地评价为不满意，需要结合审计的计划进行判断。有些事项的相关认定，只能在期末或接近期末进行审计，不能提至期中审计，因为期中的结果不一定能合理地延伸至期末。为了广大普通利益相关者的利益，会计师事务所要对其进行审计计划，安排合理的时间，凡是能在规定的时间内完成的审计报告，均应评价为满意的。

审计鉴证业务的满意度还可从另一方面来判断，相关舞弊或未尽勤勉尽责的表现，则可评价为不满意。不能从单一利益群体来评价审计鉴证业务的服务质量。因为审计是为财务报表不存在重大错报提供合理保证而出具的审计报告，而不是为满足单一利益集体的个别利益，其特点就是独立性，是作为第三方存在的。

四、数据分析

我们从国泰君安数据库中得到 2017 年以前上市的 22 家上市公司，分别是普洛药业、横店东磁、东晶电子、万里扬、金字火腿、哈尔斯、巨龙管业、道明光学、棒杰股份、浙江世宝、中坚科技、华统股份、华谊兄弟、金利华电、开尔新材、花园生物、唐德影视、浙江广厦、小商品城、康恩贝、尖峰集团、华鼎股份；通过网络新闻查询到 2017 年新上市的 2 家上市公司是众泰汽车、得邦照明。

我们选取金华地区的 24 家上市公司作为样本数据，以 2009－2016 年的经营成果和资产状况出具的审计报告为依据，进行分析（见表 3－1）。

表 3—1　　　　上市公司的审计报告意见

序号	证券名称	2009～2016 年(或上市时至 2016 年)度审计意见类型	有无短期内更换事务所	审计收费波动程度
1	普洛药业	标准无保留意见	无	小
2	众泰汽车	标准无保留意见	无	小
3	横店东磁	标准无保留意见	无	小
4	东晶电子	标准无保留意见	无	小
5	万里扬	标准无保留意见	无	小
6	金字火腿	标准无保留意见	无	小
7	哈尔斯	标准无保留意见	无	小
8	巨龙管业	标准无保留意见	无	小
9	道明光学	标准无保留意见	无	小
10	棒杰股份	标准无保留意见	无	小
11	浙江世宝	标准无保留意见	无	小
12	中坚科技	标准无保留意见	无	小
13	华统股份	标准无保留意见	无	小
14	华谊兄弟	标准无保留意见	无	小
15	金利华电	标准无保留意见	无	小
16	开尔新材	标准无保留意见	无	小
17	花园生物	标准无保留意见	无	小
18	唐德影视	标准无保留意见	无	小
19	浙江广厦	2009～2015 年,标准无保留意见;2016 年无保留意见加事项段	无	小
20	小商品城	标准无保留意见	无	小
21	康恩贝	标准无保留意见	无	小
22	尖峰集团	标准无保留意见	无	小
23	华鼎股份	标准无保留意见	无	小
24	得邦照明	标准无保留意见	无	小

从上表可以看出,金华地区的 24 家上市公司,相关的会计师事务所基本上都出具了标准无保留意见,唯独浙江广厦在 2016 年的年报审计中被会计师事务所出

具了无保留意见加事项段报告。在 2016 年的审计年报中，天健会计师事务所（特殊普通合伙）对浙江广厦出具了无保留加强调事项段审计报告，强调事项内容如下："如本财务报表附注股权转让所述，根据浙江广厦公司 2016 年度第二次临时股东大会决议及与广厦房地产开发集团有限公司签订的《重大资产出售协议》，浙江广厦公司将持有的浙江广厦东金投资有限公司 100%的股权以评估价58 015.15万元转让给广厦房地产开发集团有限公司，此次股权转让确认当期投资收益47 684.04万元，对浙江广厦公司 2016 年经营业绩产生重大影响。注册会计师提醒财务报表使用者对上述事项予以关注。"

金华地区的 24 家上市公司，从 2009 年至 2016 年的年报审计来看，并未发生短期内更换会计师事务所的情形，事务所提供的也均为无保留审计报告。从而，我们推断，24 家上市公司对其所聘用的相关会计师事务所提供的审计鉴证服务质量是比较满意的。否则，上市公司没有必要维持长期的审计鉴证业务，可以聘用其他会计师事务所为其进行服务。从审计收费来看，也并没有发生巨大波动。金华地区的 24 家上市公司，从其他利益相关者的角度看，例如大股东、小股东、政府、员工等，并没有新闻显示，相关利益者对此提出异议，也没有出现注册会计师相关舞弊或未尽勤勉尽责的报道。据此我们推断，相关利益者对会计师事务所的审计鉴证业务满意。

五、本章总结

在现行市场经济条件下，现代企业制度的建立，对会计服务工作提出了新的要求和任务。现代企业投资主体多元化，需要会计服务机构改变服务中心，拓宽服务领域，提高服务质量，充分发挥会计参与预测、决策的职能作用。

传统会计的服务主体要为会计主体服务，在符合或不违反现行有关法规的前提下，在投资、筹资决策中，在会计方法选择上，在经营范围、经营行为和方式等方面，都要从有利于会计主体的角度出发，既要考虑企业的眼前利益，又要考虑企业的长远利益。

而现代企业会计除了要为会计主体服务外，还要为企业外部利害相关者服务，在企业投资主体多元化、政府转换职能、企业经营方式多样化的形势下，企业会计不能只为上级主管部门、财政、税务等综合管理部门服务，它还要为广大现实的和潜在的投资人、债权人、贷款银行和其他金融机构及企业的经营管理者、职工提供有关企业盈利状况、资金流动状况，偿债能力、资本保全状况和投资报酬等会计信息则成为现代会计目标。管理者面临公平竞争机制所制约的瞬息万变的市场，为了履行所有者所赋予的管理职能，需要就有关项目的投资与否，债务的取得偿还与否，产品销售定价的合理与否以及投资收益分配的方案恰当与否等诸如此类的问题进行预测与决策。而做出决策的依据主要是会计信息。面对越来越重要的会计信息，企业与会计师事务所应从各自方面入手。

(一)从企业自身方面

1. 提高会计人员素质

会计人员的素质，是提高会计核算质量的前提。选拔不同层次的会计人才，培养高级会计人才为己服务。

2. 建立现代化的会计信息处理手段

必须建立现代化的信息中心——会计电算化，用计算机代替手工操作，把会计人员从繁琐的核算事务中解脱出来，使他们能有精力更好地投入企业的内部经营管理，以提高会计信息的质量，满足现代企业管理的要求。

3. 重视会计专业工作

会计应是为企业管理、决策服务的，而不是单纯地做账、算账，应将会计工作提高到一个战略角度，从长远角度来为企业服务。

4. 外包服务

对于一些中小型企业，会计处理简单。专人负责财务工作，会增加成本，可以聘请兼职，甚至外包给会计服务机构，产生规模效应，从而减少对应的成本支出。

(二)从会计师事务所方面

1. 建立严格的会计师事务所审计质量制度

在审计过程中，保持职业谨慎、勤勉尽职。完善审计复核制度，有错及时纠正。

2. 发展注册会计师事业，提高审计人员专业水准和职业道德水平

现代企业制度的建立和发展，市场经济体制的进一步完善，企业会计信息的日趋公开，对企业以向外报送为目的的会计信息的质量将更加严格。要做到这一点，就必须通过注册会计师查账验证来保证，而注册会计师的专业胜任能力和职业道德对审计报告起着决定性的作用。

3. 提供代理、管理咨询等服务

会计师事务所可以适当承接中小型企业的会计服务类工作，会计师事务所更

具有专业性，可以避免会计信息的一些简单错误。为企业提供更加优质的服务，同时可为企业发现问题、解决问题，也更加有利于咨询业务的开展。

4. 有效建立企业外部监督

这有利于促使企业依法进行会计核算，如实地反映财务状况和经营状况，发挥会计在经济预测和决策中的作用。

第四章

如何为企业寻求更好的会计服务

一、财政部“十三五”规划中强调了会计领军人才、高级会计师、管理会计人才以及注册会计师的培养发展

根据财政部《会计改革与发展“十三五”规划纲要》财会〔2016〕19 号的规划，在“十三五”期间将继续深化会计领军人才培养。财政部将研究制定《全国会计领军人才培养工程发展规划》，不断充实全国会计领军人才队伍，到 2020 年，完成全国会计领军（后备）人才达到2 000名的培养目标。“十三五”规划中还强调要继续推进会计领军人才特殊支持计划，指导各地财政部门和中央有关主管单位开展会计领军人才培养工作。

加快推进管理会计人才培养，力争到 2020 年培养 3 万名精于理财、善于管理和决策的管理会计人才。继续加强总会计师制度建设，推动在大中型企业、行政事业单位配备总会计师（财务总监），深入推进大中型企事业单位总会计师素质提升工程。进一步完善会计人员结构，到 2020 年具备高级资格会计人员达到 18 万人左右。积极推进高端会计人员和注册会计师国际化人才培养。此外，财政部“十三五”规划也强调了全面贯彻《关于加快发展我国注册会计师行业的若干意见》（国办发〔2009〕56 号），注册会计师行业较快发展并不断做强做大，注册会计师执业质量和社会公信力稳步提升，促进注册会计师行业健康发展。

“十三五”规划开局和全面深化改革、全面推进依法治国的重要任务和发展机遇，又迎来了“互联网＋”概念的提出与蓬勃开展，“互联网＋”的理念正在大规模运用于实践。在这样的环境下，财务工作者面临着越来越多的机遇和挑战。作为企

业战略变革推动者、价值创造引领者的首席财务官更要与时俱进，善于运用会计理论，解决实际问题，并在实践中不断发现问题，这也要求会计理论工作者不断探索，寻求会计理论的新发展。

二、大数据背景下对会计人才的特殊需求

大数据技术就是从数量巨大、结构复杂、类型众多的数据中，快速获得有价值信息的能力，是移动通信、互联网、传感器、物联网等技术发展和应用的结果。大数据具有的四大特点归纳为四个“V”，即 Volume（大量）、Variety（多样）、Velocity（高速）、Value（价值）。大数据对会计的挑战体现在会计信息结构复杂化、计量属性和货币计量的多元化、财务会计信息管理模式的工厂化、会计人员职能的管理化以及核算型财务向价值提升型财务体系的转变，与此相对应的是财务人员的工作将聚焦于价值管理和创造，其角色也将变为企业中有资格的业务导向、主动的变革领导者和可咨询相关业务的合作伙伴。

大数据背景下，财务会计将向管理会计转型，在高端会计人才领域内其对管理会计人才的需求正逐步上升。各企业管理层和专业管理会计人员都必须充分认识到传统会计的弊端，对大数据环境下管理会计的变革要充分了解，积极学习大数据知识和技术，提高数据挖掘和分析能力，不断提高适应大数据变化的能力和管理会计水平，实现大数据在管理会计中的有效应用。

在大数据环境下，企业最为重要的资源是各种信息和内部数据。随着企业的交流，企业内部会产生大量数据，如何筛选和利用大数据，从而提取出有效数据则会为企业带来不可估量的产业价值。以会计信息系统为对象，面对海量的会计数据需求的压力与日俱增。考虑到会计数据的获取成本高、处理效率低以及挖掘周期长等原因，现阶段构建的会计信息系统无论在会计数据处理方面还是提供有效科学的决策方面都缺乏竞争力。本章利用云计算处理技术来帮助构建高效的大数据处理平台，这不仅可以完善会计信息系统的各项功能，而且还能够提供更有效的商业决策，具有较高的应用价值。

会计工作如何应用大数据思维与技术？首先，会计人员要明确需要收集什么样的数据？通过什么渠道来收集数据？其次，会计人员要解决收集整理的数据如何去分析？最后，会计人员怎样利用这些数据提高会计服务能力？在现阶段，企业财会人员建设财务共享服务中心，是广泛收集生产经营和财务数据的一

种重要方式。

在大数据时代，建设企业财务共享服务中心的步骤主要包括：一是以互联网、云计算和企业内部信息系统为基础，将财务共享服务中心建成功能齐全的信息平台。企业可以依托SAP、ERP或财务核算系统建设财务共享服务中心信息平台，将企业各部门和子公司的业务和财务流程固化在标准的数据库中，实现数据信息的标准化处理。二是将企业的业务管理系统、采购系统、销售系统、客户管理系统、管理会计系统、OA系统、内部审计系统等连接与整合，建立企业财务共享服务中心数据库，实现企业各部门和子公司的业务和财务数据的集成和共享，并对财务共享服务中心的数据进行及时添加和更新。三是将企业财务共享服务中心的数据库与外部互联网连通，特别是与业务主管部门、监管机构和行业组织的系统连通，及时获取与企业相关的各种外部数据，并对各种外部数据进行同步更新，实现外部数据为企业所用，建设开放的企业财务共享服务中心。四是对财务共享服务中心数据库中的信息进行技术处理，然后上传至大数据分析平台，通过对业务与财务大数据的及时、深入、系统分析，为企业发展、业务调整和加强管理提供依据和方案。

三、基于财务共享的会计行业建设

目前，大数据伴随着移动互联网、物联网和云计算的发展，正对我国经济和社会产生巨大影响，同时影响着古老的会计行业的发展。为了适应这种发展要求，强化会计大数据应用能力，应大力建设收集和挖掘数据的财务共享服务中心，进一步构建大数据分析平台，不断提高财会人员利用大数据的能力，促进企业持续、稳定和健康发展。

随着互联网时代的到来，大数据、云计算等新的概念应运而生，同时也促进了财务领域的创新和发展，财务共享服务中心（简称FSSC）作为现代组织设计的创新，也是互联网时代的重要产物之一。财务共享服务中心是建立在现代互联网、云计算和IT技术的基础上，以记录、存储和累积业务、财务数据为手段，目的是为了加强对业务与财务的管控、优化与规范流程、为公司创造价值，是一种集会计核算中心、财务公司和资金管理于一体的管理模式。财务共享服务中心在跨国公司中得到广泛应用，目前全球70%以上的财富500强企业正在应用财务共享服务，90%的跨国公司正在实施共享服务。

究其原因，这是因为：首先，财务共享服务是适应市场化的要求而产生的。为了合理配置公司资源和提高资源使用效率，必须根据市场化的竞争和择优原则合理使用资源，以提高公司竞争力，而财务共享服务是配置资源和提高资源使用效率的重要手段。其次，财务共享服务是适应资源集中管理的要求而产生的。随着公司规模的扩大和子公司的增多，公司资源不断分散，而财务共享服务可以将公司和子公司的资源与数据实现共享，形成公司资源的集中管理和数据的记录、储存和分析“一体化”。最后，财务共享服务是适应现代科学技术而产生的。

财务共享下财务人员面对的不是简单的转岗分流，而是财务转型。自建财务共享服务中心的企业原有财务人员可以向以下三个层级的方向转型：战略财务，传统财务人员中优秀的人员向战略财务转型；管理会计，复合型财务人员向管理会计转型；共享财务，普通财务人员向共享财务转型。

会计行业从“＋互联网”到“互联网＋”的转变过程，不仅是技术的转型，而且更是会计从业人员从思维、理念、产业模式、组织结构等诸多方面的综合转型。一方面，随着人力成本的不断提高，会计服务机构面临转型的巨大挑战。传统的生产组织方式逐渐从雇佣向“雇佣＋自雇”“分包＋自包”转型。另一方面，“互联网＋”意味着会计服务模式将从传统财税服务转型到更细分的领域，实现跨界融合。企业应做好“互联网＋”新环境下竞合关系的转变，并尽快在新环境中找到属于自己的细分市场。

互联网可以大幅度提高生产效率，节省人力资源成本，同时提升社会精英生产的主动性。今后，伴随着整个注册会计师行业向“互联网＋”转型，必然要求传统的会计师事务所的组织结构、行业监管、注册制等打破边界，真正让行业回归到以人为本。

四、浙江地区的会计人才培养趋势

浙江地区实务届的高端会计人才相对集中于会计领军人才、高级会计师、管理会计师以及注册会计师四个领域。面对大数据下会计领域的变革，传统会计领域的高端人才布局必然会迎来重新洗牌。

结合财政部《会计改革与发展“十三五”规划纲要》中的工作重点，在大数据环境下，发展财务共享必须获得高端会计人才的支持。此外，高端会计人才的培养也需要与财务共享紧密结合。目前，浙江地区的会计领军人才培养项目正如火如荼地开展，实务届的会计领军人才必然需要承担起企业内部战略财务的职责。财务共享是社会分工发展的必然趋势，会计领军人才的定位与财务共享的战略级需求不谋而合，因此，在今后的会计领军培养项目中需要更多的提供财务共享以及大数据的内容。大数据背景下，传统会计领域正逐渐从重会计核算向重管理分析发展，企业内部的高级会计师以及管理会计师正是财务共享所必需的人才。

参考文献：

[1]汪宁，张文丽，彭辉. 北京地区会计师事务所服务收费情况分析[J]. 行业建设与发展，2011，3.

[2]郭兰英，侯云萍. 北京地区会计服务业现状及其发展策略[J]. 会计之友，2013(1)：55－56.

[3]何源泉. “互联网＋”时代的会计服务转型与跨界经营[N]. 中国会计报，2015 年 7 月 24 日第 6 版.

[4]罗进辉，李雪，林芷如. 审计师—客户公司的地理邻近性与会计稳健性[J]. 管理科学，2016(6)：145－160.

[5]王战峰. 中小会计师事务所开展非审计业务探析[J]. 财经界，2015(9).

[6]秦荣生. 大数据思维与技术在会计工作中的应用研究[J]. 会计与经济研究，2015 年第 5 期.

[7]肖祯，罗莎. 大数据助力会计服务大发展[N]. 中国会计报，2015 年 7 月 10 日第 1 版.

[8]数据来源于金华市财政局.

第四篇

****

金华市独立学院会计人才培养与质量分析

【本篇摘要】

本篇以金华市独立学院为研究对象，依据“十三五”时期会计行业的机遇与挑战以及教育部关于《普通高等学校独立学院教育工作合格评估指标体系》指出的独立学院应以“培养具有创新精神和实践能力的应用型人才的目标定位”，结合上海财经大学浙江学院会计专业办学特色与优势，探讨了新形势、新模式、新机制下会计人才培养目标、专业建设与方法。通过访谈与问卷调查方式向浙江省部分独立学院征询意见，从毕业生职业发展状况、毕业生对母校评价以及用人单位对学校毕业生的满意度以及财会类专业的招生情况等方面，分析了金华市独立学院会计人才培养现状，同时就浙江省人才培养质量调查结果进行分析并提出对策性建议。这对制定会计人才培养质量、应用型与国际化会计人才培养模式、课程体系改革、会计实践教学与师资队伍建设具有一定的参考价值。

第一章

独立学院办学概况

一、独立学院的基本特征

独立学院，是指实施本科以上学历教育的普通高等学校与国家机构以外的社会组织或者个人合作，利用非国家财政性经费兴办的实施本科学历教育的高等学校。独立学院是民办高等教育的重要组成部分，属于公益性事业，依法享有民办教育促进法、民办教育促进法实施条例规定的各项奖励与扶持政策；由省、自治区、直辖市人民政府教育行政部门主管本行政区域内的独立学院工作。独立学院是贯彻落实教育部2003年颁布的第八号文件精神《关于规范并加强普通高校以新的机制和模式试办独立学院管理的若干意见》。因此，其主要采用三种办学模式：国办院校与企业资本联合办学、民办大学挂靠改制办学以及国办大学独立兴建办学。办学的主要特征是：第一，采用民办机制，所需经费投入及其他相关支出，均由合作方承担或以民办机制共同筹措，学生收费标准按国家有关民办高校招生收费政策制定。第二，重点突出“独”字，即独立学院具有独立的校园和基本办学设施，实施相对独立的教学组织和管理，独立进行招生，独立颁发学历证书，独立进行财务核算，具有独立法人资格，能独立承担民事责任。第三，实行新的管理体制，即管理制度和办法由申请者和合作者共同商定。

二、独立学院的成立背景

一般认为，我国独立学院产生于1999年，以浙江大学与杭州市人民政府联合创办浙江大学城市学院为标志。在创办初期，这类机构统称为“二级学院”，后期则称为“民办二级学院”或“新制二级学院”，对申办高校的“依附性”是它们与生俱来的基本特征。2003 年，教育部本着尊重首创精神，“允许探索、允许试点”的原则，颁布了《关于规范并加强普通高校以新的机制和模式试办独立学院管理的若干意见》(以下简称 8 号文件)，并正式提出“独立学院”的名称。2008 年，教育部下发的《独立学院设置与管理办法》(教育部令第 26 号)，为独立学院未来发展明确了 3 条“出路”：继续作为独立学院存在、转民办高校、撤销或合并。此后，成为独立学院发展的“瓶颈”时期。从独立学院发展初期的历程来看，独立学院首先发源于人民生活水平相对富裕、民办教育发展处于我国前列的浙江、江苏两省，其发展的轨迹是自下而上的，先由部分高校自发地形成，然后才由教育部确立。从这一点来看，独立学院的产生是符合事物发展规律的。而独立学院的产生具有以下几点原因：

（一）高等教育发展的基本矛盾要求变革高等教育体制

20 世纪末经济社会的高速发展，要求高校尽快培养更多的高等教育人才投身于经济发展中，而公民对高等教育的需求也随着社会的发展大大提高。在这样的背景下，对高等教育的强烈需求与教育供给严重不足(包括数量与质量方面)之间的矛盾，刺激着高等教育在保证质量的前提下必须扩大招生规模。但是现实情况下，扩大招生存在两个方面的困难：一是原有的高等教育办学体制缺乏灵活性，改革进度比较落后；二是伴随着扩大招生，高等教育需要花费的资金急增，仅靠国家单方面的投资比较困难。因此，创设一种新的、灵活的高等教育办学体制，能够多渠道地筹集教育资金，成为了一种必然的趋势。各种民办高校，民办教育应运而生。而民办教育本身的不足，又催生了独立学院。

（二）民办高校的困境催化独立学院的产生

民办高校的创立，在一定程度上缓解了高等教育供给不足所导致的问题。浙江万里学院、西京大学等民办高校在当时都已发展成万人以上规模，其竞争力完全可以和公办高校抗衡，但是民办高校的种种不足，也使得它的发展面临重重危机。第一，资金后续投入不足。当时全国民办高校1 300多所，具有独立颁发毕业证书资格的只有 200 多所，绝大多数不能发放国家承认学历文凭的民办学校，生源无法保证，在校生流失严重，无法形成规模效应。学生和家长对可接受的学费水平较低，而投资者对学校发展信心不足，短期行为严重，后续投资少。大部分民办学校教学设施、宿舍、图书等硬件条件严重不足。第二，教师队伍建设存在严重问题。民办学校教师大多采取外聘兼职教师，专职教师较少，师资队伍极不稳定。而大多数民办高校聘请的教师，为公办高校的退休教师，他们精力不足、知识体系老化，与学生的观念和知识上的交流较为困难。

独立学院的出现解决了上述问题，将公办高校的优势和民办高校的灵活机制有效结合。投资者愿意投资，学生愿意报考，家长也愿意支付较高标准的学费。从独立学院的后续发展来看，独立学院生源较民办学校有了显著提高，社会评价也较好。

（三）高等教育大众化的目标促使政府认可了独立学院的办学形式

随着公民对高等教育需求的增加，国家提出了高等教育大众化的目标。而在原有的教育体制下，仅靠增加招生计划实现目标是比较困难的。因为每增加一名学生，就意味着要多支付一定的教育经费。经费的匮乏与实现高等教育大众化的严峻性，促使地方政府必须自下而上的进行高等教育办学体制的改革。

以上背景表明，独立学院的产生和繁荣，是我国高等教育由精英教育向大众化教育过渡过程中各种矛盾的协调与中和，是各种利益关系博弈的产物，其存在具有一定的合理性。

三、独立学院发展现状

（一）独立学院专业设置与培养方案脱胎于母体学校

独立学院的专业设置与培养方案脱胎于母体学校。大部分独立学院的专业设置与学生培养方案都是以母体学校优势学科和特色专业为基础的，这些优势学科和特色专业在教学资源和招生就业方面都具有相对成熟的范本，可以减少独立学院在教学模式上的探索时间和资源投入，同时也能在短时间内收到较好的效果。但随着独立学院的发展，发展方向及面对的生源和母体学校不同，迫切需要制订更适合自身发展的培养方案。

（二）独立学院脱离对母体的依附仍需较长时间

由于自身的性质，独立学院自创办伊始就表现出对母体学校的依附性。随着独立学院的发展，其依附性在政府政策的干预及自身的努力下有所减弱。但是，独立学院的性质决定了其与母体学校错综复杂的关系，想要脱离对母体学校的依附，培养自己的师资队伍仍需较长的时间。

（三）办学条件有待进一步提高

独立学院依附母体学校，在专业设置上以母体学校优势学科为主，在招生中吸引了大量生源，办学取得一定的效果。但是部分独立学院领导在学院软硬件设施尚不完善、教学资源仍然不足的前提下，盲目扩大招生规模，致使学校教学无法达到要求，引起学生和家长的不满。

（四）需进一步将培养应用型人才作为办学方向

在独立学院未来的发展过程中，必须要将培养应用型人才作为办学方向。独立学院需要在现有教学课程基础上继续探索新的特色专业，建立准确的培养目标，坚持自身的办学特色，通过培养能够适应社会发展的应用型人才为主要方向，拓宽学生的就业渠道和就业范围，激发教师教学的动力和学生学习的动力，真正做到教学相长。在培养能够适应社会不断发展的优秀人才的同时，促进独立学院的进步和发展。

四、上海财经大学浙江学院与同类独立学院的对比

根据所属地区、母体学校及专业设置相似性的原则，本篇选取了浙江师范大学行知学院、浙江财经大学东方学院、浙江工商大学杭州商学院、嘉兴学院南湖学院、同济大学浙江学院作为样本与上海财经大学浙江学院进行对比分析。

（一）各院校成立时间及占地情况

表1—1中所示时间是教育部批准为独立学院的时间，不难发现，几所独立学院的确认时间都比较相近，都建校于民办教育较为成熟的浙江省。此外，从占地情况来看，浙江财经大学东方学院、浙江工商大学杭州商学院原校址在浙江省杭州市，后来因为空间限制学校发展，搬迁至或者建立新校区于省内二线城市；浙江师范大学行知学院由浙江省金华市搬迁至兰溪市。各所院校的占地面积基本满足目前的发展规模。

表1—1 同类院校基本情况

	确认时间	所在地区	占地面积（亩）
上海财经大学浙江学院	2008年	浙江金华	830
浙江师范大学行知学院	2004年	浙江兰溪	800
同济大学浙江学院	2008年	浙江嘉兴	830
浙江财经大学东方学院	2004年	浙江海宁	700
浙江工商大学杭州商学院	2004年	浙江杭州、浙江桐庐	557

续表

	确认时间	所在地区	占地面积(亩)
嘉兴学院南湖学院	2004 年	浙江嘉兴	590

(二)各院校专业建设及招生情况

各院校除浙江师范大学行知学院与母体学校联合培养硕士研究生之外,其他学校均仅开展本科教育。专业设置上基本以母体学校优势专业为主。除了上海财经大学浙江学院依托母体学校上海财经大学开设经管类专业,其他学院在专业设置上都集合经、管、文、法、艺等综合性专业,详见表 1—2。

表 1—2　　各同类院校在校生人数及专业设置

学　校	专业设置	在校生人数(人)
上海财经大学浙江学院	会计、工商管理、金融统计等 21 个专业	6 000
浙江师范大学行知学院	商、法、文、艺、理、工等 39 个专业	7 000
同济大学浙江学院	建筑、土木、机电、经管、外语等 27 个专业	9 500
浙江财经大学东方学院	以经管类学科为主,经、管、文、法、工等综合共 33 个专业	9 300
浙江工商大学杭州商学院	以经管类学科为主,经、管、文、法、工、艺综合共 23 个专业	8 000
嘉兴学院南湖学院	经管、机械、土木、文学、化工等 35 个专业	8 000

(三)各院校师资队伍建设情况

如表 1—3 所示,和同类院校相比,上海财经大学浙江学院在专人教师总人数上并不具备优势。但是学院目前致力于建设一支结构合理、专兼结合、以专职为主的高水平教师队伍。到 2020 年末,专任教师中,教授、副教授将达到 30%以上,博士研究生学历达到 35%以上,“双师型”教师达到 50%以上,省级学科带头人 4～6 人。每年选派 20 名左右教师到企事业单位挂职锻炼或培训,支持教师参加行业举办的专业技术培训。到“十三五”末,专业课、专业基础课中具有社会实践经历的教师占比达到 85%以上,形成支撑学院发展的主体力量。

表 1—3　　师资队伍建设

学　校	专任教师(人)	副高及以上教师比例(%)	硕士及以上学历教师比例(%)
上海财经大学浙江学院	260	28.8	86.2
浙江师范大学行知学院	470(含兼职)	—	—
同济大学浙江学院	520	50	60
浙江财经大学东方学院	512	30.4	86
浙江工商大学杭州商学院	223	22.9	—
嘉兴学院南湖学院	400	46	80.75

五、上海财经大学浙江学院办学优势分析

上海财经大学浙江学院是经教育部批准成立，由上海财经大学设立的全日制本科独立二级学院，按新机制和模式运作。学院依托上海财经大学在财经学科领域的深厚积淀和财经人才培养方面的丰富经验，紧密结合浙江社会经济发展的需要和实际，培养复合型、外向型和实用型的高级商务专门人才。学院坚持"以社会需求为导向、能力培养为主体、专业知识和技能训练并重"的办学理念，采用先进的教育方法、教育手段，配置优良的教育资源，努力建设一批具有领先水平的特色专业。学院以育人为本，以学生全面发展为培养目标，以需求和就业为导向，培养能够融入国际社会、参与社会竞争和国际竞争的应用型、开拓型、外向型优秀人才。学院坚持"质量兴院、特色强院"的办学理念，采用先进的教育方法、教育手段，配置优良的教育资源，拥有一支结构合理、稳定的高素质教师队伍，开设有会计学等 18 个专业，并努力建设一批具有领先水平的特色专业。

上海财经大学地处浙江金华，是金华地区仅有的两所独立院校之一，另外一所是浙江师范大学行知学院。从专业设置上来看，行知学院现有商学、法学、文学、设计艺术、理学、工学六个分院和公共基础部等 7 个教学单位，涉及经济学、法学、教育学、文学、历史学、理学、工学、管理学、艺术学 9 个学科 39 个专业。而上海财经大学浙江学院作为一所财经类的独立院校，下设 7 个系部 18 个专业，涵盖会计、金融、统计、工商管理、经济等学科。从专业人才培养的角度来看，上海财经大学浙江学院在培养经管类人才方面较行知学院更有偏重性。

以财会类专业为例，行知学院在其商学分院下设会计学专业和财务管理专业。2017年计划招收160名新生。上海财经大学浙江学院会计系下设会计学专业和财务管理专业及国际会计ACCA和注册会计两个专业方向，在主修对企业会计准则的理解和掌握基础上各有偏重。注册会计方向偏重于审计实务和会计实务的连接，国际会计ACCA则更加强调国际化财会人才的培养。2017年会计系计划招生人数为610人（包含专升本）。从培养人才数量或者是专业化质量角度来说，上海财经大学浙江学院在服务金华地区乃至整个浙江省范围内，培养专业高等教育人才上都具有一定的优势。

近年来，上海财经大学浙江学院以服务地方经济建设为目标，培养以开发性为主的应用型人才。具体来说，主要包括如下几个方面：

1. 从人才培养规格上来看，学院要求培养有一定理论基础的应用型人才，具有一定的开发能力、职业拓展能力和继续深造能力，同时能够根据职业需求熟练掌握相关技能。

2. 从专业设置来看，学院专业设置虽然以母体学校为依据，但是注重与母体学校的错位发展，在考虑就业导向的前提下，考虑专业设置的关联性、知识结构的完整性以及作为本科院校的整体发展要求。在一定的专业基础上进行应用型专业设置。

3. 从教学内容来看，学院既要考虑就业导向和职业需求，也要考虑知识体系的完整性，知识结构除了应用性知识外还要有一定的理论素养和社会思辨性知识。例如会计系的会计学（国际会计ACCA）专业，在课程设置中引入英国特许公认会计师工会的专门考试教材，使学生在校学习期间就有机会考取英国特许公认会计师工会的会员证书。学生在毕业后择业时，在国内各大型银行及投资银行，保险及金融投资机构，咨询企业，会计师事务所，世界五百强的外企，国内知名企业都有很强的竞争力。而ACCA专业方向在教学中的双语教学模式，及其考试教材不仅针对会计学专业知识，还侧重于发展学生的逻辑思维能力及整体思维能力的特点，也使得学生具有很强的学习能力和思考能力。

4. 从毕业生来看，学院虽然主要输送直接面向社会的毕业生，但也在一定程度上输送研究生生源和出国留学深造生源等。在直接面向社会的毕业生中，就业渠道也趋于多元化，涉及国家机关，事业单位，银行、金融债券业，会计师事务所，审计类，政府机构，商务服务中介机构等。从2016年毕业生就业流向上来看，国有企业达到15％以上，中小型企业为就业主要渠道，事业单位和政府机构就业人数在2％～5％，创业，基层就业也在逐渐增多。

六、本章小结

上海财经大学浙江学院是建于浙中地区的三本独立学院，在我国对高等教育需求的扩大和高等教育资源短缺的背景下成立，并随着高等教育大众化的发展形成了如今"以社会需求为导向、能力培养为主体、专业知识和技能训练并重"的办学理念。致力于服务浙中地区，为本地区的经济发展输送具有一定科研水平的应用型实践人才。

在办学优势上，学院依靠母体学校上海财经大学，致力于培养经济管理类人才，在专业设置的精细化、培养人才的专业化角度与同地区的同类三本独立院校相比，具有一定的优势。学院各系也在发展过程中形成了自己的优势专业，为金华乃至浙中地区输送了大量的相关专业人才。

第二章

浙江省独立学院会计人才培养质量概述

一、引言

我国历任国家重要领导人，坚持优先发展教育战略方针。世纪之交，我国高等教育经历了快速发展，实现了大众化。其中，独立学院为发展民办高等教育事业、促进高等教育大众化做出了积极贡献，为国家培养适合社会需求的本科次人才，在深化高等教育办学体制的改革方面，起到了积极的作用，是中国高等教育事业的重要组成部分。根据教育部公布的“2017 年各省市具有招生资格的高校名单”统计显示，截至 2017 年 5 月底，全国普通高等学校2 631所，其中，独立学院 265 所，占比 10%。

浙江省教育厅《2016 年浙江教育事业发展统计公报》的数据统计显示，截至 2016 年，浙江省全省共有普通本科 59 所，含独立学院 21 所，占普通本科的 36%。独立学院在校生人数超过 16 万人，占我省普通本科大学生总数(61 万人)的 26%以上，接近全省普通本科在校生的 1/3。与此同时，浙江省 22 所独立学院中，设置财会类专业的学院占 86%以上(温州医科大学仁济学院、浙江中医药大学滨江学院、湖州师范学院求真学院，三所独立学院除外)。可见独立学院在推动我省经济发展、培养高质量人才方面做出了贡献和肩负着巨大责任，也是培养服务我省地方经济发展的财会人才摇篮之一。

当今世界，经济全球化深入发展，企业跨国经营、资本跨境流动日益频繁，科技进步日新月异，知识经济方兴未艾。这样的大背景下，高等教育的发展和地方经济的发展的结合是历史的必然，会计人才在经济社会发展中的基础性、战略性、关键性作用更加凸显，会计人才的竞争已经成为国家、地区和单位间竞争的焦点之一。未来十几年，是我国基本建成创新型国家、全面实现小康社会建设目标的重要时期，也是我国会计行业发展的重大机遇期。该报告是上海财经大学浙江学院服务地方经济发展课题的构成内容，以上海财经大学浙江学院为出发点，对比同类高校会计人才培养状况，分析金华市会计人才培养状况，发掘上海财经大学浙江学院的发展优势，探索提高金华市人才培养质量的路径。

二、会计人才培养目标

明确人才培养目标，是确保独立学院人才培养质量的前提。独立学院人才培养目标的制定，既要立足于理论探讨，更要立足于学校实际情况。独立学院的人才培养目标从层次上讲，包括国家总的培养目标、独立学院培养目标与专业层次的培养目标；从构成内容上讲，包括知识、能力和素质三大要素。

2010 年 9 月，财政部印发《会计行业中长期人才发展规划（2010－2020 年）》的通知，明确指出：会计人才是我国人才队伍的重要组成部分，是维护市场经济秩序、推动科学发展、促进社会和谐的重要力量。会计人才的教育和培养，要融入到社会主义建设的伟大事业中来。当前和今后一个时期，我国会计人才发展的首要指导方针是“服务发展，以用为本”。把促进经济社会发展作为会计人才队伍建设的根本出发点和落脚点，围绕经济社会发展目标确定会计人才队伍建设任务。经济社会发展是会计教育发展的重大机遇，坚持科学发展以人为本，人才发展以用为本，把用好用活人才作为会计人才队伍建设的重要任务，积极为会计人才拓展事业和实现价值提供机会和条件，并用经济社会发展成果检验会计人才队伍建设成效。

教育部《普通高等学校独立学院教育工作合格评估指标体系》中明确指出，独立学院应确立“培养具有创新精神和实践能力的应用型人才的目标定位”。独立院校的特点就是以培养应用型人才为目标，主要是适应地方和区域经济培养应用型人才，并强调以社会发展需求、人才市场需求为导向的教育理念。2016 年 4 月，浙江省教育厅会同省财政厅等多部门共同出台了《关于支持独立学院发展的若干意见》，进一步明确独立学院坚持应用型高校发展方向，以服务地方经济社会发展和毕业生就业创业为导向，以培养高素质应用型人才为目标，努力实现独立学院的特色化发展。

以上海财经大学浙江学院会计系会计学专业（国际会计 ACCA 方向）为例，该专业于2012年开始正式招生，是学院为全面提高办学质量、办学效益、办学声誉和国际化办学水平，按照“十二五”发展规划，坚持内涵建设与外延发展相协调、与上海财经大学母体学校错位发展、培养具有理论知识又有实战技能的应用型高级专门人才目标的背景下设立的。

结合国家关于会计人才队伍建设的指导方针，以及省部关于独立学院应用型人才培养总体目标，上海财经大学浙江学院会计系会计学专业（国际会计ACCA方向）培养目标设定如下：旨在培养学生具备扎实的会计专业知识与实践技能，掌握国际会计与审计准则，熟练运用英语和国际通用商业语言，胜任各类企业尤其是跨国企业与上市公司、会计师事务所、金融业与证券业、事业单位、财政与税务部门等从事财务分析与财务管理、会计业务与审计业务的国际化、职业化、应用型人才。

三、会计人才培养模式

人才培养模式是落实人才培养目标的具体体现，是人才培养方案制定的“指挥棒”，更是每门专业课程设计的指导思想。

传统的会计人才培养模式，片面地强调了会计专业学生培养的数量，追求招生数量和毕业生数量，把扩大招生规模作为促进会计人才培养的衡量指标，这既有社会的原因，也有经济利益的驱动。然而，由于高校所拥有的教学资源与教学容纳能力脱节，特别是教师数量、教学设备等软硬件条件和招生规模的不匹配，很容易降低整体的教学质量（葛敬东，2009；刘李福，2016）。随着时代的变迁、改革开放不断深入所带来的社会经济环境的巨大变化，以及独立学院自身的完善与演变，传统的会计专业人才培养模式受到诸多挑战，需要与时俱进（马正凯，2016）。

四、浙江省高校毕业生人才培养质量分析

高校毕业生职业发展状况和人才培养质量调查是省教育厅高度重视的一项调查工作，其结果与学院培养应用型人才的办学定位和目标紧密相关。2016年12月，浙江省教育评估院发布了《2015届浙江省高校毕业生职业发展状况及人才培养质量调查报告》，该调查以浙江省102所高校（包含独立学院的本科院校56所，高职院校46所）2015届毕业生、2013届毕业生（调查总人数260 358人），以及19 466家高校用人单位为调查对象，从“毕业生职业发展状况”“毕业生对母校评价”“用人单位对学校毕业生的满意度”三个方面入手，对全省、普通本科及高职院

校进行了调查。浙江省独立学院在校人数接近全省普通本科在校生的1/3，本篇拟对该调查结果深入对比，并结合金华地区当前独立学院财会类专业招生情况等，总结金华市会计人才培养存在的问题，深入分析了上海财经大学浙江学院在人才培养方面的优势。

1. 2015届毕业生职业发展状况

就毕业生职业发展状况而言，本次调查从毕业生职业发展整体情况（就业率）、毕业生受雇工作情况（工资水平、专业相关度、离职率）、毕业生深造情况（升学率），以及毕业生创业情况（创业率）四个方面着手分析，整体情况见表2—1。

表2—1 2015届毕业生职业发展状况

	就业率①	工资水平	专业相关度	离职率	升学率	创业率
全省（2015届）	96.09%	3 929元	63.38	46.30%	7.44%	4.82%
本科（56所，含独立学院）	95.22%	4 146元	65.61	—	9.55%	3.55%
高职（46所）	97.14%	3 675元	60.76	—	4.87%	6.36%

（1）毕业生职业发展整体情况较稳定

对已就业情况，本调查将毕业生职业发展类型分为：受雇工作、其他（包括参军、支教、支农、支医等）、自由职业、自主创业、升学（国内读研/博、专升本、出国留学等）和尚在待业（包括准备考研、公考等）六大类。对比以前年度来看（见表2—2），2012届至2015届毕业生就业去向比例相差不大，就业率也整体维持在96%以上。其中，2015届毕业生在升学方面有所回升；同时，受“大众创业、万众创新”热潮影响，选择自主创业及灵活多样的自由职业学生的比例略有上升。

表2—2 2012～2015届毕业生职业发展类型

	受雇工作	其他就业方向	自由职业	创业	升学	待业
2012届（全省）	79.72%	2.22%	2.47%	4.42%	7.44%	3.73%
2013届（全省）	79.90%	1.98%	2.89%	4.63%	6.82%	3.78%
2014届（全省）	80.33%	1.56%	3.14%	5.02%	6.21%	3.74%
2015届（全省）	78.98%	1.53%	3.32%	4.82%	7.44%	3.91%

① 2015届毕业生毕业一年后整体就业率。

(2)毕业生就业专业相关度不高,对工资待遇不满

从专业相关度来看,据毕业生受雇工作岗位分析发现,2015 届浙江省高校毕业生专业就业相关度不高,全省平均得分为 63.38 分,其中,本科毕业生就业相关度得分(65.61 分)略高于高职毕业生(60.76 分)。2015 届浙江省高校毕业生毕业一年后月均收入为3 929元,较上届毕业生同比增长 9.15%(详见表 2—3)。然而,从毕业生就业满意度分析来看,毕业生不满意之处主要还是集中在薪酬待遇方面,占 40.35%;此外,从离职原因分析来看(详见表 2—4),薪资福利偏低仍然占主要因素。

表 2—3　　毕业生薪资待遇

	全省	本科(56 所,含独立学院)	高职(46 所)
2014 届	3 618 元	3 806 元	3 404 元
2015 届	3 929 元	4 146 元	3 675 元

注:表中 2014 届和 2015 届毕业生薪资待遇均代表毕业生毕业 1 年后的工资水平。

表 2—4　　毕业生离职原因分析

	个人发展空间不够	薪资福利偏低	想改变职(行)业	对企业制度和文化不适应	工作要求和压力太大	准备深造	其他
全省	30.57%	21.83%	13.30%	8.33%	8.16%	0.83%	16.99%
本科(56 所,含独立学院)	32.35%	21.42%	12.96%	9.30%	7.32%	1.00%	15.65%
高职(46 所)	29.12%	22.16%	13.57%	7.53%	8.85%	0.68%	18.08%

(3)毕业生深造有助于提高自身的学习水平

如前所述,调查统计发现毕业生深造比例有所回升,全省 2015 届毕业生中 7.44%的学生选择了继续深造,其中本科占比 9.55%,高职占 4.87%。

进一步调查发现,从深造所选高校来看,毕业生选择省内高校深造的比重最高,占 55.97%;其次是选择“985”“211”高校,占 17.87%;到省外普通高校深造的占 6.90%;剩下一小部分是到港台、世界百强、国外一般高校深造,说明毕业生对自己的选择有较为清晰的认识,通常而言,因为在校期间及实习期间所建立的人脉关系对未来就业有很大帮助,这与毕业生深造目的调查不谋而合。调查发现,为了更好的就业、找到更好的工作占 61.73%,另外有 27.95%的学生是为了获得更多、

更高的知识。

从深造所学专业来看，全省绝大多数(76.10%)深造的学生选择与原专业相关的专业，其中，本科毕业生选择与原专业相关专业的占比(81.85%)要远高于高职毕业生(62.44%)。无论所学专业是否与原专业一致，94.46%的学生认为深造阶段自身的学习水平在中等以上，说明毕业生深造有助于提高自身的学习水平。

(4)自主创业专业相关度不高，但发展良好

如前述，受“大众创业、万众创新”热潮影响，选择自主创业及灵活多样的自由职业学生的比例略有上升，并发展状况良好。

从创业领域与所学专业来看，与所学专业完全相关的仅占 12.84%，与所学专业不太相关或完全无关的占 61.57%。其中，创业领域中排名前三的专业为：书法学、社会体育、服装设计与工艺教育。从获利情况来看，创业者中有接近 65%年净利润在 6 万元以上(详见表 2—5)，与受雇毕业生月均收入3 929元相比，年净利润在 4 万元以下(含亏损者)的创业者占 24.93%。从创业者自我满意度及创业前景看，82.46%的创业者对目前的创业状态表示满意，仅有 1.8%的创业者表示将结束创业。95.90%的创业者对创业前景持乐观态度，4.10%的创业者不太乐观甚至非常悲观。

表 2—5　　毕业生中自主创业盈利情况

	亏损	<2 万元	2 万～6 万元	6 万～10 万元	10 万～20 万元	>20 万元
全省	7.61%	8.93%	19.12%	23.61%	23.09%	17.64%

注：表中获利情况是净利润。

2.2015 届毕业生对母校评价不高，实践教学效果不理想

2015 届毕业生对母校的总体满意度评价并不理想(84.31 分)，这比 2014 届(87.04 分)略有降低，同时也低于 2013 届(85.10 分)的满意度评价。随着对教育的重视程度越来越高，学生对母校的满意度不但没有明显上升的趋势，反而略微下降，进一步分析毕业生对母校评价的各单项指标(详见表 2—6)，教师教学水平、专业课课堂教学效果、实践教学效果、就业求职服务、学生能力锻炼平台、创新创业教育及指导服务，不难发现，这些评价与教职员工的表现息息相关。尤其是从教学方面来看，无论是普通本科还是高职院校，“实践教学效果”得分最低，其中，普通本科“实践教学效果”得分为 75.20，表明实践教学效果不理想，应用型人才建设培养还

要探索更多的途径。

表 2—6　　　　毕业生对母校评价指标得分情况

	总体满意度	教师教学水平	专业课课堂教学效果	实践教学效果	就业求职服务	学生能力锻炼平台	创新创业教育及指导服务
全省	84.31	77.24	78.23	77.19	76.21	76.42	75.89
本科(56 所，含独立学院)	83.63	75.72	76.68	75.20	74.59	74.30	73.91
高职(46 所)	85.14	79.07	80.01	79.60	78.17	79.00	78.29

3. 用人单位对 2015 届毕业生满意度良好

关注用人单位需求，就是关注学校自身发展。用人单位对 2015 届毕业生综合素质满意度良好，其中"专业水平、合作与协调能力、人际沟通能力与实践动手能力"都不相上下(见表 2—7)，"管理能力"有待提高。从实地调查走访来看，上海申威联合会计师事务[①]所法定代表人薛爱琼女士对我校(上海财经大学浙江学院)参加实习及留用的同学的专业能力表示肯定，同时建议他们不仅要出色完成分内之事，更要积极主动在工作中不断拓展学习，对所在单位怀有感恩之心，期望都能有很好的发展。完成分内之事并能积极主动学习，这些与自我管理能力密不可分。

表 2—7　　　　用人单位对 2015 届毕业生满意度调查情况表

	综合素质	实践动手能力	专业水平	创新能力	管理能力	合作与协调能力	人际沟通能力	心理素质及抗压能力
全省	86.55	87.44	86.00	82.92	81.95	86.64	86.42	84.75
本科(56 所，含独立学院)	86.51	86.96	86.15	82.91	82.02	86.61	86.35	84.76
高职(46 所)	86.60	87.99	85.81	82.92	81.86	86.67	86.50	84.74

五、本章小结

明确人才培养目标，是确保独立学院人才培养质量的前提。人才培养模式是落实人才培养目标的具体体现，是人才培养方案制定的"指挥棒"，更是每门专业课

① 上海申威联合会计师事务所(普通合伙企业)，成立于 2005 年 10 月，系经上海市财政局批准设立的合伙制会计师事务所，是上海市企业清算协会会员、上海市企业绩效评价协会会员、上海司法鉴定协会会员等。事务所开业 12 年来业务稳步增长，现有注册会计师 23 名，员工 40 多名。

程设计的指导思想。综合《2015 届浙江省高校毕业生职业发展状况及人才培养质量调查报告》结果分析，得出以下三方面结论。

第一，从 2015 届毕业生职业发展状况来看。首先，毕业生职业发展整体情况较稳定，受雇工作的比重一直维持在 80%左右；其次，毕业生就业专业相关度不高(63.38 分)，且离职率(46.30%)也不低，主要是对工资待遇不满；再次，毕业生大部分(55.97%)选择省内高校深造，且与原专业相关度较高(76.10%)，其中 94.46%的学生认为有助于提高自身的学习水平；最后，自主创业专业相关度不高，与所学专业完全相关的仅占 12.84%，但发展良好，与受雇企业的学生月平均工资(3 929元)相比，年净利润在 4 万元以下(含亏损者)的创业者占 24.93%。

第二，从 2015 届毕业生对母校评价来看。2015 届毕业生对母校评价不理想(84.31 分)，比 2014 届(87.04 分)、2013 届(85.10 分)都低，主要反映在教学方面的“实践教学效果”，得分 75.20 分。

第三，从用人单位对学校毕业生的满意度来看。用人单位对 2015 届毕业生综合素质满意度良好，“管理能力”有待提高。

第三章

金华市独立学院会计人才培养现状与思考

综合上述浙江省人才培养质量状况调查结果，结合实地走访及文献查阅等多种途径，我们发现金华市会计人才培养存在以下几个问题：一是会计专业人才不“专”，综合性应用型人才稀缺；二是实践教学环节很难达到预定目标；三是与办学特色相适应的师资队伍有待加强；四是会计人才粗放型增长。

一、会计专业人才不“专”，综合性应用型人才稀缺

基于独立学院生源质量等固有因素，独立学院财会类专业人才所掌握的理论知识相对较弱，此外，绝大多数财会类专业的学生仅仅只懂财会知识，对于能将会计和诸如计算机、会计信息系统、计量经济学、管理学、西方经济学等其他课程知识融会贯通的学生微乎其微。

2017 年 3 月，上海财经大学浙江学院会计系对学院特色专业会计学（国际会计 ACCA 方向）2013 级、2014 级、2015 级三个年级的学生学习状况进行调查发现，无论是在校生（2014 级、2015 级）还是在实习基地实习的应届毕业生（2013 级），普遍认为专业课知识亟待加强。其中，2013 级学生经过一段时间实习或工作后，发现税法、审计学、财务会计、会计学基础、成本会计是首要提高的课程内容，图 3－1；对比来看，在校生 2014、2015 级 ACCA 专业同学在选择亟待加强课程时，结果分布较为均匀，主要有管理会计、审计学、会计学基础、财务管理、财务会计、成本会计、会计实训等，图 3－2。这与 2013 级 ACCA 毕业班统一安排到事务所实习，涉及实践中具体需要运用的知识，有一定的关系，选择的时候有侧重点。

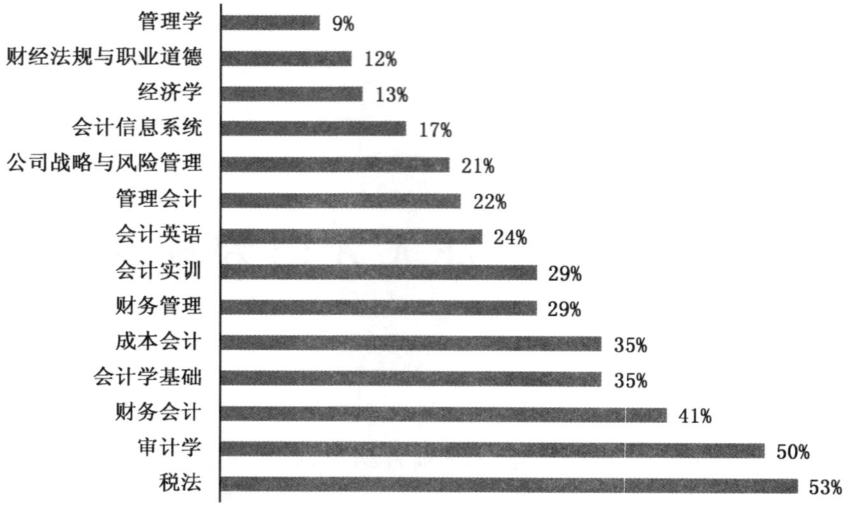

图 3—1　2013 级学生认为经过一段时间实习或工作后亟待加强的课程信息

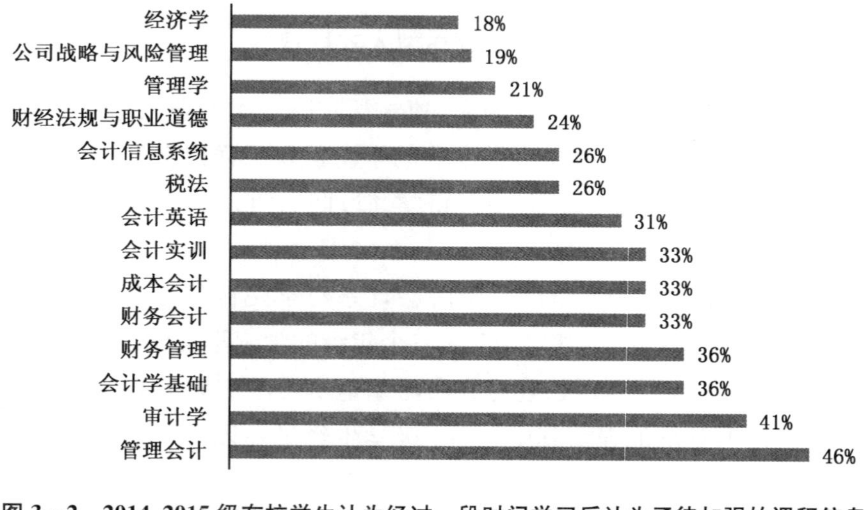

图 3—2　2014、2015 级在校学生认为经过一段时间学习后认为亟待加强的课程信息

此外，从用人单位来看，2017 年 4 月在浙江哈尔斯真空器皿股份有限公司[①]调

① 哈尔斯股份有限公司坐落于闻名中外的“中国五金之都”浙江永康，是一家已在中小板上市的真空器皿行业龙头企业，2016 年营业收入近 20 亿元、70%产品出口国外，在其行业中有一定的影响力。

研发现，公司对新入职员工会安排培训学习，对于公司财务体系、财务管理中心职能等进行介绍，并提出公司财务人员能力的提升等方面的需求。2017年7月走访学生实习基地，(上海)众华会计师事务所①高级合伙人赵蓉女士就明确指出，对新入职员工每年将进行为期一周的免费培训，并介绍了该所的人才培养计划，还明确表达了对综合性应用型人才的需求。从事务所入职前培训内容来看，都是财会类专业学生所必需掌握的基本专业知识，如财务报告、会计实务、现金流量表等内容；而综合性应用型人才的提出，也与前文《2015届浙江省高校毕业生职业发展状况及人才培养质量调查报告》中关于"受雇毕业生专业相关度"调查结果以及"创业者创业领域的选择"调查结果不谋而合，据毕业生受雇工作岗位分析发现，2015届浙江省高校毕业生专业就业相关度不高，全省平均得分为63.38分；创业者的创业内容与所学专业完全相关的仅占12.48%。种种迹象都表明，大学生在校期间需要接触并掌握更加全面的理论知识。

综上所述，从用人单位的反馈信息及学生的调查问卷反馈来看，学生所掌握的财会类专业理论知识相对较弱，培养出用人单位所需要的综合性应用型人才还有很长一段路要走。

二、实践教学环节很难达到预定目标

为了培养高素质应用型人才，鉴于高校的资源和学生人数等实际情况，学校无法一次性满足毕业生参加实习的机会，实践教学能使理论教学和市场需要更好地接轨，这对培养应用型会计人才至关重要，但95%的被调查者认为校内的模拟实习或实训不能代替企业实习(杨亚西，2010；秦娜，2017)。正如上文《2015届浙江省高校毕业生职业发展状况及人才培养质量调查报告》所指出的，2015届毕业生对母校评价不理想(84.31分)，比2014届(87.04分)、2013届(85.10分)都低，主要反映在教学方面的"实践教学效果"，得分75.20分，表明实践教学效果不理想。

实践教学环节很难达到预定目标，主要问题表现在：第一，实验课程内容单一，更新较慢。目前独立学院大部分都陆续建立了会计实训室，开设如"会计信息系统"等财会类模拟实训课程，但手段比较单一，课程内容更新缓慢，不能与当前新的

① 众华会计师事务所(特殊普通合伙)，成立于1985年9月，是中国恢复注册会计师行业后第一批成立的会计师事务所之一，发展至今有近1 200名优秀的专业人才，CPA人数近450人，积累了大量的优质客户，已是一家在国内外享有良好声誉的会计师事务所。

准则和规定接轨。第二，缺少适合独立学院在校生自己的规范完善的实训教材，从目前独立学院使用的会计实训教材来看，实训内容陈旧、缺乏层次性和针对性（秦娜，2017），任课教师挑选的教材难免不适合自己的学生。第三，校外实训方面，财会类专业学生大批量地到某一个或多个校外实训基地进行实习是非常困难的，实质性合作工业企业较少，使得学生难以了解企事业单位经济活动会计核算的全过程，无法做到真正意义的顶岗实习，使校外实习流于形式。这方面我院（上海财经大学浙江学院）做得较好，在会计系负责人王霞老师的带领下，由专职教师不断与实习、实践基地建立良好关系，并且聘请校外导师授课。一方面增强了与实习、实践基地的感情，另一方面也由用人单位直接与在校生沟通，将所需要人才的条件直接传达给学生，提高学生的积极性、主动性。

三、与办学特色相适应的师资队伍有待加强

如上文《2015届浙江省高校毕业生职业发展状况及人才培养质量调查报告》，随着对教育的重视程度越来越高，学生对母校的满意度不但没有明显上升的趋势，反而有略微下降，对母校评价的各单项指标“教师教学水平、专业课课堂教学效果、实践教学效果、就业求职服务、学生能力锻炼平台、创新创业教育及指导服务”，不难发现，这些评价与教职员工的表现息息相关。

从独立学院的办学形式上看，独立学院之所以在短期内得以兴办进而发展壮大，是因为在师资队伍建设方面依托母体高校得天独厚的师资条件的支持，校内专职青年教师占比很高，这些青年教师大部分都是“出了校门，又进校门”，往往是理论知识扎实，实践经验缺乏。在教学工作中，教学效果、教学质量难以得到保障，并且难以开展实践教学，影响独立学院人才培养目标的实现（杨国臣，2009；秦娜，2017）。

四、会计人才粗放型增长

浙江省21所独立学院中开设财会类专业的学院占86%，并且随着可报考途径越来越多，由单一的“普通招考”拓展到“专升本”“单考单招”“三位一体”等多渠道多形式报考途径，浙江省独立学院招收财会类专业学生基数不断增加，见表3—1。

第一，根据浙江省普通专升本招生院校可知，浙江省各类全日制本科普通高

校，包括公办院校、民办院校、独立学院，经批准均可开展“专升本”招生。第二，“单考单招”全称“高等职业教育单独考试单独招生”，是由国家教育部单独对中等专业学校（三校生中的中专、技校、职高）应届毕业生高考招生的一种形式（试卷不同于普通高考）。第三，“三位一体”综合评价招生，是一项融合高中学业水平考试、统一高考和综合素质评价（含中学综合素质评价和高校综合素质测试）三方面要素为一体的多元化招生选拔模式。由“三位一体”招考途径带来的学生基数增长影响较小，2017 年仅“中国计量大学现代科技学院”管理类专业（工商管理、财务管理、市场营销）招生 10 人左右，以及“温州商学院（原温州大学城市学院）”会计学专业招生 15 人，财务管理专业招生 10 人。

表 3—1　　浙江省独立学院财会类专业设置及招生情况

	学校名称	财会类专业设置情况	2017 年“专升本”财会类专业招生①	2017 年“单考单招”财会类专业招生
1	浙江大学城市学院	财务管理	—	—
2	同济大学浙江学院	会计学、财务管理、审计学	财务管理（174 人）	—
3	浙江大学宁波理工学院	财务管理	—	—
4	杭州师范大学钱江学院	会计学	—	—
5	浙江工业大学之江学院	财务管理	—	30 人
6	浙江财经大学东方学院	会计学、财务管理、审计学	—	—
7	宁波大学科学技术学院	会计学	—	60 人
8	浙江师范大学行知学院	会计学、财务管理	财务管理（90 人）	40 人
9	浙江工商大学杭州商学院	会计学专业、会计学专业 ACCA 课程班、财务管理	—	—
10	杭州电子科技大学信息工程学院	会计学、会计学（专升本）、会计学 ACCA 班、财务管理	会计学（95 人）	—
11	上海财经大学浙江学院	会计学、会计学（注册会计方向）、会计学（国际会计 ACCA 方向）、财务管理	会计学（80 人） 财务管理（80 人）	40 人
12	中国计量大学现代科技学院	财务管理	财务管理（90 人）	—

① 数据来自浙江省教育考试院公布的“2017 年浙江省普通高校专升本招生计划”。

续表

	学校名称	财会类专业设置情况	2017年“专升本”财会类专业招生①	2017年“单考单招”财会类专业招生
13	浙江海洋大学东海科学技术学院	财务管理	财务管理（45人）	—
14	嘉兴学院南湖学院	会计学、财务管理	—	—
15	绍兴文理学院元培学院	会计学、财务管理	会计学(55人)	—
16	湖州师范学院求真学院	—	—	—
17	温州大学瓯江学院	财务管理	—	—
18	浙江农林大学暨阳学院	会计学、财务管理	—	—
19	温州医科大学仁济学院	—	—	—
20	浙江理工大学科技与艺术学院	会计学	—	—
21	浙江中医药大学滨江学院	—	—	—

就金华地区而言，上海财经大学浙江学院会计系原每个年级10个班，从2017级开始，从“普通招考”又拓展了“专升本”“单考单招”等招生方式，新增5个班，上升为每个年级15个班，仅新增班级学生人数占2017级会计系学生的1/3(详见表3—2)。浙江师范大学行知学院，从2017级开始，从“普通招考”也拓展了“专升本”“单考单招”等招生方式，新增3个班，上升为每个年级7个班，新增班级学生人数占2017级会计系学生的45%左右(详见表3—2)。与此同时，在校师资规模保持不变甚至缩减、与招生规模不匹配，致使高校所拥有的教学资源与教学容纳能力脱节，很容易降低整体的教学质量(葛敬东，2009;刘李福，2016)。

表3—2　　　　金华地区独立学院2017年财会类专业招生计划

	2017年财会类专业普通招考计划	2017年财会类专业“专升本”招生计划	2017年财会类专业“单考单招”招生计划	合计（人）
上海财经大学浙江学院	410人(10个班)	160人(4个班)	40人(1个班)	610
浙江师范大学行知学院	160人(4个班)	90人(2个班)	40人(1个班)	290
合　计	570人(14个班)	250人(6个班)	80人(2个班)	

第四章

提高会计人才培养质量的途径

一、提高会计人才培养质量的途径

独立学院虽然与公办大学同属本科层次教育，但独立学院的会计专业毕业生在就业市场上的竞争力较弱，社会认可度还有待提高。基于金华市当前会计人才培养现状，为了提高人才培养的质量，可从以下四个方面努力。

（一）建立符合综合性应用型人才培养模式的课程体系

课程体系在学校教育中具有重要的地位，为了培养综合性应用型会计人才，应加强课程体系的建设。建立符合综合性应用型人才培养模式的课程体系，要求在课程结构上将理论性知识、应用性知识和技能性知识紧密结合起来，强化专业知识，培养多学科知识视野，从而培养学生的综合素质和实践能力。

第一，在公共基础课程中要突出理论教学的应用，让学生树立正确的价值观，使学生具有良好的会计职业道德素养，同时培养学生独立分析和解决问题的能力。在专业课设置上，适当增加专业课的比重，强化专业知识，增加专业英语的学时，充分体现会计职业的特点和会计国际化的趋势。实行案例教学和模块化教学，创新会计教学内容，引领学生学习当代会计领域的前沿知识，激发其对会计的兴趣，增强其分析探索的能力。第二，调整必修课与选修课之间的比例。通过加大选修课比例，拓宽学生的知识面，培养多学科知识视野。同时提供丰富的选修课的课程资源让学生根据自身的兴趣爱好选择，对内容陈旧的课程及时进行更新。此外，要提高选修课的课程质量。第三，教材是进行教学的基本工具，是体现教学内容和教学方法的知识载体。要加强教材建设，使用符合综合性应用型人才培养模式的系列教材，从而达到提升会计人才培养质量的目标。

（二）加强独立学院会计实践教学环节

通过加强独立学院会计课程实践教学环节，使教学内容和实践环节更加接近社会需求，增强学生的动手和实践能力，达到培养综合性应用型人才的目的。第一，提高专业教师实践指导能力，培养“双师型”教师。第二，适当增加实践教学环节，在学生学习理论知识的同时，注重培养学生的实践能力。不断完善实践教学设施，保障实验室配备足够的教学仪器设备，满足实践教学的需要。引导学生的毕业论文面向实际问题，培养学生分析解决实际问题的能力。第三，积极与企业联系，建立更多的校企实践基地，有计划、有组织、分批安排学生到企业会计相关岗位实习，让学生更好地用借贷记账法和会计准则去核算和监督企业生产经营过程中发生的经济业务，亲自体验企业生产经营过程中的会计工作流程，最大程度地提升学生的分析和处理业务的能力，让学生能更好地为未来就业打下坚实的基础。第四，教学方法多元化，坚持理论教学和实践教学相结合，如案例教学法、情景教学法等，培养学生的团队协作能力、应变能力。

（三）强化与办学特色相适应的师资队伍建设

强化教师队伍建设有助于提高独立学院会计人才质量。第一，合理调配和有效利用母体高校优厚的教学资源和人才资源，积极为教师创造各种进修和参加学术活动的机会，拓展教师的视野，提高教师的素养。同时安排有经验的教授、副教授开展教学研讨会，鼓励和培养独立学院现有年轻教师积累学术和教学成果，提高年轻教师的教学水平和科研能力。第二，独立学院的教师大部分来自普通高等学校，没有社会工作经验就走上讲台，为了提高教师实践能力，可以实行定期实习制度，大力推广和发展“双师型”教师。例如，鼓励教师参与相关会计职称考试，提高专业素养，同时可以组织教师技能培训，与会计师事务所合作，定期选派教师到企业进行岗位实习，增强自身的专业技能，有助于教师通过案例教学增强学生的实战意识，加大对学生实践能力的指导。第三，可以积极引进高级职称的教师人才，返聘母体学校的退休教师，充分利用他们的经验和资源，可以聘请企事业单位的专家做客座教授，与本校师生交流，大量招聘高学历的博士或者硕士，培养师资力量。第四，建立和完善有效的教师激励机制。根据不同岗位特点，制定相应的考核标准，使考核结果客观、公正，增加考核的透明度。鼓励教师个人发展，对于教师的成绩给予及时表扬与鼓励，为教师创造良好的学术氛围，努力提高教师待遇，使教师安心，尽心工作，鼓励教师多出科研成果。

（四）创新会计人才培养模式，人才"数量"与"质量"两手抓

基于当前财会类专业学生基数逐年增加的情况，独立学院必须变革现有会计人才培养模式，追求数量和质量并重，科学、客观地评价教学质量，才能培养适应社会需求和工作能力强的创新实用型人才。独立学院自己的办学传统、学术积累的特色不同，内部学科结构、优势领域不同，也应形成独具特色的学府。独立学院应根据社会发展和市场需要，明确自身的培养目标，调整人才培养方案，建立一套符合学院人才培养的定位、具有学院特色和学生教学特色的教学体系，实现差异化发展战略。

独立学院综合性应用型会计人才培养模式应该是在现代教育理论与教育思想的指导下，以市场需求为基础，具有明确的培养目标和培养方式，通过学历教育与资格教育相结合、理论教育与实践教育相结合，对独立学院会计学生进行全面的应用型素质教育，并着重进行综合性教育的一套完整的培养体系。随着会计就业压力的不断增大，会计学生为了以后更好的就业，在校期间参加会计资格考试成为普遍现象，CPA、ACCA证书受到会计大学生的青睐。为了提高独立学院的会计毕业生在就业市场上的竞争力，可以将学历教育与资格教育相结合，将会计职业资格教育融入到会计学历教育中来，可以优化综合性应用型人才的培养模式，丰富教学内容，便于学生参加相应的会计职业资格考试，进而培养出更多的、更优秀的高素质应用型会计人才。此外，独立学院学生文化基础较弱，学生个体能力差异大。独立学院要想培养综合性应用型会计人才，应将理论教学与实践教学相结合，对独立学院会计专业实践教学环节进行系统合理设计，注重培养学生的实践和动手能力，提高学生的综合性应用型能力，能够独立从事会计工作，增强独立学院会计毕业生的竞争力。

二、上海财经大学浙江学院人才培养优势分析

（一）优良"基因"造就优秀育人理念

优秀的成绩往往源自优良的"基因"。上海财经大学浙江学院（以下简称"上财浙院"）由上海财经大学和浙中教育集团共同主办，是一所按新机制和新模式运作、具有独立法人资格的全日制本科独立学院。学院的办学模式与理念主要体现在三个方面：第一，专业设置紧贴地方产业发展需求，突出应用特色；第二，人才培养紧

密契合企业岗位需求，强化创业创新；第三，科研模式坚持协同创新、集约发展，注重多方合作。目前上财浙院与行业、企业已经相结合形成了“双创四驱”的工作模式，即以“专业驱动、项目驱动、平台驱动、机制驱动”为核心，将创业创新教育与教师科研攻关和成果转化相结合，构建了由通识实践平台、专业实践平台、综合实践平台、创新创业实践平台组成的“四平台递进”立体式实践教学体系。

（二）培育应用型人才的“诀窍”在于言传身教、育心育德

为更好地推动学院应用型人才培养，会计系不断探索毕业生实习与职业选择相结合的新思路，近年来陆续在上海和浙江各地建立了实习基地，为会计系学生提供高品质的实习环境和就业机会。学院未来将进一步挖掘浙江省和上海市有效资源，为学生创造可持续的、更宽广的就业与升学途径。据上财浙院会计系主任王霞介绍，2014 年和 2016 年，该校会计学专业获得浙江省教育厅重点（特色）专业建设规划和省教育厅普通高校“十三五”优势与特色专业建设项目。“这归功于两个特色、两条路径和三项举措”。

第一个特色，就是会计系 80％教师具有“双师型”资格认证，即不仅具备教师资格证明，同时兼具注册会计师资格认证、中级会计师资格认证和 ACCA 任课教师国际考试课程资格认证。第二个特色是优化人才培养方案的设计，使之更符合财政部对会计人才的要求。在应用型办学目标的引导下，会计人才培养路径也有两条：培养方案体现因材施教，职业教育与学历教育双向挂钩；在应用型本科建设与实践教学方面，体现教育应该以学生为本的理念。秉承这些理念，上财浙院通过三项举措优化学生知识结构、全面培养和提高学生的综合素质，即实践教学课程设计与会计实务契合度高，开展多种类型的学科竞赛，多渠道为在校学生提供实习机会。

（三）国际会计人才培养师资有保障

ACCA 是全球最具规模、最具职业影响力的国际专业会计师组织，为全世界有志于投身财务、会计和管理领域的专才提供首选的资格认证。上海财经大学浙江学院会计系会计学专业（国际会计 ACCA 方向），于 2012 年开始正式招生，是学院为全面提高办学质量、办学效益、办学声誉和国际化办学水平，按照“十二五”发展规划，在坚持内涵建设与外延发展相协调、与上海财经大学母体学校错位发展、培养具有理论知识又有实战技能的应用型高级专门人才目标的背景下设立的。

根据对浙江省独立学院财会类专业设置情况调查发现，上财浙院会计学院专

业(国际会计 ACCA 方向)是浙江省独立院校中唯一列入普通招生计划的成建制班级;该专业也是浙江省独立学院中唯一拥有独立师资的国际会计专业;学院内设置国际机考中心,便于学生及时参加国际考试,在浙江省独立学院中也是不同于其他同类院校的一大特色,详见表 4—1。

表 4—1　　浙江省独立学院国际会计 ACCA 方向班设置情况

	ACCA 方向班开设形式	班级人数(人)	ACCA 方向班开设时间	是否有独立师资	有无国际考试机考中心
上海财经大学浙江学院	列入普通招考招生计划	80	从 2012 级开始正式招生	是	有
浙江师范大学行知学院	从全校各专业新生中择优选拔组建(英语单科 110 分以上)	30	从 2013 级开始组建	否①	无
浙江工商大学杭州商学院	从全校各专业新生中择优选拔组建(英语单科 110 分以上)	80	从 2013 级开始组建	否②	无
杭州电子科技大学信息工程学院	从全校各专业新生中择优选拔组建(英语单科 110 分以上)	40～60	从 2012 级开始组建	否③	无

一支高素质、高教学技能、高国际考试通过率的 ACCA 课程师资队伍,是关系到浙江学院会计系会计学专业“国际会计 ACCA 方向班”长期开办的重要前提。自 2012 年该专业建立,会计系负责人王霞老师带领青年教师通过观摩、参加培训、借助网络资源等各种途径持续不断的学习,截至 2015 年年底,上财浙院所有 ACCA 任课教师均取得 ACCA 国际考试课程资格认证,此外,25%的任课教师取得注册会计师资格认证、25%的任课教师有海外留学经验、80%以上的任课教师有企业实践经验,这些都为提高该专业学生的学习质量与教师的教学水平提供了保证。据统计结果显示,我校 ACCA 班国际考试通过率均高于全球平均通过率。截至 2017 年 3 月,已经有 1 位在校生通过 ACCA 14 门课程考试,成为 ACCA 准会员;校内通过 9 门课程的同学已达 22 人次,通过 10 门以上课程的同学达 12 人次。

① 该方向班是学院与“上海高顿”培训机构联合办学,授课教师由高顿 ACCA 中心派出。

② 该方向班级日常管理由浙江工商大学杭州商学院负责;教学及实践管理由浙江工商大学财会学院负责,由浙江工商大学财会学院选派具有专业资质的教师为学员授课。

③ 该方向班是学院与“上海高顿”培训机构联合办学,授课教师由高顿 ACCA 中心派出。

参考文献：

[1]陈文川等. 新形势下广东独立学院财会专业人才存在问题及对策研究[J]. 财经研究，2016：31－32.

[2]教育部. 普通高等学校独立学院教育工作合格评估指标体系.

[3]刘李福等. 会计人才培养模式创新与教学质量评价研究[J]. 会计教育，2016(1)：112－114.

[4]马正凯等. 独立学院应用创新型会计人才培养模式研究[J]. 湖北经济学院学报(人文社会科学版)，2016(5)：150－152.

[5]财政部.《会计改革与发展"十三五"规划纲要》.

[6]财政部. 会计行业中长期人才发展规划(2010－2020年)(财会〔2010〕19号).

[7]韩冰等. 独立学院会计类专业人才培养存在问题与对策——基于广东海洋大学寸金学院会计类专业人才培养的实践[J]. 中国管理信息化，2015(21)：248－249.

[8]秦娜. 独立院校应用型会计人才培养模式的研究[J]. 赤峰学院报(自然科学版)，2017(5)：224－226.

[9]杨国臣. 我国独立学院会计人才培养模式研究[D]. 西南财经大学专业硕士学位论文，2009.

[10]吴方. 独立学院人才培养现状及培养质量提升探讨[J]. 黄河科技大学学报，2016.

[11]吴晶晶. 独立学院会计课程实践教学存在的问题及对策[J]. 赤峰学院学报(自然科学版)，2016.

[12]韩冰，单昭祥. 独立学院会计类专业人才培养存在问题与对策——基于广东海洋大学寸金学院会计类专业人才培养的实践[J]. 中国管理信息化，2015.

[13]杨亚西，刘跃. 会计人才需求调查及对会计专业教学改革的启示[J]. 财会通讯，2010(8)：89－92.

[14]何玉润，李晓慧. 我国高校会计人才培养模式研究[J]. 会计研究，2013(4)：26－31.

第五篇

****

上海财经大学浙江学院
会计系实践教学研究

【本篇摘要】

本篇阐述了上海财经大学浙江学院会计系校内实践教学课程、校外教学实践及实习基地建设经验与体会，以案例分析法对实践教学成果进行总体评价与对策性分析，对改善与提高实践教学水平和层次具有一定的参考意义。本篇后附《企业管理建议书》，是上海财经大学浙江学院会计系教师以专业知识并以“管理建议书”方式将实践教学和应用型人才培养目标落到实处，主动对接当地社会经济的一种创新。管理建议书从企业财务管理问题，尤其是应收账款和预收款管理的问题、企业组织结构整合与税务管理咨询、精细化成本管理、财务与会计规范、规避财务风险的内控问题和企业发展战略问题六个方面进行了重点研究，并提出相关建议与措施。

第一章

上海财经大学浙江学院会计系校内实践教学

一、引言

2014 年初，我国教育部已经明确本科教育的改革方向是将全国普通本科高等院校1 200所学校中的 600 多所逐步向应用技术型大学转变，转型的大学本科院校刚好占高校总数的 50%左右。应用型本科，要求以体现时代精神和社会发展要求的人才观、质量观和教育观为先导，以在新的高等教育形势下构建满足和适应经济与社会发展需要的新的学科方向、专业结构、课程体系，更新教学内容、教学环节、教学方法和教学手段，全面提高教学水平，培养具有较强社会适应能力和竞争能力的高素质应用型人才。重在"应用"，要求各专业紧密结合地方特色，注重学生实践能力，培养应用型人才，其核心环节是实践教学。在此大背景下，上海财经大学浙江学院紧紧抓住转型机遇，加大对实践教学的重视程度，本篇以上海财经大学浙江学院会计系校内实践教学为例，围绕《基础会计》《成本会计》《ERP 沙盘模拟实训》和《审计实训》等课程的实践教学的具体实施过程展开讨论，在剖析现状和存在问题的基础上，明晰实践教学改革的基本框架，积极探索培养具有较强社会适应能力和竞争能力的高素质应用型人才的有效途径。

二、校内实践教学课程案例简介

目前，应用型本科院校的会计实验室大体有以下几种，见表 1—1。

表 1—1　　会计实验室分类

	按组织形式分		按实验内容分	
名称	手工模拟实验	电算化模拟实验	单项实验	综合实验
特点	一般结合有关专业课程特点和内容来开展，如基础会计实验、财务会计实验、成本会计实验，由教师提供相当数量的模拟经济业务，完成由填制和审核凭证开始到登记账簿、成本计算、对账结账、编制报表的整个会计核算工作	把手工模拟转为电脑模拟，掌握通用的会计核算软件的操作应用，如掌握用友财务软件、金蝶财务软件的操作	即对各专业课程中单一知识点的训练，一般采用分散训练的方法，将实验分散在日常授课中进行	是对学生综合运用所学专业知识能力的训练，一般采用集中训练的方法，集中在学生期末或者毕业前进行

上海财经大学浙江学院会计系目前共有相关实验室三个，分别是会计实验室、高仿真会计实验室、ERP 沙盘模拟实验室。主要功能也就体现在简单手工模拟、电算化模拟以及单项模拟和综合模拟几个方面。

（一）《基础会计》实践课程简介

学生在学完“会计凭证”“会计账簿”“财务会计报告”等部分内容后，就会安排他们在会计实验室进行各个项目的单项训练，既可以采用简单手工模拟的方法先让学生熟悉会计循环的各个步骤，也可以利用专门的实训软件进行单项训练。为此，会计系因地制宜开发了校本实验教材《基础会计实验课程指导书》，该教材从“基础书写训练”开始，经过“原始凭证的填制与审核”“记账凭证的填制”“登记账簿”“资产负债表和利润表的编制”“科目汇总表账务处理程序”到“会计档案归档保管”全过程的会计循环的训练。所采用的实训软件是厦门网中网软件有限公司的财会实训软件，该软件的主要特点是按会计教学课程章节预置实训内容，原始单据高度仿真、单据量大，完全模仿真实业务流程进行实训操作，教师能够按章节进行教学控制，能够控制学生能否查阅标准答案，可定义实训难度，可控制学生是否可以导出或打印实习结果。教师还能对学生的实训结果进行统计分析，能够自由选择统计课程或某些图标的实训结果，系统生成学生成绩分布的柱状图，可以查看学生实训详情。

（二）《成本会计》实践课程简介

会计系开发了校本实验教材《成本会计模拟实验》，将实践教学的内容设置成 7 个实验项目，分别为要素费用的归集和分配、辅助生产费用与制造费用的归集与分配、生产费用在完工产品和在产品之间的分配、产品成本计算的基本方法、产品成本计算的辅助方法、成本报表的编制与分析和综合实验。采用的实验方法也是每学完一个独立章节，完成对应的实验项目，最后安排一次综合实验。同时高仿真会计实验室也预置了厦门网中网软件有限公司的成本会计实训教学平台，充分利用该软件各种凭证的高度仿真，真实模拟实际成本会计业务处理过程的特点，让学生有机会熟悉各种凭证的填制，体验成本核算和控制的基本过程和方法。

（三）《审计》实践课程简介

审计工作实践是会计、审计理论的深化过程与会计、审计信息逻辑关系的直观表现，通过审计实践教学，将会计理论知识、审计理论及相关知识融会贯通，增强学生实践能力，进一步提高学生对审计知识的深化认识与全面理解，为参加社会实践和毕业参加工作做好准备。审计实验课内容安排见表1—2。

表1—2　审计实验项目列表

序号	实验项目名称	课时	项目性质（基础性、综合性、设计性或创新性）
1	审计业务约定书	1	基础性
2	审计计划	1	基础性
3	营业收入审计	2	综合性
4	应收账款审计	2	综合性
5	存货审计	2	综合性
6	应付账款审计	2	综合性
7	固定资产审计	2	综合性
8	职工薪酬审计	2	综合性
9	货币资金审计	1	综合性
10	审计报告	2	综合性

（四）《会计信息系统》实践课程简介

为了适应企业全面信息化管理和电子商务发展的需要，如何从各种业务信息中获取会计相关信息，加工处理会计信息是《会计信息系统》课程的教学目标。本课程的实践教学内容主要依托用友U8财务软件，分为总账管理系统、报表管理系统、薪资管理系统、固定资产管理系统、应收应付管理系统等几个模块的训练，使学生能够在基本原理的指导下，熟练应用软件，并能处理软件系统使用过程中出现的各种问题。

（五）《ERP 沙盘模拟实训》简介

《ERP 沙盘模拟实训》是世界 500 强企业中 80％的中高层管理人员经营管理培训的首选课程，同时它也以其全新的体验式教学理念而成为许多高校推崇的实践教学方法。ERP 沙盘以生产型企业为背景，让每个实训者分别扮演总经理、财务总监、采购总监、生产总监、营销总监等重要角色，身临企业实战场景，全真体验企业数年的经营管理过程，涉及筹资、投资、采购、生产、销售、财务成果核算等会计实训所需要掌握的大部分业务，在了解企业的整体运作的基础上进一步体会市场竞争的激烈性，感悟经营决策的真谛。

（六）《会计综合实训》课程简介

采用的是厦门网中网软件有限公司的财会实训软件，根据一家企业一个月的完整业务，完成如下内容实训：建账、日常经济业务处理、期末账项调整及相关事项处理、登记明细账簿及月结、登记科目汇总表、登记总账、编制会计报表、编制纳税申报表。会计系总体实践教学计划见表 1—3。

表 1—3　　会计系实践教学计划表

分类	课程名称	学时	学分	备注
实践教学必修课	ERP 沙盘模拟实训	16	0.5	其中：基础会计、成本会计、管理会计等课程的实践教学课时嵌入日常课堂教学中
	会计综合实训	32	1	
	审计实训	32	1	
	思想政治理论课社会实践	大一暑期	2	
	经济社会调研	大一暑期	1	
	暑期专业实习(1)	大二暑期	2	
	暑期专业实习(2)	大三暑期	2	
	毕业实习	大四	6	
	毕业论文(设计)	大四	4	
实践教学选修课	竞赛、技能	第 7 学期认证	4	
	科研实践、讲座	第 7 学期认证	2	
	志愿者服务、社团活动、社会工作	第 7 学期认证	2	
	创新创业实践	第 7 学期认证	2	

三、对本案例的分析评价与对策性建议

(一)实施以来取得的效果

会计系实践教学经过近八年的不断探索与完善,已经取得显著的成效,我们认为以下几个方面的特色是值得肯定的:

1. 不同阶段的实践教学时点安排合理,紧扣理论教学内容

在总体实践教学计划的安排中,既有嵌入日常课堂教学中的实践教学课时,如《基础会计》《成本会计》《管理会计》等课程,又有专门的实践教学必修课和实践教学选修课,见表 2—3。这样的时点安排,遵循了会计专业各门课程之间的内在逻辑关系,避免了"一刀切"把所有的实践教学都安排在最后一个学期,能取得较好的实践教学效果。

2. 注重会计专业技能训练,做到循序渐进

我们把实践教学的主要内容分成三个部分:第一部分是会计基本原理的理解、会计核算基本程序的运用、会计报表的编制和分析;第二部分是中级财务会计涵盖的不同经济业务内容的账务处理;第三部分是综合运用阶段,包括《会计信息系统》《会计综合实训》和《ERP 沙盘模拟实训》等。

(二)存在的主要问题

以上介绍的会计实践教学,无论是哪一种形式,都只是强化了会计专业技能的训练,解决了实际操作问题,而忽视了培养学生学习的主动性和运用职业判断能力创造性地分析问题和解决问题的能力,在职业道德的养成、沟通协调能力和团队合作精神的培养方面显得无能为力。

虽然会计系将 ERP 沙盘模拟训练引入会计实验室,目的就是为了拓展会计综合实验项目,在探索如何培养学生的专业胜任能力方面有了良好的开端,通过 ERP 沙盘模拟这种集角色扮演、情景模拟、师生互动为一体的训练方式,不仅能强化学生的专业知识,提高实际操作能力,而且能提高学生的非专业技能,在培养学生团队合作精神和战略全局意识、提高沟通协调能力方面都有显而易见的作用。但是,ERP 沙盘毕竟只是模拟,不可能完全体现现实中瞬息万变、错综复杂的全部事件。在具体实训的过程中,从会计专业实践的需要来看,有以下缺陷:

1. 缺乏与政府职能部门往来的业务设计

一家企业从开办到经营过程中的纳税环节,都需要与政府职能部门如工商行

政管理、税务部门打交道，ERP 沙盘模拟虽然有办理证照的环节，但是没有提供办理证照需要提交各种证明材料的实验设计，更为严重的缺陷是，把纳税环节省略了。增值税、所得税等税种的申报纳税工作是会计工作流程中密不可分的一部分。我们培养出来的学生不缺乏理论知识和如何记账、算账、报账方面的技能，却往往在纳税申报过程中面对申报表中有关项目如“进项税额转出额”如何填写时显得束手无策。而造成这种状况的主要原因就是没有实战演练的体会和经验。

2. 缺乏必要的辅助控制措施

在 ERP 沙盘模拟中，企业要经历战略规划、市场开拓、ISO 资格获取、购买设备、产品研发、申请贷款、订购材料、组织生产、销售产品、偿还贷款、设备转产等一系列的决策和行动，在具体执行过程中，由于缺乏必要的控制措施，造成一些人为差错，如：企业资金短缺时，动用沙盘上的固定资产折旧额；新产品研发不按期限，缩短时间；长期贷款，故意不还，不移动贷款期限；用倒挤的方法去轧平报表等。同时，由于 ERP 沙盘一般分为 10 个左右模拟公司，同时在一个实验场地运作，在各个公司决策讨论、开展广告竞单、材料下单与采购、银行贷款时过于嘈杂、拥挤，需要增加 1～2 名辅助教师在现场指导并充当供应商、客户、银行等外部机构的角色，造成教师资源浪费、课时浪费等现象。

四、改进 ERP 沙盘模拟实训，构建高仿真会计实验室的思考

基于以上的分析，我们认为有必要改进 ERP 沙盘模拟实训，整合现有的会计实验室的资源，构建高仿真会计实验室，既要加大硬件投入，又要完善软件配置，场景、情境与实务高度模拟（高仿真一体化模式）主要从以下两方面着手：

（一）建设实验室硬件环境

实验室硬件主要有：(1)计算机设备（包括网络设备、服务器）；(2)ERP 沙盘展台；(3)辅助设备和资料：通常有打印机、投影仪、实物展台；会计凭证、账簿报表，必要的耗材等；(4)模拟外部机构：主要有工商行政管理局、开户银行、税务局、审计部门、物流公司、供应商、客户等。

（二）建设实验室软件环境

实验室软件资源的建设和管理水平直接影响实验教学效果，软件环境主要包括如下几个方面：

1. 专业实验软件

会计电算化教学系统、ERP 电子沙盘系统、多媒体财务管理教学系统、电子报税系统、中级财务会计综合实训教学平台、审计软件等。

2. 实验教材和实验教学大纲

实验教材和实验教学大纲是专业实验室的核心，实验教材的编写必须体现鲜明的特色，能反映实验教学的改革和发展的思路。由教师设计业务，不仅包括企业筹集资金、供应、生产、销售等主要经济业务，而且应包括内部控制制度和会计制度的设计、职业道德的渗透。除了会计核算的业务外，还要涉及财务管理、税务会计、审计等方面的业务，体现新准则的变化，反映由于税制、金融体制、医疗住房等方面的改革而进行的新的会计处理方法。这是需要我们深入研究的课题之一。另外，还需要配备与实验内容相关的指导性资料，如实验规则和制度、实验总结等。

3. 实验教学人才

实验教学人才是专业实验室的灵魂，稳定的实验教学人才是专业实验得以顺利实施的保障。由于综合实验具有跨专业、学科交叉和相互渗透的特点，尤其需要既有扎实的专业理论知识，又有较强的实践操作能力的“双师型”人才，培养“双师型”教师的主要途径是靠校内教师下企业锻炼，专门培训，并取得相应的专业资格证书，或校外聘请具有专业职称的专门人才做兼职教师。

4. 实验教学质量评价

建立科学的学业评价体系对学生的学习效果进行衡量和价值判断，是提高课堂教学效果、促进教学目标实现的有力手段。会计系傅萌老师主持的浙江省教育厅课题“发展性评价在高校会计专业教学中的运用”，在如何构建适合会计专业特点的学生学业评价体系即发展性评价体系方面进行了有益的尝试。她提出从会计职业能力基础框架即专业胜任能力、知识技能、人际技能和组织技能、价值观和专业认同五方面来科学构建发展性评价指标体系，同样适用于会计系实验课程，建立多元化的评价主体结构，并采取定量与定性结合的方法和多样化的评价工具，开展多角度、全方位的评价。

此外，针对手工沙盘控制缺失需要增加辅助控制表，针对电子沙盘开发一套辅助教学信息系统也是很有必要的，广东商学院的刘强就提出了 ERP 沙盘辅助教学信息系统的设计思路，提供了三种选择方案：一是面对面的模拟，借用局域网络的信息辅助业务往来；二是网络游戏，完全基于网络的模拟运作和实时评估；三是方案一和方案二的结合，可支持校际之间、团队之间的模拟大赛。

（三）高仿真会计实验室的价值分析

1. 提供立体仿真的企业环境，从根本上解决目前会计专业实验与 ERP 沙盘模拟实训各自存在的难题

所谓立体仿真就是实验环境的仿真、实验内容的仿真和实训者角色仿真。实验环境仿真：实验室环境布置模仿企业内部和外部有关机构的真实场景，让学生有身临其境的感觉，能提高学生的学习兴趣和学习效果。实验内容仿真：模拟了一个企业完整的业务，特别是增加了会计制度设计和职业道德渗透的内容，更突出了业务设计的完整性与综合性，同时，为了体现会计账务处理既有核算的准确性又有会计选择上的主观判断性的特点，应当适当增加涉及职业判断的会计事项。实训者角色仿真：会计核算过程中的分岗位训练和 ERP 沙盘模拟实训中的不同角色扮演，都能使学生感受到内部控制的基本理念，强化了沟通协调和团队合作意识。通过 ERP 沙盘模拟和会计模拟的有效融合，实现了教学方式和教学内容上的创新，给学生提供了自主创新的环境和体验，在培养学生的创新意识、创新思维和创新能力方面具有不可忽视的作用。

2. 创新实验教学方法，促进实验教学队伍建设

传统的实验教学方法沿袭了理论教学中的讲授法，以教师"照本宣科"式的讲授为主，已然不能适应会计实验教学改革创新的要求，必须采用启发式的讨论讲授法、研究讲授法，引入 ERP 模拟沙盘就是一种创新，ERP 模拟沙盘以其情景模拟、角色扮演、师生互动等形式给我们展示了体验式教学方法的独特魅力。

长期以来，高校"重理论，轻实践"，把实验教学作为理论教学的辅助和补充，实验教学队伍的建设成了各高校最薄弱的环节，实验教学人员地位相对较低。除此之外，实验教学人员本身的知识结构不合理，造成总体素质不高。实施会计实验创新教育，要求教学人员不仅具备扎实的专业理论基础知识和熟练的会计操作技术，还要具备相关学科的知识。在当今科技整体化发展的趋势下，文理渗透、学科交叉已成常态，实验教学方法的创新必然促进教师拓宽学科视野，自觉捕捉学科交叉的方向和方法，不断完善自身的知识结构，提升专业素质，有利于高校实验教学队伍的建设。

3. 实现实验室资源的开放与共享，提高办学效益

无论是硬件设备的购置，还是软件资源的开发或购入都需要大量的资金投入。

原有的实验室各自为阵，追求小而全，存在重复购置设备、使用效率不高的现象。一方面通过对现有的会计实验室资源和 ERP 沙盘模拟实训的整合，优化配置与布局，可以减少重复投资，促进跨学院、跨专业设备开放和共用，实现资源共享，提高实验室的利用效率。另一方面，还可以借助实验室平台建立会计实践基地，为后勤集团提供会计专业服务；或者寻求外部合作联盟（如金蝶、用友、IBM 等）开展合作，外接培训项目，为社会集团、企业举办 ERP、电子商务等会计知识培训。通过对外提供会计专业服务、开放实验室，可以解决实验室的部分经费来源，社会会计人士也会给学校会计专业引入大量的实践经验，达到合作双方的共赢。

第二章

上海财经大学浙江学院会计系校外实践教学

一、引言

应用型本科财经院校是我国财经类专业人才的重要培养场所，在实际的人才培养过程中，应用型本科财经院校综合了精英教育和大众化教育两方面的特点，主要以培养应用型本科人才为己任，即通过交叉复合，培养迁移与转换能力，加强实践实验教学，提高实际应用能力的要求，使毕业生成为具有较强的职业技能，同时具备社会主义市场经济适应能力和竞争能力，还兼具创新精神和实践能力的应用型人才。

应用型本科财经院校开展实践教学，仅仅依靠校内模拟生产服务场所或借助模拟软件进行实践活动是远远不够的，更需要校内外协同作用，为学生提供更多在生产服务一线岗位实践的机会，让他们接触到完整的实践环境。校外实践教学并不是简单意义上的让学生从事经济业务实际操作，而是指导学生在实践中将理论与实践相结合，运用经济理论解决实际问题，把实际经济问题上升到理论进行分析归纳。探索校外实践教学体系，既是教学空间上的扩展，也是教学内容上的丰满；对院系而言，这可以有效弥补校内实践教学资源不足的局限；对学生而言，这可以提供一个检验理论知识掌握程度、提升实操技能的机会。

二、校外实践教学案例简介

为落实上海财经大学浙江学院建设应用型本科建设目标，保证实践教学的顺利开展，会计系探索财会专业实践教学与职业选择相结合的新思路，逐步建立了内容多元、持续时间长、收获实效好的校外实践教学体系。实践教学体系的背后，有赖于得到了一批具有较高专业水准的实践单位的支持，可以提供场地、师资、专业指导等诸多方面的资源。

（一）校外实践教学总体情况

校外实践教学开展时间并不算长，但发展比较迅速，以下从实践类别、组织形式、指导形式、过程监控、总结评价五个方面对校外实践教学开展情况进行介绍。

1. 实践类别

根据实践内容的不同，校外实践教学主要分为三大类：第一类是专题调研，主要在暑期过程中开展，目的在于帮助学生掌握调查研究的方式方法并促进学生关注社会民生，涉及专题范围广且多是一些当代社会热点问题，比如五水共治、留守儿童等；第二类是基地实习，主要在大四阶段开展，目的在于巩固学生的理论知识并提升其实操动手能力，实习场所相对固定，多为学校合作的实践教学基地，实习内容与专业相关度较大，是对课堂理论教学的有益补充；第三类是其他类型的实践，如志愿者服务、公益行动等，主要在学期进行中开展，目的在于唤醒学生作为社会主人翁的责任感与使命感，具体内容将在下一篇中详细介绍。

2. 组织形式

校外实践教学的组织以会计系统一组织为主，学生自发组织为辅。

统一组织的实践活动，通常会在考虑专业特色匹配度的基础上，根据生源区域、学生意愿等因素进行安排，实践活动也是在与会计系各专业紧密相关的企业开展；或者根据调研专题，选拔一些合适的学生参与实践活动。实践开展前，通常会组织学习会计实务，内容包括资深审计师讲解审计基本流程、审计实务案例分析、职场技能分享等，最大程度地帮助学生树立正确的职业观，了解会计实务工作，提升实操技能水平。实践过程中，会有导师对其活动进行指导。

自发组织的实践活动，以学生的兴趣为出发点，通常以小组为单位开展，实践活动场所也不局限于会计师事务所等专业相关度较高的企业，实践过程中也没有专门的教师进行指导。

3. 指导形式

对于会计系统一组织的校外实践教学，我们会根据不同的实践类型选择不同的指导形式，主要有两种：一是一对多的带队制，主要是针对统一组织的实践活动，由 1～2 名教师带队，负责实践活动的沟通、组织、指导、总结等；二是一对一的导师制，主要针对分散的实践活动，导师负责监控实践活动的过程，保障实践活动质量以及学生安全等。

4. 过程监控

过程监控是以往校外实践教学中较为薄弱的环节，为此，我们从三个方面对实践活动的过程加强了管理。首先是平台监控，自 2016 年起，学校引进了实践教学管理平台，通过定位签到、上传图片、提交周日志以及实习报告等，加强了对实践过程情况的掌握。其次是导师监控，每位学生会配备相应的指导老师，负责对学生实习情况进行定期了解，通过对周日志、实习报告的审核来掌握学生实习细节并予以必要的指导；每个实习点，则会指定带队老师，带队教师负责定期与实践合作方进行沟通，将工作经验或普遍性问题反馈给学生，协助实习单位促进学生提高。最后，材料监控，在实习结束阶段，会通过学生提交的书面材料，企业导师评语以及企业评语，加盖单位公章，来监督学生是否确实参加了实践以及企业对实习情况的反馈。

5. 总结评价

实践教学活动结束后，我们通过问卷调查、学生座谈、企业走访等途径，对实践教学的开展情况进行总结反馈。

(1)问卷调查。以下为 2017 届毕业生参与实践教学的问卷情况。问卷围绕实践教学的基本指标、学生满意度、校内外导师指导情况等几个维度展开，分为单选题、多选题两部分，此次共发放 130 份，回收有效问卷 112 份。对于学校统一安排学生进入实践岗位提升实践能力，76％的学生是赞同学校提供这种机会，同时88％的学生要求实践岗位可以符合专业所学；出于提升个人专业技能(83％)、增加行业了解(86％)、增强人际交往能力(59％)等原因，学生对实践教学开展的时间需求普遍较长，近 50％的人希望可以安排 2 个月，18％左右的人希望控制在 1 个月，30％左右的人则希望安排 3 个月或更久；对此次实践教学，62％是持肯定看法的，70％对实践所安排的岗位、单位、区域满意；对于校内与校外导师的指导，半数以上学生认为校内导师的帮助集中在提供理论指导、帮助沟通联络、给予精神支持等方面，校外导师的帮助主要集中在提供岗位指导、提升实践技能、协调人际关系等；学生通过实践教学，收获最大的分别是职业规划更为清晰(52％)、结识同行(49％)、综合素质明显提高(44％)；遇到的困难则集中在实操技能欠缺(74％)、专业知识薄弱(68％)、时间平衡问题(18％)等；实践结束后，学生获得录用机会的比例达到 30％。

(2)学生座谈。座谈会主要收集学生对事务所的一些意见和反馈，一方面可以进一步了解学生需求，另一方面可以更好地推动实践教学基地建设并提升实践教学质量。

(3)企业走访。走访的主要目的在于实地了解学生实践教学过程中的表现以及主要问题，同时加强与实践基地的互动和联系，实现校内外实践教学的相互支持与配合。

(二)校外实践教学基地建设情况

在开展实践教学的过程中，实践教学基地充当了一线岗位的提供者，也充当了实践教学的实施者。实践教学基地的建设管理水平，直接影响着实践教学开展的质量，进而影响着培养目标的实现。建设一批高质量的实践教学基地，是培养高层次应用型人才的有利条件，也是应用型本科院校发展的有力保障。

会计系目前合作并开展实践教学的企业已达二十余家，企业名称、实习人数、学生工作岗位、实习主要内容等情况汇总如表 2—1 所示。

表 2—1　　会计系实践教学合作企业

序号	企业名称	地区	接收人数			实践岗位	工作内容
			11 级	12 级	13 级		
1	月星集团		—	3	6	财会助理	整理会计信息，凭证等材料数据录入以及做出基本的会计报告
2	众华会计师事务所	上海	—	6	20	审计助理	抽凭、银行勾兑；审计底稿归档、盘点；整理档案等
3	众华沪银会计师事务所		6	—	—		
4	为众永光会计师事务所		14	—	—		
5	立信会计师事务所		—	21	—		
6	华中会计师事务所		—	6	—		
7	申威会计师事务所		—	9	3		
8	明宇会计师事务所		—	—	3		
9	沪中会计师事务所		—	—	2		
10	求是会计师事务所		—	—	6		
11	大华会计师事务所	杭州	23	20	15		
12	中汇会计师事务所		—	4	3		
13	致同会计师事务所		—	—	6 杭州＋7 温州		
14	浙江同方会计师事务所		2	—	—		
15	浙江南方会计师事务所		4	—	—		
16	天宇会计师事务所		2	—	—		
17	中天运会计师事务所		—	—	3		

续表

序号	企业名称	地区	接收人数			实践岗位	工作内容
			11级	12级	13级		
18	宁波世民所	宁波	3	—	—		
19	宁波三江所		3	9	—		
20	中健会计师事务所	金华	10	7	21		
21	君安会计师事务所		3	—	—		
22	浙江至诚会计师事务所		1	—	—		

目前,会计系已与浙江中健会计师事务所签订校外实践教学基地,下面对基地建设做进一步介绍。

1. 中健简介

中健成立于 2002 年 6 月,现有执业人员 90 多人,其中:本科及以上学历占 90%以上,具有高级专业职称 13 人,中级专业职称 30 多人。拥有注册会计师 34 名、资产评估师 10 名、税务师 9 名。2012～2015 年连续四年位列浙江省 300 多家会计师事务所综合评价前 50 强。

中健除注册会计师审计业务外,有资产评估、税务代理和咨询、工程审价、财经培训等非审计业务,系一家综合性中介专业服务机构。拥有审计司法鉴定资格、省科技厅高新技术企业专项审计资质、省财政厅绩效评价审计资格、省财政厅行政事业单位、金华中院破产管理人资格等;依法办理审计、验资、税务代理、评估、会计咨询等业务。能为政府部门、国有企事业单位、各类公司和企业(含外资企业)、社会团体等提供会计、审计、税务、评估、咨询、专业培训等多层次全方位的专业服务。服务范围立足金华,遍及全国。

中健设主任会计师、副主任会计师(2 名)、质量控制部门、综合办公室、各业务部门等机构,制定了聘用制度、培训制度、质量控制制度、业务操作流程、商业秘密保护制度、员工社会保险及福利制度、劳动纪律制度、业务档案管理制度等十多项制度,保证事务所各项业务有章可依并正常运转。

2. 实践教学过程

会计系自 2014 年起,根据重点(特色)专业建设要求,在会计学(注册会计)专业首创“企业实训计划”,组织学生进入一线岗位进行实践学习,采取校内导师“论文+实践”并举模式,要求实践学习内容融入毕业论文。2015 年又增加了会计学(国际会计 ACCA)专业,至今,有组织地实施该计划已有三届。

实践教学主要形式是学生进入事务所实习，每次到中健参与实习的学生人数大约为20人。实习正式开始前，我们在考虑专业特色匹配度的基础上，根据生源区域、学生意愿等因素，筛选部分学生进入中健学习，确保最终的留用率。实习安排在大四学年第一学期的最后六周。根据会计师事务所工作性质，每年年末是工作最为繁忙的阶段，学生在这一阶段上岗实习，既能够帮助缓解事务所人手紧张的状况，也为其争取到了尽可能多的锻炼机会。此外，会计系组织了实习动员大会以及多次会计实务讲座，内容包括资深审计师讲解审计基本流程、审计实务案例分析、职场技能分享等，最大程度地帮助学生树立正确的职业观，了解会计实务工作，提升实操技能水平。每个实践点均会安排一名专任教师与一名辅导员完成带队工作，专任教师主要帮助解决实践过程中的专业问题，辅导员则协助完成组织纪律约束、安全教育、突发事件处理等，秉持对学生高度负责的态度和对专业追求完美的宗旨。

学生主要围绕中小企业财务会计流程、会计师事务所审计流程等方面展开实习。具体内容包括：接受岗位培训，学习查阅及装订财会相关资料，学习存货盘点，熟悉审计工作流程[预审(检查报表、凭证整理及测试、核对发票、编制审计工作底稿、出审计报告]，学习审计软件操作，熟悉会计做账流程(整理原始凭证、登入记账凭证、登入总账等)，同时还协助完成一些行政性事务。此外，学生还拥有诸多外勤锻炼机会，至少可以全程跟踪1个审计项目。通过事务所集体培训、企业导师一对一指导、校内导师带队等途径，学生的各方面素质均有较大提升，最终留用率较高。

三、对本案例的分析与对策性建议

与中健合作两年以来，实践教学开展逐年规范，也越来越离不开实践基地的积极配合和支持，取得良好成效的同时，也存在诸多需要继续改进的地方。

(一)取得的成效

在与中健合作的过程中，建设实践教学基地的积极影响逐渐凸显，校企双方都取得了良好的收效。

1. 院校方的积极成效

对于高校方面而言，实践教学基地不仅仅拓展了高校的实践场所，更是弥补了高校实践场所数量不足、资金投入有限、软硬件设备更新慢等短板；丰富了高校的实践教学资源，尤其是对实践教学师资的人力资源补充；提供了高校向外输送人才的渠道，也为高校服务地方搭建了很好的平台。

对于校内教师而言，教师透过教学实践基地建设这一契机，也是收获颇丰。一方面，教师作为校内指导教师，在跟踪学生实践的过程中，可以了解相关岗位的工作情况及职业前沿动态，掌握一些岗位对应用型人才培养的要求，同时看到学生表现与社会要求的差距，借此积极帮助学生补齐短板，并推动实践教学改革以及培养计划的修订完善。另一方面，教师作为校企之间的纽带，通过具体事务的沟通，为其收集课程教学案例提供了便利，可以进一步充实课堂教学；此外，教师自身也得到一定程度的锻炼，发现个人不足，增长个人才干。

当然，其中学生是这一过程中最大的受益者。

其一，专业水平大幅提升。在事务所看到各类实实在在的凭证、报表，对不同企业的财务状况进行核算、盘点，参与审计项目的全过程，学习 Excel、eCPA 等财务软件的操作，将原来书本上概念性、抽象性的知识全部实体化、具体化，既锻炼了学生的实务操作能力，更强化了理论知识的巩固，是一个实践反哺理论的过程。例如，学生反馈实习中有向银行发询证函的经历，课堂学习中存在对各个账户之间联系以及理解都较为模糊的问题，在实习中各个账户的概念就瞬间清晰了。

其二，职业规划更加合理。学生通过对事务所的机构构成、主要工作职责以及诸多企业财务工作状况等进行了解，能够帮助他们真实地了解行业特点，调整自身来适应企业需求；通过完成实习工作任务、领导同事的反馈等，能够促进他们客观地认知自身特性，准确定位个人价值。学生通过亲身经历，可以避免在择业当中出现的高不成低不就、眼高手低、盲目就业等现象，可以树立相对合理、客观的择业观和职业观。

其三，综合素质明显提高。走上实践岗位意味着每个人都是独立的成年人，需要面对复杂的问题以及残酷的竞争，所以事务所的实践对学生独立解决问题能力、人际沟通能力、团队协作能力、职业素质养成都有明显的促进作用。例如，学生在碰到问题时，会学着主动思考解决办法，而后去书本上或者网络上寻找解决办法，再向导师、同事或者同学寻求帮助，而非坐等答案。

其四，人格品质得到锤炼。财会岗位工作复杂，需要面对繁杂的票据以及枯燥的数据，要求学生做事认真细致；事务所工作忙碌，外勤奔波辛苦，锻炼了学生吃苦耐劳的品质，也提高了抗压能力；很多能力并不是一朝一夕就可以练成的，比如怎么快速有效地抽查凭证、怎么准确全面地盘点，所以需要学生坚持不懈、勤学多问。

2. 基地方的积极成效

对于实践教学基地方面而言，虽然配合高校完成应用型人才培养的任务需要投入一定的人力物力，短期内无法获得直接的经济利益，但着眼于长远，积极作用还是显而易见的。

首先，实习人员的加入，补充了各岗位的人力资源，可以在一定程度上缓解工作紧张局面，也可以取得一些来自于教师的智力支持与技术服务。其次，学院为基地优先推荐优秀毕业生，为基地挖掘出色人才提供了便利条件并节约了其用人筛选的成本，有利于企业补充新鲜血液，保持企业活力。再次，学校为基地人员搭建了提升理论素养、进修学习的平台，可为其开展职后教育提供师资、素材、研究成果、场所等资源。最后，与高校合作，是完成了基地作为社会一员所应尽的社会服务职责，可为其赢得良好的社会口碑，提高社会知名度，进而获得一定的经济效益。

(二)不足之处与存在的问题

在基地建设过程中也发现了一些问题，亟须解决。一是学院对实习生管理不到位，学院一无制度，二无人力，多数管理局限于电话或网络沟通，极少前往基地进行了解，没有充分掌握学生在实践过程中的工作思想动态。二是校内导师无法有效指导，校内导师大多是从学校毕业后直接进入高校工作，并没有真正的实践岗位知识和实际操作技能，对学生实践内容不了解，指导学生更是无从谈起。三是基地资源开发不足，基地目前的角色定位就是学生实践的练习场和未来就业的预备岗，在学院内的学生培养、教师培养、课程建设等各个方面并未汲取其所长。四是学校的社会服务功能未得到充分发挥，学校的两大主体是教师与学生，学生接触多，但是教师接触有限，而且限定在几个负责联络人上，校企的横向课题很少，相互反馈机制不健全。

四、强化校外实践教学建设的思考

我们将在丰富合作形式、深化合作程度、扩大合作影响力等方面进一步推动校外实践教学基地的建设，以期最大程度地实现实践教学基地对应用型本科建设以及企业发展的积极影响，为校企双方创造更广阔的发展前景。

(一)加强优质实践教学基地建设

实践教学基地是校外实践教学开展的重要依托，是学校联系社会、充分利用社会资源办学的重要纽带，优质的实践教学基地可以提供更为专业的指导，给学生搭建更高的起点。

1. 选择优质企业建设基地

衡量一家企业是否适合作为实践教学基地，至少要考虑两点：一是企业应是地方行业中先进的、有代表性的企业，兼顾地域优势。应用型本科建设的办学定位是服务于地方经济发展，为地方经济培养人才，先进的、有代表性的企业能够更好地体现实践教学的经济价值、提升实践教学的影响力。二是企业有开展实践教学的意愿和足够的人力。实践教学并不是光喊口号就可以做好的，需要企业对这一工作有充分的认识和足够的重视，并需要投入相应的人力，保障实践教学工作顺利开展、学生得到充分锻炼和指导。

2. 适当增加基地数量

实践教学活动是全面铺开后，学生人数众多，必然需要一定量的基地才能提供足够多的实践机会；此外，不同的企业必然有不一样的优势，同行业也是需要有比较才更能凸显优秀。所以，在考虑学生人数的基础上，适当增加基地数量，在建设过程中继续优中选优，才能精益求精。

3. 构建良性合作机制

院校方必须秉持"互惠共赢"的理念，为学生、教师、教学考虑的同时，切实考虑实践基地的合理诉求，共同确定合作方式以及实践教学基地建设目标；学校需着力构建良性的合作机制，企业需根据学校要求配备实践教学开展的设备、场地、技术、服务、人员等，学校则应为企业提供参与培养方案制订、课程设计、师资建设、科研培训等全过程、多层次的合作机会；学校需提供必要的人员、资金、制度等保障，明确专门人员负责企业对接合作事宜，学校、地方以及国家等多渠道支持实践基地建设的资金需求或建立专项经费，国家或地方政府可以制定相应制度鼓励企业参与并支持高校实践教学或给予热心企业相应的政策倾斜。

(二)提升师资队伍整体实践能力

目前，实践教学的师资队伍仍处于严重不足的阶段，他们往往具有高学历却缺少专业实践经验，院校也未将教师的实践经历列入准入及考核机制中，院校与企业之间的合作互动也流于形式，人才培养远远落后于社会人才结构变化以及人才市场需求，究其原因，与高校教师来源、考评体系、培养理念与方式等有关系。本研究认为，师资队伍整体实践能力可以从以下几方面进行提升：

1. 挖掘校内导师资源，为其提升实践教学能力提供平台

校内导师是校外实践教学开展以及维系实践基地可持续性发展的重要纽带，根据应用型本科建设的要求，校内导师需不断提升专业应用和实践能力、主动服务地方经济社会发展的能力。所以，要组织教师赴企事业单位实践进修，充分利用所学知识和业务专长，积极参与实践进修单位的生产、经营、管理及技术研发活动；熟悉相关岗位的工作规范和业务流程，了解社会对应用型人才培养的需求，收集课程教学案例；联系落实并指导学生在进修单位的专业实习；为实践进修单位提供智力支持与技术服务。

2. 丰富师资队伍构成，充分提高基地资源利用率

高校教师普遍属于“从学校到学校”的情况，往往缺少实践教学的经验，我们可以通过从合作基地引进专业人员来改善实践师资欠缺的问题。行业专业人员或一线职工参与实践教学的形式可以有很多种，比如参与专业培养方案和教学计划的制订、参与学校教学过程并监督教学质量、参与实践教学的考核等。当然，将专业人员纳入师资队伍，需要设定一定的遴选标准，首先需要考虑的应当是其专业技术水平，其次才是一些特质是否符合教师要求。

（三）搭建平台培养学生综合能力

通过校外实践教学反馈的情况来看，部分学生存在学习能力弱、工作主动性不足、团队意识欠缺、纪律意识淡薄、工作态度散漫、商务礼仪欠缺等问题。随着学历教育的普及，财会专门人才的数量逐渐由原来的紧缺状态转变为供过于求的局面，较强的综合能力能够有效提升学生的竞争力。

课堂是培养学生综合能力的第一平台，除了要重视专业知识的传授以外，同样要重视学生自主学习、团队合作等能力，通过开设多元化的选修课、完成小组作业、开展课程调研等途径，帮助学生强化学习的主动性、合作的积极性以及守纪的自觉性等方面。除了课堂这一平台以外，学校更需要借助学术讲座、文体活动、专业技能竞赛等学生乐于参与的平台，提供实务操作、职业规划、商务礼仪、人际交往等各个方面的知识和锻炼机会，引导学生注重实践、主动创新、积极进取并不断提升个人综合能力。

（四）理顺校内外实践体系的对接

根据实践教学开展场所来分，实践教学体系由校内实践教学和校外实践教学组成。校内实践是校外实践顺利开展的前提条件，校内实践教学内容的设计科学

与否直接影响到校外实践教学效果。

第一,在设计校内实践教学体系时,要体现实践的层次性和目的性,既包括专业理论验证实验,又包括专业技能训练实验,还包括专业理论运用实验及相关知识综合运用实验。

第二,需要进一步根据岗位的要求来完善综合实践课程,比如开设会计分岗仿真实习课程、会计书写技能与档案管理及归档技能课程、成本会计核算与手工操作实验课程、计算器的使用与翻打传票、ERP沙盘模拟等课程,使得这些应用型课程直接与校外实践教学对接。

(五)制订校外实践教学考核评价体系

目前,校外实践教学体系仍处于建立之初,各项管理制度尚不完善,以至于实践教学体系、教学质量、教学基地、开展效果等都无法进行考察。建立考核评价体系是保证校外实践教学质量的重要手段,有利于加强教学管理,有利于加快应用型本科建设。

制订考评体系是一项系统工作,由谁制订、从哪些方面进行考核、衡量标准是什么、由谁参与考核等具体问题都值得深入研究和探讨。笔者认为,制订考评体系需要遵循一定的原则:一是差异性原则。在制订考核方案之初,需广泛征集各方意见,不同立场必然产生不同视角。在执行过程中,学生、教师、企业都是被考核的主体,针对不同的主体需设计不同的考核方案;对同一主体进行考核的人员应该是多样的,能够更加客观地反映情况。二是实时性原则。实践教学的最终目的是让学生更快适应社会、更好服务岗位,考评体系则应根据社会、行业对从业人员的要求变化进行实时调整,及时纳入到考核体系中。三是全过程原则。从实践教学开始前、进行中、结束时等每个阶段的工作开展考核,同时明确主体责任。

参考文献:

[1]于玉林. 会计实验学[M]. 北京:经济科学出版社,2004.

[2]于玉林. 会计实验教学的新进程——会计实验创新教育的再探讨[J]. 会计之友,2011(4).

[3]郑述招,范路桥等. ERP沙盘模拟平台缺陷分析及二次开发[J]. 财会月刊,2014(10).

[4]田祥宇. 发散式实践教学基地建设模式探讨[J]. 高等财经教育研究,2016(6):76—80.

[5]叶茜茜. 借鉴国外经验加强实践教学基地建设研究[J]. 宁夏大学学报,2011(5):180—184.

[6]李辛沫. 长效合作与深度融合的大学生校外实践基地建设[J]. 教育观察,2017(2):61—63.

附录

企业管理建议书

——基于浙江山山家食品有限公司的研究

上海财经大学浙江学院
2017 年 3 月

目　录

第一章　企业财务管理问题

——基于应收账款和预收款

【研究背景与内容摘要】

企业财务管理是指对企业的财务活动进行有效组织，正确处理内外部各项财务关系，运用有效的财务决策和控制方法，提高企业整体经营管理水平和整体价值的一项经济管理工作。只要企业有资金活动，就必然有财务管理活动，但是因企业性质和行业特点不同，决定了实际的财务管理目标和模式的差异性。为此，本章以财务管理内容为基础，针对食品业产品流转和资金管理特点，对应收账款和预收款管理现状进行了重点分析，提出了相应的建议和应该采取的措施。

【正文】

第一部分　食品业财务管理的基本内容与要求

一、食品业产品流转特点与资金管理特点

食品具有使用时效较短、流转速度较快、价值不高、易于消耗等特点。其消费者分布广、购买频率高、购买持续时间长，购买的多是消费者的生活必需品。

（一）食品业产品流转特点

1. 周转周期短

由于食品属于易耗品，流转速度快，消耗量大，消费者购买频率高，因此产品的周转周期短。所以引导消费者购买有助于加快产品的周转周期，实现企业产品销售量的快速提升。

2. 保鲜期限短，购买便利

由于食品的流转速度快，产品在制作时对产品的保鲜要求也较高，一般从生产到消费只有一个较短的保质期，因此对分销速度要求很高。

3. 品牌忠诚度不高

食品的替代品很多，消费者很容易在同类产品中转换不同的品牌，而且消费者在购买时很容易受到产品外观的影响，同时购买呈现多次、小批量的特点。这些特征决定了消费者对食品的购买习惯是：简单、迅速、冲动、感性。

4. 市场竞争半径扩大化

由单纯的价格竞争、产品质量的竞争，发展到产品与企业品牌的竞争、文化品位的竞争。由单店竞争、单一业态竞争，发展到多业态、连锁化、集团化、大规模的竞争。发展半径扩大化，竞争趋势从区域化向全国化、全球化发展。

（二）食品业资金运营管理的特点

资金运营管理是指企业在经营活动中对资金筹集、资金运用、资金调动等资金运营活动进行的系统化管理。资金运营管理的目标是优化企业资金资源配置，提高资金使用效率，保证企业生产经营顺利进行，提高企业经营实力。食品企业资金运营管理能力的不足会直接影响企业的经营发展，导致企业缺乏竞争力。只有加强食品企业的资金运营管理，保证企业资金有效运营，才能提升食品企业竞争力，促进企业健康可持续发展。食品业资金运营管理的特点概括如下：

1. 资金流转周期长

对食品企业来说，在生产经营中常常需要购买大量原材料，因为食品产品通常具有一定时间的保质期，当食品企业的产品积压过多或食品过期很快的时候，企业的资金被大量占用，企业会面临资金短缺的困境，正常生产经营会出现问题。此外，在企业的正常交易活动中，客户一般先赊账购买产品，等产品全部销售后，再给企业货款，或者是没有销售完的产品退回给企业，延长了企业资金的回收周期。

2. 应收账款数额多

在激烈的市场竞争中，企业要想增加销售量，提高经营利润，必须采取各种手段进行促销，减少产品积压，提高产品的市场占有率。为了达到销售的目的，企业会采取赊销的方式促进产品销售，企业应收账款比例较高，影响了企业的资金运转，降低了企业的经营利润。

3. 资金分散占用

很多食品企业采用连锁经营的方式，在资金运营管理中，存在企业资金集中管理与内部多级法人资金分散占用的矛盾。中小型企业内部缺乏对资金信息的完整掌握，导致多开户头、资金失控、沉淀严重、资金架构不完善的现象普遍存在，导致财务费用有增无减，进而致使企业的资金收益较低。有些中小型企业依靠传统的上报财务报表和口头汇报方式反映企业资金运营情况和财务状况，容易导致相关信息失真。此外，部分食品企业缺乏统一的资金管理系统，致使企业内部资金使用不合理，造成资源浪费，进而导致资金运营效率低下，加大了企业资金运营风险。

4. 防范财务风险意识薄弱

食品行业比较有名的中国外资企业有卡夫、雀巢等公司，这些公司的产品在国内市场上具有较大的竞争力，其财务管理制度非常严格，财务管理意识非常强，从领导者到执行者，都将财务管理看成整个公司经营管理中的重要组成部分。部分食品企业规模较小，资金流动量小，企业财务管理人员素质较低，专业知识欠缺。部分食品企业的权利比较集中，致使财务管理高度集中，企业防范财务风险意识不强，管理者不能对企业的财务管理活动进行有效监督，导致企业财务管理工作存在漏洞，加大了财务风险发生的可能性。

5. 财务管理监督力度不够

在部分食品企业的财务管理中，没有规范的会计核算方法，不能运用现代化设备进行财务预算和核算、审计，无法适应企业规模扩大的发展需要。企业对财务管理工作缺乏必要的监督和管理，导致财务报表不能准确地反映企业运营状况，对企业的经营管理决策造成不利影响，影响企业目标的实现。企业应成立专门的财务监督小组，独立于企业其他部门，对企业的财务管理工作实行有效监督，减少财务管理漏洞，对形成良好的财务管理机制提供有力支持，促进企业财务管理水平的提高。

6. 资金预算缺乏科学性

做好资金预算管理能使企业明确目标，确保科学、合理地使用资金，防范经营风险，提高市场竞争力。然而，目前大多数食品企业没有单独编制资金预算计划，一些企业虽然编制了资金预算计划，但将资金预算计划和企业经营预算计划混在一起，造成资金预算与理论脱节，资金预算没有科学的支撑依据，不能发挥资金预算对企业经营活动的约束作用，从而使资金预算流于形式。还有些食品企业的资金预算编制手段、方法和流程比较落后，许多环节凭经验、感觉进行决策，且没有对企业未来的经济活动进行评估，导致预算指标缺乏客观性，进而使企业在资金运营过程中经常出现高耗资、低效益的现象，对食品企业的健康发展产生负面影响。

二、一般食品业连锁经营企业资金运行管理存在的问题

现阶段，在食品行业中，尤其烘焙企业多采取连锁经营的方式。连锁企业的门

店分散且众多、资金流线多，企业的经营效益与货币的有效管理密不可分。作为企业生产销售以及管理投资的必要元素和最基本元素，它反映了企业的生存能力、流动性及财务弹性。资金是一种最基本且具有稀缺性的要素，企业因其组织结构的多主体性、多层次性，业务布局的分散性和运营活动的复杂性，资金管理显得尤为重要。据我们了解，一般食品业连锁经营企业资金运行管理存在的问题有以下几个方面。

（一）总部对于连锁企业的监控力度不足

目前很多连锁企业的规模逐渐扩大，直营店逐渐增多，所以出现了总公司与连锁企业间的监控不到位的问题，总部不能及时有效地掌握各个分店的资金流动、周转情况，这样不便于总部做出宏观的资金调配，使得资金的反映情况出现滞后，使得整个企业的财务情况不明确。

（二）财务信息不透明

由于连锁企业的分布具有分散性，各个连锁企业的经营状况和资金运转情况不同，当总部没有科学的手段和途径了解分店的各种信息，就不能保证分店所提供的财务信息和资料的真实性，不利于整个企业进行风险控制、安全运行和进行科学决策。

（三）资金分散，使用效率不高

总部的作用是对各个连锁企业进行资金集中管理，但这一理念与各个连锁店的资金分散的现状形成了矛盾。一是因为分店多头开户的现象比较常见，这样不利于管理。二是资金的沉淀比较严重，流动资金被占用，使得资金的周转率变慢，不利于企业用闲散资金进行再投资、再生产。更严重的是影响整个企业资金链的顺利周转，有可能导致资金链断裂的风险，使得企业的活力下降。

（四）预算管理体制不健全

连锁企业的特征是统一经营、统一管理，总部对于所有连锁店都有整体的预算，但执行预算的各级人员对预算的措施不明确，从上到下的信息传达可能会失效，很大程度上可能是预算的方案没有同实际的情况相结合，只是机械地执行总部的预算管理制度，很可能使得企业的预算管理体制流于形式，只是停留在形式上的预算。

（五）各个分店提供的财务信息不及时，规范性差，差错率较大

对货币资金进行一整套控制的依据来自各个连锁店能够提供准确、及时、完整

的会计信息及数据，这是总部掌握整体资料的基础，但是很多从业人员的素质相对较低，对操作标准的理解还不能达到总部要求的程度，执行速度较慢，完整性较差，导致财务信息不及时不规范，会存在差池。而当财务人员去核对数据时，需要花费很多时间，这将为有效管理货币资金增加难度，浪费时间和精力。

三、应收账款与预收账款的管理要求

（一）应收账款

根据《企业会计准则第22号——金融工具确认和计量》中对应收账款的定义，应收账款是指企业在正常的经营过程中因销售商品、产品、提供劳务等业务，应向购买单位收取的款项，包括应由购买单位或接受劳务单位负担的税金、代购买方垫付的各种运杂费等。应收账款表示企业在销售过程中被购买单位所占用的资金。应收账款是资产类账户，借方资金的所有权虽属于已经提供了货物或劳务的公司，但使用权暂不属于此公司，并且因债务公司的财务状况而存在一定程度的风险性。在未来的经营中，应收账款也不能保证公司会与其他公司有更多的业务往来。

应收账款是一把“双刃剑”，在为企业提高市场占有率并带来利润的同时，也会影响资金流转，增大企业的经营风险。应收账款在尚未收回之前，这笔现金实际上为客户所占用，并不能为企业创造收益。企业损失的这部分收益就是应收账款的机会成本。应收账款规模越大，应收账款的机会成本就越大。另外，为了保证应收账款能够安全、及时地收回来，公司需要进行管理，这也导致管理费用支出增加。应收账款的管理成本与应收账款规模有关，通常规模越大，管理成本就越高，公司的支出就相应增加。

企业应及时收回应收账款以弥补企业在生产经营过程中的各种耗费，保证企业持续经营；对于被拖欠的应收账款应采取措施，组织催收；对于确实无法收回的应收账款，凡符合坏账条件的，应在取得有关证明并按规定程序报批后，作坏账损失处理。企业应收账款的管理包括建立应收账款核算办法、确定最佳应收账款的机会成本、制定科学合理的信用政策、严格赊销手续管理、采取灵活的营销策略和收账政策、加强应收账款的日常管理等几方面内容。

（二）预收账款

“预收账款”科目核算企业按照合同规定或交易双方之约定，而向购买单位或接受劳务的单位在未发出商品或提供劳务时预收的款项，一般包括预收的货款、预收购货定金等。企业在收到这笔钱时，商品或劳务的销售合同尚未履行，因而不能作为收入入账，只能确认为一项负债，即贷记"预收账款"账户。企业按合同规定提供商品或劳务后，再根据合同的履行情况，逐期将未实现收入转成已实现收入，即借记"预收账款"账户，贷记有关收入账户。预收账款的期限一般不超过1年，通常应作为一项流动负债反映在各期末的资产负债表上，若超过1年(预收在一年以上提供商品或劳务)，则称为"递延贷项"，单独列示在资产负债表的负债与所有者权益之间。

在资产负债表上，预收账款的性质属于负债类，预收账款增加，资产负债率增加，资本结构改变，公司偿债风险增大。但在实际经营中，收到预收账款，流动资金增加，公司将会拥有更加良好的经营现金流状态。另外，如果存在大量的预收账款，一方面反映了公司经营状况的发展趋势，另一方面也折射出公司的融资能力。预收账款的增加，表示公司已签订合同或交易双方已达成约定，公司在未来的一段时间内，将会有相应的业务发生，并且使公司得到回报。

预收账款是反映公司预收购买单位账款的指标。这意味着公司已经获得订单并取得支付，所以只要公司照单生产，预收账款将在未来的会计期间转化为收入，并在结转成本后体现为利润。因此，预收账款的多少实际上预示了企业未来的收入利润情况，对于预测公司未来盈利水平具有重要的参照意义，也能部分反映公司所处行业的供求关系。

第二部分　公司财务管理现状问题的分析、建议与措施

山山家这几年发展态势强劲，经营业绩有目共睹，已然成为浙江地区的行业翘楚。在财务管理的筹资、投资与经营三个维度里，投资方面有山时山刻、寻山(积道山)和观光工厂等项目加持，筹资方面有多年的成功经验傍身，山山家在这两方面已经很规范。本章就山山家目前在经营这一维度中关于应收账款、预收账款以及信用管理等困惑给出相应的建议。

一、对公司应收账款管理现状的要点分析、建议与措施

(一)现状分析

从前期沟通获知，山山家目前坏账暂无计提，且有难收货款12家，按以前习惯账期分1年期、半年、季度、月度、现结；年结单位118家、半年结单位92家、季结单

位293家、月结单位457家，另有中秋端午客户要求2月结清。目前，山山家应收账款管理现状是：应收账款数量多，坏账风险高；赊账门槛低，授信标准不一，信用风险高。依据我们了解到的山山家管理现状，归纳为如下几个方面并提出相应的应收账款管理建议与应该采取的措施。

（二）对公司应收账款管理的建议与措施

1. 规范应收账款管理流程，制定应收账款管理细则

结合公司实际情况制定公司应收账款管理程序。公司应收账款管理程序应当对应收账款的确认、账龄分析、对账、调账、坏账核销、催款、收款、建立清欠小组等具体工作予以明确。应收账款管理程序经与销售部门讨论，报总经理批准后执行。财务部门对应收账款的日常管理进行检查。财务部门应当会同人事主管部门共同安排对全体销售人员、财务部业务主管人员、各门店负责人进行应收账款管理培训。对账龄超过两年且在两年内未发生业务关系的应收账款，公司财务部门、销售部门应根据金额的大小采取不同的清账方法，如：移交公司清账小组办理起诉、催讨或经有关授权管理人员批准后做坏账核销。图1—1为应收账款管理流程图：

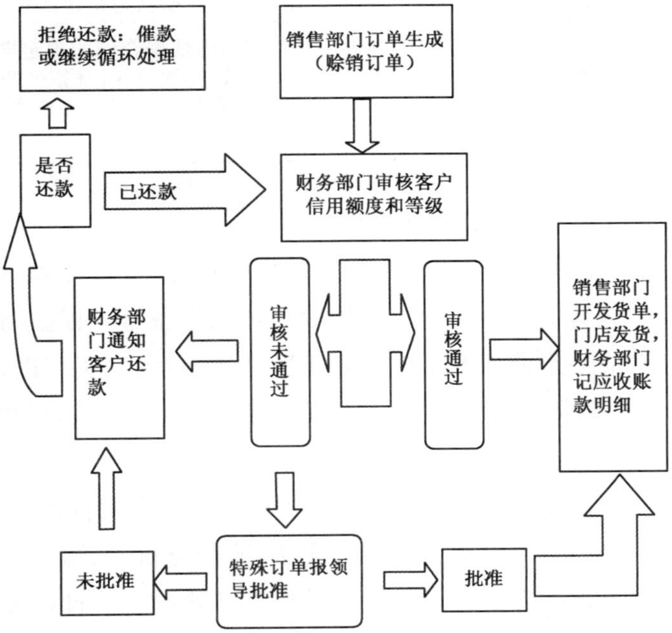

图1—1 应收账款管理流程

根据以上应收账款的流程图，现将应收账款的管理步骤以及具体实施措施总结如下（见表1—1）：

表1—1　　应收账款管理项目及具体措施

项　目	具体措施
信用调查	赊销商品前，销售人员应对客户作信用调查，并报告销售主管。特殊订单应由总经理决定是否赊销。赊销产品时可以要求客户提供相应的担保。如果是财产抵押担保，对抵押物应当办理登记
授信管理	建议山山家设立专职信用管理人员，对客户授信额度及期限进行监管，并且负责与销售部门信用调查以及财务部门应收账款监管工作的衔接
应收账款报告	应收账款实行每月向主管经理报告一次制度。各门店于每月月初将上一个月的应收账款情况报财务部，由财务部汇总后报公司主管经理。应收账款报告的内容包括欠款单位、欠款数额、欠款时间、经办人、是否发出催债的书面通知等
账龄分析	财务部门业务主管人员每月应进行一次应收账款账龄分析，将分析结果与相应客户的信用额度相比较并报相应的管理层（财务部门负责人、销售部门负责人、总经理等），对超过信用额度及账龄超过公司警戒线的客户，财务部门应通知销售部门采取相应的跟踪方法以确保其得到相应的处理
催款责任	财务部对到期应收账款，应当书面通知该账款的经办人，由经办人负责催讨账款。经办人应当每月向财务部报告一次催款情况。应收账款到账后，应当及时销账
问题账款的处理	对于欠账人赖账不还的，应当在诉讼时效期间内依据合同的规定向法院提起诉讼或者向仲裁委员会提起仲裁。采取法律手段催讨欠款的，由财务部提出方案，报公司经理会议决定。因经办人的责任导致应收账款超过诉讼时效而丧失胜诉权的，由经办人承担法律责任

2. 依据会计准则及时计提坏账准备

坏账准备是企业对预计可能无法收回的应收票据、应收账款、预付账款、其他应收款、长期应收款等应收预付款项所提取的坏账准备金。根据《企业会计制度》第五十一条规定“应当定期或者至少每年年度终了，对各项资产进行全面检查，并根据谨慎性原则的要求，合理地预计各项资产可能发生的损失，对可能发生的各项资产损失计提资产减值准备”。

根据《企业会计准则》规定：企业坏账损失的核算应采用备抵法，计提坏账准备的方法由企业自行确定，可以按余额百分比法、账龄分析法、赊销金额百分比法等计提坏账准备，也可以按客户分别确定应计提的坏账准备。计提坏账准备金是通过“坏账准备”账户进行核算的，企业在年度终了时，应对应收账款进行全面检查，预计各项应收款项发生减值的，应当计提坏账准备。

《关于执行〈企业会计制度〉需要明确的有关所得税问题的通知》国税发〔2003〕45 号(以下简称《通知》)规定:企业所得税税前允许扣除的坏账损失,原则上必须遵循真实发生的据实扣除原则,企业提取坏账准备金按年末应收账款余额百分比法,除按年末应收账款余额的 5‰提取的坏账准备金外,企业根据财务会计制度等规定提取的坏账准备金超过国家税收规定的部分,不得在企业所得税前扣除。《企业会计制度》在坏账准备计提比例方面给予企业较大的自主权,主要表现在:一是比例不限,二是对不能够收回或收回的可能性不大的应收账款全额计提。同时对滥用会计政策做出规定:企业在运用谨慎性原则时,不能滥用,不能以谨慎性原则为由计提秘密准备(指超过资产实际损失金额而计提的准备)。

3. 制定坏账管理细则

(1)山山家对坏账的确认、核销应建立严密的书面审核批准程序,并明确规定审批权限。

(2)坏账核销后,立即将相应的客户列入到公司客户黑名单中。若以后又收到该客户发来的新订单时,销售部门必须待其还清旧账后,方可与其恢复正当的业务。

(3)对已核销的坏账,销售部门和财务部门应建立跟踪回收记录;财务部门应建立坏账备查账。公司清欠小组应根据实际情况随时与客户保持联系,继续催讨欠款。对回收的核销坏账应有充分的控制,确保被准确、完整地记录到公司的相关账户上。

4. 建立授信管理制度,降低信用风险

山山家目前存在有关应收的单据量大、挂账名称不一致、赊账门栏低、催账成本高以及缺少信用政策等问题。对客户的授信标准不统一,存在极大的信用风险。单据庞杂无序也会导致人工成本的上升。建议设置授信流程图,建立授信管理制度。图 1—2 为授信流程图,具体负责部门已在括号内标注。

公司信用管理程序应当对客户信用调查、信用评定办法、信用额度批准、信用额度管理、客户黑名单建立、信用管理中的违纪处罚等工作进行具体的明确。建议山山家增设信用管理员岗位。人事主管部门和信用管理员应当组织对业务人员进行信用管理知识的培训,保证业务人员充分掌握和了解公司的信用管理政策。根据图 1—2,设置具体的授信实施措施:

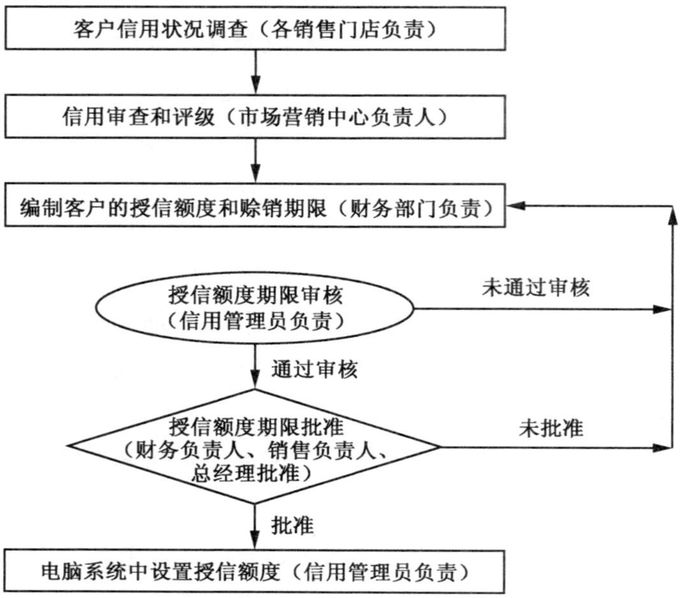

图 1—2　授信流程

（1）收集客户信息，调查评估客户资信，建立客户档案

公司收集客户信息应当实行以销售部门为主，财务、信用管理员为辅的多渠道方式。表 1—2 为客户信用状况调查表：

表 1—2　　客户信用状况调查表

被调查单位的自然状况	单位名称		
	单位性质		
	联系方式	地　址： 邮　编：	
		电　话：　传真： 电子邮件：	
被调查单位的资产总额		被调查单位净资产总额	

续表

<table>
<tr><td>被调查单位
注册资本</td><td></td><td>被调查单位
应付账款总额</td><td></td></tr>
<tr><td>被调查单位
年销售收入</td><td></td><td>被调查单位
年利润总额</td><td></td></tr>
<tr><td>独立机构确
认的信用等级</td><td></td><td>被调查单位标
准的付款条件</td><td></td></tr>
<tr><td rowspan="2">法人代表
自然状况</td><td>姓名：</td><td colspan="2">住址：</td></tr>
<tr><td colspan="3">联系电话： 传真：
电子邮件：</td></tr>
<tr><td colspan="4">被调查单位的产品状况及本公司产品配套状况：</td></tr>
</table>

调查人： 日期：

审核人： 日期：

(2)分析客户档案，确定信用等级和信用额度

销售部门负责人根据业务人员提供的客户资料，结合财务部门和信用管理人员编制的客户黑名单、该客户的历史欠款情况、该客户与黑名单上的客户间的关系以及其他客户资料进行综合分析。公司应根据客户的运营情况、偿债能力等信息，将客户的信用分为 A、B、C、D 四个信用等级。信用等级为 D 级的客户，不得给予赊销额度；A、B、C 三级根据公司的财务状况和历史欠款情况，分别确定授信额度和赊销期限。

(3)信用等级和额度的修改及审批

公司向客户提供的授信额度和赊销期限应当根据客户经营和财务情况的变化及时进行相应的调整。在日常销售发货管理过程中，当销售人员申请发货量超过信用管理人员为该客户预设的赊销额度时，销售人员应当立即与客户联系并通知仓储部门停止发货，要求客户立即归还前期欠款。

(4)信用额度的保密与跟踪管理

信用等级和额度属于公司的商业机密，参与其草拟、讨论、印发、使用、保管、回

收和销毁者均应遵守公司保密规定。授信额度资料在公司内部应实行分级、限范围传达制度，向各门店负责人及销售员只能传达分管范围内客户的相关信息，传达中应采取保密防范措施。销售部门、财务部门和信用管理员应定期或不定期跟踪检查本管理程序的执行情况，并将检查结果报告总经理。对于存在的问题应提出更正措施限时纠正。

所有提出享受赊销待遇的公司必须经过公司信用评估后方可办理赊销。未经总经理批准，任何人不得擅自对个别客户调整评定参数和授信额度。对客户的赊销额度和授信参数必须由经过授权的信用管理人员输入电脑进行管理；信用管理人员输入电脑的授信额度和赊销期限不得作为财务部放行发货时的参考依据，而应当作为放行的控制条件。

5. 设置应收账款管理流程以及授信管理制度，运用应收账款分析指标监控企业应收账款

应收账款是企业最重要的资产之一，设置应收账款管理流程以及授信管理制度具有以下管理效果：①可以有效监管客户信用还款能力，在交易初始阶段能够有效识别非优质客户，减少后续交易风险；②可以识别并且有针对性地与优质客户建立长久合作关系，提高山山家的经营效率；③授信管理制度可以针对市场行情以及客户特性及时更新信用额度与期限，以此应对瞬息万变的市场环境；④制定标准授信政策，可以有效缓解赊账门槛低、催账成本高和坏账风险高的问题；⑤可以实时掌握应收账款现状，能够及时安排后续催款或者坏账处理，加快应收账款周转，提高企业资金利用效率。

6. 应该运用应收账款分析指标监控企业应收账款

应收账款分析指标主要有应收账款周转率、周转次数、周转天数和应收账款收入比。这些指标能够比较真实反映企业应收账款的管理效率。一般情况下，应收账款周转率越高越好，周转率高，表明收账迅速，账龄较短；资产流动性强，短期偿债能力强；可以减少坏账损失等。应收账款周转天数越少，说明应收账款变现的速度越快，资金被外单位占用的时间越短，管理工作的效率越高。

二、对公司预收款管理现状的要点分析、建议与措施

（一）现状分析

山山家会在过年过节时推出各种优惠券或折扣券，发行时可以估算折扣金额，

但收回礼券时无法清算折扣，每个月只能按平均数入账处理。由于经营方法灵活，折扣机动性大，单笔销售量大、金额小，尤其是遇到中秋端午等节假日，导致后期弥补工作量很大。折扣券的处理缺少制度化管理。这种情况会降低财务数据的准确性，不利于为后续管理决策。

(二)对公司预收款管理的建议与措施

依据我们了解到的山山家管理现状，归纳为如下几个方面并提出相应的预收账款管理建议与应该采取的措施。

1. 规范预收账款的会计处理

根据我国《企业会计准则》对预收账款的定义，预收账款指企业(即销货单位)按照合同规定向购货单位预收的款项，这笔款项构成企业的一项流动负债。它之所以成为流动负债，是因为企业须在收款后的一定日期内向预付货款单位发送商品或提供劳务。如果到期企业无法履行合同，则应该如数退还原预收款。

需单独设置“预收账款”科目的企业，设置的“预收账款”科目属于负债类，其贷方登记已预收的货款和购货单位已补付的货款；其借方登记产品销售实现时应收的货税款和已退回购货单位多付的货款；期末余额一般在贷方，反映尚未结清的预收货款数；如果出现借方余额，则反映应收的货款数。该科目应按购货单位开设明细账进行明细分类核算。预收账款的核算内容主要分为以下几个方面：①收到预收款时借记“银行存款”科目，贷记“预收账款”科目；②销售商品或提供劳务时借记“预收账款”科目，贷记“主营业务收入、应交税费——应交增值税(销项税额)”等科目；③当预收账款部分不足以支付全部货款和税费时，应按照实际收到的补付金额，借记“银行存款”科目，贷记“预收账款”科目；如果预收账款部分超过应支付的全部货款和税费时，应退回多余价款，借记“预收账款”科目，贷记“银行存款”科目。预收账款情况不多的企业，可以不设置“预收账款”科目，而直接通过“应收账款”核算。

2. 采用全面监控的软件和技术支持

会计信息的及时掌控是关系企业生产销售以及决策的重要途径，在没有建立以计算机为依托的会计信息系统时，总部对于门店的销售以及资金的收支情况掌握的速度相对较慢，其真实性也不会精准，这不利于企业的决策。通过会计信息化的手段和统一财务软件，可以减少人工的操作量，并且能对会计数据进行快速的整理和分析，降低出错的几率，同时减少人为的影响，这样可以延伸会计信息的范围，使得透明度增加。同时要积极推进财务与业务一体化的工作，在现有的管理理念中，要做到财务与业务的完美结合，将财务无形的手伸入到采购、生产、销售、物流等各个方面，实现资源与数据的共享，使得财务的预算、监控和结算都能深入各个环节的实际，根据实际情况做出相应的财务方案，对于资金流向的各个环节都要起到监控与指导的作用，使得财务工作规范与高效化。

山山家目前也有一套财务软件系统，但是软件的功能不够强大或者说不适合烘焙行业的行业特征，无法整合外部资源，对企业银行账户的余额，应收和应付款项、短期投资和发行债券的功能没有完全的发挥。采用一套从采购、销售、库存到生产、账户管理、礼券管理以及连锁管理一系列适合烘焙食品行业的财务软件，财务部门能够通过这个软件及时的检测资金以及生产运营的各个方面。

信息平台构建有如下的特点：一是符合烘焙连锁企业的产业流程；二是推进财务和业务一体化、强化财务的监督与控制；三是严格规范的费用管理及资金支付方式；四是标准化与全过程的应收账款的管理政策。

整个信息管理程序的设置分为 4 个层次。第一层次是计划管理层，在这层里需要制订资金计划表样，然后给各部门下发表样，各部门根据自身的需要进行填报，财务部进行汇总并审批，最后资金部门按照计划执行。第二层次是资金集中管理平台与业务层运营的统一管理，资金账户管理、结算管理、业务稽核管理、投资业务管理、融资管理，这些都与银行口对接，是资金集中掌控的综合平台。第三层次是财务核算层，涉及企业日常门店的销售、生产部门的生产和采购会计业务的资金核算。第四层次分别是报告、分析层，对资本流量和流量进行监控的分析报告、内部平衡以及外部平衡之下，资本计划与实际对比的分析报告、内部和外部融资的分析报告，对资金流向各个环节进行总结，上报给管理层，便于总部做出科学的决策，促进企业的发展。

【本文附录】

为了更好地理解和掌握国家颁布的各项会计政策，建议企业管理者应该熟知下列会计准则和法律法规，并将这些法律法规运用于本企业，为此本文以附录的形式，供实际运用时查实与验证。

1.《企业会计准则第 22 号——金融工具确认和计量》。

2.《企业会计准则第 14 号——收入》。

3.《企业会计准则第 15 号——建造合同》。

4.《企业会计准则第 13 号——或有事项》。

5.《小企业会计准则》财会〔2011〕17 号。

6. 中华人民共和国商务部令 2012 年第 9 号《单用途商业预付卡管理办法(试行)》。

7. 财政部《关于建立健全企业应收款项管理制度的通知》(财企〔2002〕13 号)。

8.《关于执行〈企业会计制度〉需要明确的有关所得税问题的通知》国税发〔2003〕45 号。

9. 2016 年注册会计师全国统一考试教材《财务成本管理》。

10. 2016 年注册会计师全国统一考试教材《会计》。

第二章　企业组织结构整合与税务管理问题

【研究背景与内容摘要】

纳税是每一个公民和企业的义务，但是在企业正呈现多元化发展态势下，优化组织结构或对组织结构进行整合与再设计，势必产生节税效果从而提高企业运行效率和经济效益，因此，企业应该在诚信纳税、合法纳税的基础上进行税务筹划，从而可以降低企业负担。税务筹划一般是指在不违反法律、法规(税法及其他相关法律、法规)的前提下，通过对纳税主体(法人或自然人)的经营活动或投资行为等涉税事项做出事先安排，以达到少缴税或递延纳税等目的。

本章以上述目标为基础，按照税法和其他相关规定，从最有利、有效的税收管理角度出发，分两个部分对浙江山山家食品股份有限公司(下称山山家)进行了研究。第一部分对企业组织结构的整合与再设计提出了建议，分析了组织架构再设计缘由、新架构下各个组织主要定位、业务范围以及新架构下的税务管理效率。第二部分对企业流转税与所得税管理问题进行了分析，分三个方面即增值税销项税、增值税进项税和所得税共涉及 18 个问题进行重点研究，提出了针对性很强的税务管理建议和应该采取的措施。

【正文】

第一部分　企业组织结构整合与再设计的建议

组织架构是指通过界定组织的资源和信息流动的程序，明确组织内部成员个人相互之间关系的性质，使每个成员在这个组织中具有什么地位、拥有什么权力、承担什么责任、发挥什么作用。

一、企业组织结构类型与结构再设计的缘由

目前企业最为常用的组织架构,分为三种,分别是简单结构、职能型结构与事业部型结构。简单结构中,公司的所有者和经营者直接做出所有的重要决定,并且监督所有的活动,这种组织架构适合于小公司以及集中战略和业务层战略。而随着公司的不断发展,组织结构会随着规模的扩大和业务范围的增加而不断的需要加以变化,比如采用职能型结构和事业部结构。

当企业不断进行多元化时,则可以分设不同的事业部或子公司来进行经营和管理,也可称之为组织结构设计。企业组织结构设计实质上是一个组织变革的过程,它是把企业的任务、流程、权力和责任重新进行有效组合和协调的一种活动。实践证明,根据时代和市场的变化,进行组织结构设计或组织结构变革(再设计)的结果将会大幅度提高企业运行效率和经济效益。

山山家目前的核心业务在于食品生产和销售,并兼顾发展餐饮,以及相应的旅游文化等产业。山山家的发展策略具有稳步多元化和相关多元化的特点,并且是长期性的。企业多元化不可急功近利,但在企业发展过程中,不同的业务需要不同的团队和人才的保障。无论是食品加工,还是餐饮和旅游文化,都需要培养专业的人才和工作团队。因此,结合对未来的展望,企业将不同的业务进行分设还是必要的。进行业务分设的好处在于:一是不同的公司从事其相关业务能够保证专业性和稳定性;二是可以将不同业务的风险进行剥离,由各公司分别承担各自的经营风险;三是可以在股权清晰的情况下实行股权激励,留住人才,促进企业的发展。

二、山山家企业新架构下各组织的主要功能

随着企业规模扩展,山山家食品有限公司这种单一的组织架构显然不利于充分分享国家税收优惠政策以及合法合理避税,很有必要对组织架构进行调整。我们以山山家食品有限公司提供的组织架构流程图为基础,结合山山家未来发展项目和目标,从顶层设计与整合后的企业新架构如图 2—1 所示:

(一)浙江山山家食品股份有限公司的组织定位与业务范围

从图 2—1 我们可以看到,浙江山山家食品股份有限公司即为原浙江山山家食品有限公司的绝大部分,可在山山家食品股份有限公司设股东会、董事会和监事。王平女士为董事长兼总经理,下设总经理办公室(负秘书职责),并以部门的形式设

图 2—1 山山家企业构架

置各个职能中心，可下设市场部（包括宣传）、采购部、生产部、品控部、人力资源部、行政部（包括公关）、财务部、电商运营中心、信息技术中心（支持系统维护、公众号、APP 等）。在各个部分的基础上分设不同的具体岗位和职责。

（二）浙江山时山刻餐饮有限公司组织定位与业务范围

主要包括原山时山刻事业部，主要负责运营餐饮业务。

（三）浙江山山家生态发展有限公司组织定位与业务范围

主要包括原寻山事业部，除了面包工厂、民宿、旅游和农业种植，可以考虑将山山家烘焙学院置于积道山。

（四）浙江山山家烘焙学院组织定位与业务范围

以培养山山家的烘焙人才为主要目标，并向其他几家公司输送人才。

三、企业新架构下的税务管理效率

为达到企业合法合理避税之目的，在新架构下我们认为可以提高企业税务管理效率，具体体现在以下三个方面：

（一）股权结构的梳理与调整，可以为企业带来可观的税务管理效率

山山家可以将企业创始人、经理人和现有员工的股份进行整合，整体注入到山山家投资有限公司中。然后以山山家投资有限公司的名义对上述架构中的各家公司进行持股。同时，为各家公司引入外部投资者（包括股东和债权人），共同发展，扩大规模，可以充分利用杠杆资金。在适当的财务杠杆下（如适当的资产负债率），增加的利息支出不仅可以产生更多的收入，也将减少相应税费的缴纳。例如，以山山家食品股份有限公司为例，山山家投资的最终持股比例可在 40%～55%，也可通过公司章程的设置来保证对企业的控制权。简而言之，让企业的股权明晰，用其他资金来为自己赚取更多利润。

（二）适用企业所得税法的股息免税优惠

根据《中华人民共和国企业所得税法》第 26 条第二款的规定，符合条件的居民企业之间的股息、红利等权益性投资收益为免税收入。山山家的注册地在中国境内，为居民企业，且按照上述架构设置的公司均为居民企业。因此，假定以山山家投资有限公司作为母公司，各子公司所分配的股息将是母公司的免税收入（子公司仍需先纳企业所得税，再分配股利），无须征收企业所得税。上述操作方式使得避税效果并不明显，表面上看无非是利润的转移而已，但对于母公司的未来发展而言并非如此。此外，为了暂时性避税，可以在公司章程中规定不对未分配利润进行分配或进行少量分配，从而可以将这部分收入继续进行投资或转增资本等。

（三）分享企业所得税法的重组税收优惠

根据《中华人民共和国企业所得税法》对于企业重组所得税的规定，企业重组同时符合下列条件的，适用特殊性税务处理规定：一是具有合理的商业目的，且不以减少、免除或者推迟缴纳税款为主要目的；二是被收购、合并或分立部分的资产或股权比例符合规定的比例（不低于 50%）；三是企业重组后的连续 12 个月内不改变重组资产原来的实质性经营活动；四是重组交易对价中涉及股权支付金额符合规定比例（不低于 85%）；五是企业重组中取得股权支付的原主要股东，在重组后连续 12 个月内，不得转让所取得的股权。企业的合并和分立只要符合上述的条件都可以适用特殊性税务处理规定。

在特殊性税务处理规定下，企业重组的税务处理存在相应的优惠。如企业分立的重组方式，其税务处理为：①被分立企业未超过法定弥补期限的亏损额可按分立资产占全部资产的比例进行分配，由分立企业继续弥补。②被分立企业的股东取得分立企业的股权（新股）：一是部分或全部放弃旧股："新股"计税基础＝放弃"旧股"计税基础。二是不需放弃"旧股"，则其取得"新股"的计税基础可从以下两种方法中选择确定："新股"的计税基础＝零或以被分立企业分立出去的净资产占被分立企业全部净资产的比例先调减原持有的"旧股"的计税基础，再将调减的计税基础平均分配到"新股"上。在上述的税务处理下，企业分立一般不需要额外缴纳企业所得税。

第二部分 企业流转税和所得税管理问题的分析、建议与措施

一、对企业增值税税务管理现状要点分析、建议与措施

企业增值税处理主要涉及销项税额、进项税额以及增值税部分税收优惠。在山山家作为一般纳税人身份(暂不考虑餐厅)的情形下,依据我们了解到的山山家税务管理现状,归纳为如下几个方面并提出相应的税务建议与应该采取的措施。

(一)企业销项税额管理现状要点分析、建议与措施

1. 对预收款存在问题的分析、建议与措施

增值税对预收款纳税的规定如下:采取预收货款方式销售货物,为货物发出的当天。山山家的预收款在销售收款中占有一定比例,而山山家在销售时对预收款往往只能先开具发票给客户。这会使得企业在已开具发票的情况下不得不提前核算和缴纳增值税,这也将会使得企业的会计处理变得更加复杂。

建议与措施:与不同类型的客户进行协商,假如部分客户同意相应的方案,则在山山家收取预收款时,可以向客户开具预收款凭证,而不先开具发票,这样可使得在货物发出时再开具发票,推迟增值税的缴纳。如果客户不同意不开发票,也可协商是否将发票的开具推迟一定的时间,以达到企业延迟纳税的目的。

2. 对销售折扣存在问题的分析、建议与措施

增值税对销售折扣的规定如下:折扣销售时,折扣额可以从销售额中扣减(需在同一张发票"金额栏"上注明)。山山家营运部门和团购部门在制定销售折扣时,由于时间的久远和力度不一,导致制定的折扣政策不统一、会计处理混乱等现象产生,需要引起重视。

建议与措施:在折扣销售并开具增值税发票时,将折扣额在同一张发票的金额栏内注明,以降低销项税额的计税基数。同时,从增值税的角度出发,尽量不使用实务折扣的方式。其原因在于,在增值税中赠送的实物是要按照视同销售处理的。但在企业所得税中,其是按照正品和赠品的公允价值分摊来确认收入。

(二)企业进项税额管理现状的要点分析、建议与措施

1. 对增值税发票的取得问题分析、建议与措施

目前,随着国家全面"营改增"政策的实施,每个行业的业务内容发生了一系列

的改变，对于服务业而言，其角色从营业税纳税义务人变为增值税纳税义务人。处于目前的政策背景下，企业只有通过取得增值税发票，才有可能更好地减少增值税的缴纳。

建议与措施：财务部门可以要求各部门，不论是采购，还是固定资产的购进，还是销售费用等的产生，都要取得增值税专用发票。比如企业咨询、员工出差的住宿费等都要取得增值税发票，用以抵扣进项税额。

2. 对增值税专用发票抵扣问题的分析、建议与措施

目前山山家增值税专用发票的抵扣情况尚好。但考虑到目前国税局所使用的金税三期系统，企业在经济业务发生的过程中，也应当重视专用发票的抵扣问题。增值税条例规定：增值税专用发票、货物运输业增值税专用发票和机动车销售统一发票，应在开具之日起180日内到税务机关办理认证，并在认证通过的次月申报期内，向主管税务机关申报抵扣进项税额。因此，企业也应当注意增值税专用发票的认证时间。

建议与措施：在取得上一个环节开具的增值税专用发票后，应当尽快提交税务机关认证，并在认证完成后抵扣。同时，抵扣的进项税额要真实存在，与经济业务能够对应，不然无法通过金税三期系统的检查，会给企业带来不小的麻烦。

3. 对过期商品处理问题的分析、建议与措施

山山家作为一家食品生产企业，或多或少存在着一定比例的过期商品。目前山山家的会计处理是将过期商品计入营业外收入，与相应的会计准则和税法是不相符合的。此外，有些企业也会错误理解增值税对于进项税额转出的规定。目前增值税暂行条例规定：非正常损失的购进货物，以及相关的加工修理修配劳务和交通运输服务产生的进项税额不得从销项税额中抵扣。非正常损失，指因管理不善造成货物被盗、丢失、霉烂变质，以及因违反法律法规造成货物被依法没收、销毁的情形。因此，企业需要注意是否因为错误入账等情况的存在造成多缴税。

建议与措施：商品过期并不是增值税暂行条例中所规定的非正常损失。因此，与过期商品相关的进项税额不需要做转出处理，是可以继续抵扣的。此外，在企业所得税中，按清单申报的方式，在不超过500万元的情况下，为存货正常损失，应当计入管理费用。在会计准则中，存货过期报废，不属于自然灾害，应当先计入“待处理财产损溢”，再转入管理费用。若将过期商品处理后卖出，我们认为应当计入“其他业务收入”。

4. 对小规模纳税人转为一般纳税人问题的分析、建议与措施

目前，山山家的个体户门店众多，且餐厅也是小规模纳税人。按照现行的增值税政策，一般纳税人的增值税是按照销项税额减去进项税额核算，而小规模纳税人是按照不含税的销售额乘以 3%来进行核算。企业以扩大规模和减税为目标，需要考虑是否将小规模纳税转为一般纳税人。

建议与措施：根据国家税务总局的规定，年应税销售额未超过财政部、国家税务总局规定的小规模纳税人标准以及新开业的纳税人，可以向主管税务机关申请一般纳税人资格认定。在进行一般纳税人认定后，包括水电、租金、投资的房地产和材料成本都可以作为进项税额进行抵扣，有助于企业在能够较好取得增值税专用发票的情况下减税。因此，山山家可以考虑是否都成为一般纳税人来进行核算。

5. 对适当增加劳务派遣用工问题的分析、建议与措施

根据《劳务派遣暂行规定》(人力资源和社会保障部令第 22 号)第三条和《中华人民共和国劳动合同法》(中华人民共和国主席令第 73 号)第 66 条的规定，用工单位只能在临时性、辅助性或者替代性的工作岗位上使用被派遣劳动者(只有三性岗位才能使用劳务派遣工)。对于山山家来说，是存在劳务派遣用工需求的。山山家在旺季时增加一些劳务派遣用工，也可以产生税收上的收益。

建议与措施：向具有一般纳税人资格的劳务派遣单位发送劳务派遣需求，不管对方是一般计税方式还是差额计税方式，都可以按照增值税专用发票上列明的增值税税额来抵扣增值税。当取得劳务派遣的增值税专用发票后，就可以到税务机关进行认证和抵扣。

6. 营改增后对历史问题处理的分析、建议与措施

在 2016 年 5 月 1 日正式实施全面营改增后，企业会涉及一系列历史问题。例如，在房屋租赁中，租赁合同可能是营改增之前所签订的，那么企业不能获取租金产生的进项税额，对于房地产的投资也是如此。此外，还会涉及企业如医疗、金融和建筑等一系列历史问题，这些都需要企业加以重新审视。

建议与措施：对于长期租赁合同，可以在合理的情形下要求重新签订，或要求房屋所有人开具或委托税务机关开具增值税发票，从而使得企业获得更多的增值税进项税额，减少增值税的缴纳。企业可以对照营改增政策，重新审视签订的一系列服务合同，尽可能增加可抵扣的增值税进项税额。

二、对企业所得税税务管理现状要点分析、建议与措施

(一)与收入相关方面的问题

1. 合同的签订问题的分析、建议与措施

目前,山山家合同签订规范,且加入了自我保护条款。但从纳税角度出发,还需要在时间和实现条件上对合同再进行优化。企业所得税法中对收入的确认时间做出了较多的规定,对其进行总结可以发现,大部分业务在合同中约定的时间直接决定了收入确认的时间,也直接决定了纳税义务发生时间。而纳税义务发生时间对于企业月末或年末的核算会产生一定的影响,也会直接影响企业所得税的缴纳。

建议与措施:结合企业自身的情况,对于利息、租金、赊销和分期销售等不同的业务,在签订合同时进行充分的考虑。比如利息收入,是到期一次性还本付息还是分期支付利息,合同的约定不同,那么纳税义务发生的时间也就不同。

2. 用于市场推广或交际的商品赠送问题的分析、建议与措施

山山家在发展过程中,将自己的产品用于市场推广和交际赠送的情形时有发生。在企业所得税中,将商品用于市场推广和交际赠送等属于改变资产权属,是要视同销售确认收入的。同时,对于赠送的是自产的商品还是外购的商品,在价格上是有一定区分的。自制资产,按同类同期对外售价确定销售收入(按移送的存货成本结转成本);外购资产,按购入价格确定销售收入(按购入时的价格结转成本)。

建议与措施:结合山山家自身的实际情况,在赠送时考虑自制资产和外购资产的收入确认价格,合理调整自制资产和外购资产的比例,以达到降低收入的目的。

(二)与成本费用相关方面的问题

1. 无形资产问题的分析、建议与措施

山山家目前还不存在无形资产,这种状况的存在并不利于企业降低税负目标的实现。根据会计准则的规定:无形资产是指企业拥有或者控制的没有实物形态的可辨认非货币性资产。其特征包括:(1)由企业拥有或者控制并能带来未来经济利益;(2)不具有实物形态;(3)具有可辨认性;(4)属于非货币性资产。无形资产主要包括专利权、非专利技术、商标权、著作权、特许权等。而根据《企业所得税法》的规定,无形资产可以按照年限平均法进行摊销,计入成本费用中。

建议与措施:山山家拥有一些专利或非专利技术,也拥有山山家这一商标权,在进行合理的资产评估后都可列入到无形资产中。在列入到无形资产后,可对其

按照年限平均法进行摊销，增加成本费用，从而降低企业所得税。

2. 固定资产折旧问题的分析、建议与措施

目前，山山家的固定资产折旧方式主要采用年限平均法，这是大部分企业采用的最主要折旧方式。会计准则中规定企业可以选择采用年限平均法、双倍余额递减法、工作量法和年数总和法等。而企业所得税法中一般规定采用年限平均法来进行核算，是不利于提前多计提折旧，多增加成本费用的。但《企业所得税法》中也同时规定，在特定情况下可以采用加速折旧的方式，比如常年处于强震动、高腐蚀状态的固定资产；专门用于研发的仪器、设备等。

建议与措施：山山家需要重新审视是否存在强震动、高腐蚀状态的机器设备。假如存在，则可以采用缩短折旧年限或更换折旧方法的方式进行计量。山山家也需要考虑 2014 年以后购进的专门用于研发的仪器和设备情况。设备或仪器单位价值不超过 100 万元的，允许一次性计入当期成本费用在计算应纳税所得额时扣除，不再分年度计算折旧；单位价值超过 100 万元的，可缩短折旧年限或采取加速折旧的方法。

3. 与技术研发相关的场地、设备的折旧问题的分析、建议与措施

《企业所得税法》规定：企业的技术开发费符合条件可以加计扣除。而在会计核算中，经常把用于技术研究开发的费用计入管理费用，然后将该项费用在税前加计扣除。而在实际的政策中，技术研究开发费还包括用于技术研究开发场地的折旧、设备的折旧、技术研究人员的工资福利等。

建议与措施：在纳税时，对相应的用于技术研究开发场地的折旧、设备的折旧等进行调整，将其计入技术开发费用中，可享受加计 50%扣除或加计 100%摊销的税收优惠，从而减少企业所得税的缴纳。

4. 防暑降温费问题的分析、建议与措施

目前山山家工资比较固定，通过发放适当的防暑降温费也体现对员工的关怀，更加抓紧员工的心。在企业所得税中，发放的防暑降温费可以作为福利的形式发放，也可以和工资一起固定发放。

建议与措施：可以按照浙江省规定的，在 6 月、7 月、8 月、9 月 4 个月，按照高温作业工人每人每月 225 元；非高温作业工人每人每月 180 元；一般工作人员每人每月 145 元的标准进行发放，并可作为福利费发放。当福利费超过工资总额的 14%时，可考虑与工资一起发放。

5. 残疾人员工问题的分析、建议与措施

增加残疾人员工不仅可以促进残疾人就业，也可以减轻企业所得税税负。根据《企业所得税法》的规定：企业安置残疾人员所支付工资费用，在据实扣除的基础上，按照支付给残疾职工工资的100%加计扣除。同时，也会在企业所需缴纳的其他税费中得到一定的减免。目前，山山家的残疾人员工人数为两个，带来了一定的减税效应，但还不是很明显。

建议与措施：在一些非关键岗位，比如清洁人员和食堂工作人员等可以招聘一些身体健全的残疾人员工，如聋哑人，只要持有残疾人证即可。而在一些生产岗位，也可以慢慢做出一些尝试，最终的目标是履行社会责任的同时减少税收的缴纳。

6. 职工教育经费问题的分析、建议与措施

职工的继续教育是一个企业发展的重要问题，山山家在发展过程中也离不开员工的继续教育。根据《企业所得税法》的规定：企业发生的职工教育经费支出，不超过工资薪金总额2.5%的部分准予扣除，超过部分准予结转以后纳税年度扣除。

建议与措施：山山家鼓励员工进行各类岗位培训和继续教育，可以考虑设置自学成才奖，从而提升员工的能力，并将其列入职工教育经费。此外，可以结合山山家烘焙学院来考虑相应的职工教育问题。

7. 公益性捐赠问题的分析、建议与措施

目前，山山家已经吸取经验教训，通过政府机构和政府核定的慈善机构来进行捐赠。根据《企业所得税法》的规定：企业发生的公益性捐赠支出，不超过年度利润总额12%的部分，准予扣除。而捐赠额超过利润总额12%的部分不能扣除。这会涉及的问题在于，当某些年份捐赠金额比较多，而利润总额较小时，将使得相应的捐赠金额无法从应纳税所得额中扣除。

建议与措施：除了进行公益性捐赠外，山山家应当平衡利润总额和公益性捐赠金额之间的关系。对来年的捐赠金额和利润做出大致的估计，以避免捐赠金额无法从应纳税所得额中扣除的情况。

8. 劳务派遣的所得税问题的分析、建议与措施

《国家税务总局关于企业工资薪金和职工福利费等支出税前扣除问题的公告》（国家税务总局公告2015年第34号）第三条规定："企业接受外部劳务派遣用工所实际发生的费用，应分两种情况按规定在税前扣除：按照协议（合同）约定直接支付

给劳务派遣公司的费用，应作为劳务费支出；直接支付给员工个人的费用，应作为工资薪金支出和职工福利费支出。其中属于工资薪金支出的费用，准予计入企业工资薪金总额的基数，作为计算其他各项相关费用扣除的依据。”因此，按照目前的规定，谁向劳务派遣员工发放工资，就作为发放方的工资薪金支出和职工福利费支出，推翻了此前都可以计入工资和福利支出的规定。

建议与措施：核算劳务派遣和本单位招聘的用工成本，在旺季的时候适当使用劳务派遣员工，并让山山家直接向员工支付费用，从而可以将该费用计入到工资和福利支出中，降低企业所得税的缴纳金额。

无论是上述的增值税和企业所得税，还是其他未提及的一些税费，最终的目标都在于在合法合理的前提下减少税费的缴纳。这需要企业架构和业务流程的不同设计，也需要在实践中不断地改进，以真正减少税费，增加企业利润。

【本章附录】

为了更好地理解和掌握国家颁布的各项税务政策，建议企业管理者应该熟知下列会计和税务政策与准则的法律和法规，并将这些法律法规运用于本企业，为此本章附录的形式，供实际运用时查实与验证。

1.《中华人民共和国企业所得税法》。

2.《中华人民共和国企业所得税法实施条例》。

3.《中华人民共和国增值税暂行条例》。

4.《增值税一般纳税人资格认定管理办法》(国家税务总局令第 22 号)第三条。

5.《企业会计准则》。

6.《财政部国家税务总局关于全面推开营业税改征增值税试点的通知》财税〔2016〕36 号。

7.《增值税专用发票使用规定》。

8.《企业研究开发费用税前扣除管理办法(试行)》。

9. 国家税务总局《关于职工冬季取暖补贴等税前扣除问题的批复》(国税函〔1996〕673 号)。

10.《防暑降温措施管理办法》。

11. 2016 年浙江防暑降温费发放标准。

12.《财政部国家税务总局关于完善固定资产加速折旧企业所得税政策的通

知》(财税〔2014〕75 号)。

13.《关于企业职工教育经费提取与使用管理的意见》的通知(财建〔2006〕317 号)第三条第(五)。

14.《劳务派遣暂行规定》(人力资源和社会保障部令第 22 号)。

15.《中华人民共和国劳动合同法》(中华人民共和国主席令第 73 号)第 66 条。

16.《国家税务总局关于企业工资薪金和职工福利费等支出税前扣除问题的公告》(国家税务总局公告 2015 年第 34 号)第 3 条。

第三章　企业精细化成本管理问题

【研究背景与内容摘要】

精细化成本管理就是通过将企业运营成本最小化，从而完成企业价值最大化的最终企业管理目标。精细化成本管理理念来源于精益理论，它贯穿于产品设计、材料采购、集约生产、顺畅物流与销售服务等整个价值创造过程。其中，战略成本管理是精细化成本管理的主要理论之一，也是现代成本管理变革和发展的方向。

本章以上述目标为基础，按照财政部颁布的《企业产品成本核算制度》和《关于全面推进管理会计体系建设的指导意见》相关文件和规定，从加强企业成本管理入手，以推进管理会计在提升企业经营管理水平、增强企业价值创造力为研究重点，对山山家成本管理现状问题进行了分析，分三个方面进行重点研究，提出了针对性很强的成本管理建议和应该采取的措施。

一、对企业成本管理现状要点分析

当前经济背景下，原材料成本、劳动力价格不断上涨，各种成本只升不降，食品行业面临较大的成本压力。与此同时，作为企业的客户，对产品的质量要求却越来越高，对食品健康安全问题日渐关注，对品种需求也更趋向于多样化，产品周期越来越短，产品价格提升幅度又不能过大，使企业面临严峻的考验。

烘焙企业生产的特点是产品结构简单、生产周期短，但产品品种多、生产批量小、产品更新换代频繁、原材料和产品保质期短，生产过程中极易造成原材料浪费和损耗，也容易产生废品。生产人工方面是劳动熟练程度差别较大。经营门店数量多且分散。这些生产特点以及生产经营管理的要求决定了烘焙企业的成本核算与控制相对繁琐。从座谈情况、调研资料来看，目前山山家的成本管理方面主要存在以下三个问题。

（一）成本意识比较模糊

成本观念还不够清晰，公司员工缺乏参与成本管理的意识，往往以为成本管理只是少数“管理人”和财务人员的事情。没有完全建立采购、生产、经营全过程的成本管理，没有进一步细化到人力资源、仓库储存、库存控制等方面的有组织有计划的成本控制。

（二）成本管理程序和机制尚存在缺陷

生产过程的成本控制固然重要，但设计新产品、采购过程和销售过程的成本控制不及时跟上，成本控制就成了“空中楼阁”。同时，忽视成本管理的事前预测和管理决策会导致成本计划不够准确、削弱事前成本控制，成本预测、成本决策缺乏规范性、制度性。

（三）成本管理方法比较粗放

山山家成本管理还是以事后核算为主，缺乏事前预测以及介入事中控制，没有建立一套完整可行的定额成本或责任成本等目标成本控制方法，同时缺乏精抓细管。成本数据不能满足成本管理的要求，与 ERP 系统如何完美衔接也是一个问题。

二、成本管理建议与措施

随着公司的发展壮大，要实现新的突破就必须改变以往粗放的管理模式，引进先进的管理经验，规模化、精细化，加强成本管理，提高资源效率。针对以上问题，山山家应树立现代企业管理理念，从实施精细化成本费用控制入手，强化成本费用控制意识，将成本费用控制的责任发放到各个责任部门，提升成本费用控制管理水平和企业的市场竞争能力。建议可以从以下几方面改善这种状况。

（一）树立精细化成本管理理念

“企业任何一项经济活动都有其财务意义，都会影响到企业的效益”，正是基于这样的基本理念，精细化成本管理就是要细致入微、精益求精。以“细”为工作落脚点，把财务成本管理延伸到生产经营各领域，从“广度”上拓展财务活动空间，细化财务成本管理方法。因此，从公司管理层角度来看，公司要注重成本管理与人本管理思想的融合，要提倡以人为本，设计适当的激励制度以调动广大员工的能动性，广泛开展宣传工作，引导全体员工牢固树立“人人都能控制成本，所有成本都能控制”的理念，将成本管理压力层层传递到全体员工和所有岗位，并与企业文化深度融合，促使全员成本精细管理形成长效机制；从公司员工角度看，人人树立全员参与的观念和主人翁意识，立足岗位，从自身做起，通过个人的自觉行动实现公司效益的最大化；从财务人员角度来说，做精做细财务工作可以创造价值，而主动参与和服务生产经营活动，拓宽财务工作领域，从事前、事中着手，进入全过程的财务监督和信息服务会给企业创造更大的价值。而精细化成本管理的特点就是体现在"全面"上，因此又可称之为"全面成本管理"。

（二）建立精细化成本管理体系

精细化成本管理是一项系统工程，上级领导尤其是财务总监必须重视并制定相应的一系列管理制度，针对山山家具体情况我们的建议如下。

1. 建立健全精细化成本管理组织结构：包括职能设计，进行职能分解，把企业的全部职能转换为管理人员的具体工作内容，把相关的业务活动归类，设计好各类职务、岗位和部门，明确它们各自的职责；部门设计，按照职能、产品、顾客、地区、人数、时间、销售渠道等划分部门，形成适合业务发展的组织结构。

2. 设计精细化成本控制方案：包括研发成本、采购成本、生产成本、存货控制成本、营销成本、项目运作成本、人力资源成本、管理费用等方面的全方位的控制方案。

3. 充分利用ERP系统有效整合公司资源管理与业务流程管理。目前市场上ERP软件很多，其管理思路是一致的，就是将企业管理的思想、主要业务流程、各项资源进行重新组合的过程，体现的是精益生产、同步工程及即时生产。公司应充分利用鼎捷软件建立一套以财务为中心、数据为基础、以ERP系统为支撑的全过程管理系统。

4. 完善成本控制绩效制度，考核是整个成本管理过程必备的最后环节，公司在具体考核过程中应划分不同的责任中心，如目前公司下设的市场营销中心、山山烘焙事业部、烘焙生产部、品控中心、人力行政中心和财务中心等，结合各自的作业量，细化板块考核，同时对考核周期也进行细化，结合多种方法，如月度考核、季度兑现、年度清算等。

（三）采用作业成本法加强成本控制

鉴于山山家产品更新换代快，定额成本制定困难等制约因素，建议采用作业成本法。作业成本法经过西方企业多年的运用，被证明是先进而有效的成本管理方法。尽管最先进的管理方法对企业来说未必是最合适的，但鉴于公司近年来采用新设备、新工艺、新技术，相关财务软件和ERP系统也为成本计算方法上实行多元化制造费用分配标准的作业成本法奠定了坚实的技术基础。因此，我们认为公司实施作业成本法是具备可行性的。

【山山家采用作业成本法范例说明】

下面以山山家采购作业成本分析为例，来说明作业成本管理的具体实施过程：公司的采购流程一般是：物料需求计划——采购计划确认——采购询价——供应商选择——供应商合作——采购订单——要求发货——验收货物——收货入库——财务结算。

我们对采购职能运用作业成本法进行识别，可以把采购环节分为以下几个主要作业：①采购需求确认；②供应商选择；③供应商合作；④验货；⑤收货；⑥财务处理。

在这些作业中，验货、收货作业是非增值作业，其他都是增值作业，成本动因主要有采购需求数量、供应商数量、订单数量、检验数量、发票数量。在作业成本观下，产品成本计算首先是将活动耗费的资源（包括人力、物料和设备等）按资源动因计入作业成本，然后再将作业成本按作业动因计入成本对象。采购流程的绩效考核指标，可以设置采购计划达成率、采购及时率、质量合格率、原材料周转率、采购成本降低水平等，根据市场、行业与企业同期比较、与企业往期比较等方法，制定目标成本，以目标成本为导向，不断优化作业流程，及时反馈作业管理的信息。

作业成本管理模式是将企业管理的重心放到作业层的管理，同时将企业的生产环节以及上游供应商、下游销售商甚至企业的竞争对手都纳入企业价值分析、成本分析的范畴，体现的是以“作业”为核心的成本管理，改变了传统成本管理以“产品”为核心的观点，不仅能提供相对准确的成本信息，而且还能提供改善企业成本管理的非财务信息，促使企业从这些信息中捕捉最佳的成本降低机会。

【本章附录】

为了更好地理解和掌握财政部颁布的《企业产品成本核算制度》和《关于全面推进管理会计体系建设的指导意见》相关文件和规定，建议企业管理者应该熟知与理解，以便将这些文件和规定运用于本企业，为此本文以附录的形式，供实际运用时查实与验证。

附录一:《企业产品成本核算制度》(摘要)

第四条　企业应当充分利用现代信息技术,编制、执行企业产品成本预算,对执行情况进行分析、考核,落实成本管理责任制,加强对产品生产事前、事中、事后的全过程控制,加强产品成本核算与管理各项基础工作。

第五条　企业应当根据所发生的有关费用能否归属于使产品达到目前场所和状态的原则,正确区分产品成本和期间费用。

第六条　企业应当根据产品生产过程的特点、生产经营组织的类型、产品种类的繁简和成本管理的要求,确定产品成本核算的对象、项目、范围,及时对有关费用进行归集、分配和结转。

第八条　企业应当根据生产经营特点和管理要求,确定成本核算对象,归集成本费用,计算产品的生产成本。

第九条　制造企业一般按照产品品种、批次订单或生产步骤等确定产品成本核算对象。

第二十条　企业应当按照第八条至第十九条规定确定产品成本核算对象,进行产品成本核算。企业内部管理有相关要求的,还可以按照现代企业多维度、多层次的管理需要,确定多元化的产品成本核算对象。

附录二:《关于全面推进管理会计体系建设的指导意见》(摘要)

管理会计是会计的重要分支,主要服务于单位(包括企业和行政事业单位,下同)内部管理需要,是通过利用相关信息,有机融合财务与业务活动,在单位规划、决策、控制和评价等方面发挥重要作用的管理活动。管理会计工作是会计工作的重要组成部分。

全面推进管理会计体系建设,是建立现代财政制度、推进国家治理体系和治理能力现代化的重要举措;是推动企业建立、完善现代企业制度,推动事业单位加强治理的重要制度安排;是激发管理活力,增强企业价值创造力,推进行政事业单位加强预算绩效管理、决算分析和评价的重要手段;是财政部门更好发挥政府作用,进一步深化会计改革,推动会计人才上水平、会计工作上层次、会计事业上台阶的重要方向。

推进管理会计指引体系建设:形成以管理会计基本指引为统领、以管理会计应用指引为具体指导、以管理会计案例示范为补充的管理会计指引体系。一是在课题研究的基础上,组织制定管理会计指引体系,推动其有效应用。二是建立管理会计专家咨询机制,为管理会计指引体系的建设和应用等提供咨询。三是鼓励单位通过与科研院校合作等方式,及时总结、梳理管理会计实践经验,组织建立管理会计案例库,为管理会计的推广应用提供示范。

推进面向管理会计的信息系统建设:指导单位建立面向管理会计的信息系统,以信息化手段为支撑,实现会计与业务活动的有机融合,推动管理会计功能的有效发挥。一是鼓励单位将管理会计信息化需求纳入信息化规划,从源头上防止出现“信息孤岛”,做好组织和人力保障,通过新建或整合、改造现有系统等方式,推动管理会计在本单位的有效应用。二是鼓励大型企业和企业集团充分利用专业化分工和信息技术优势,建立财务共享服务中心,加快会计职能从重核算到重管理决策的拓展,促进管理会计工作的有效开展。三是鼓励会计软件公司和有关中介服务机构拓展管理会计信息化服务领域。

第四章　企业财务会计规范问题

【研究背景与内容摘要】

会计规范是解决和处理会计实务问题的判别标准，是会计师用以检验会计信息质量的准绳。在实践中，会计规范就是一套用于规定、约束会计信息系统的数据加工、处理与信息生成等行为的法律、标准制度和惯例的总称。作为企业以及会计主体，企业法定代表和财务人员必须熟悉理解会计规范，并按照会计规范从事管理工作。

本章以会计规范研究为基本目标，对山山家财务会计规范管理现状进行了重点分析研究，针对如何规范和提升公司财务会计工作和财务人员能力提出了几点建议和应该采取的措施。

一、企业会计规范的基本体系

一般而言，我国会计规范体系由三个部分组成。它是以《中华人民共和国会计法》为基础，国务院或财政部颁布的一系列会计行政法规、会计规章和地方性法规组成，包括各种会计法律法规、地方性会计规章等一系列规范性文件。

(一)《中华人民共和国会计法》

《中华人民共和国会计法》(以下称《会计法》)是由全国人大通过的一项会计法律，是财政部制定各项会计规范性文件的法律基础。《会计法》全文共七章、五十二条，对会计核算、会计监督、会计机构和会计人员及法律责任等都规定了会计工作必须达到的要求，尤其强调了单位负责人对会计信息真实性的责任。《会计法》第四条明确规定，"单位负责人对本单位的会计工作和会计资料的真实性、完整性负责"。这样无论是会计人员弄虚作假，还是单位负责人授意会计人员提供虚假信息，单位负责人均应负责。同时，在企业会计核算方面特别规定：企业资产、负债、所有者权益、收入、费用、成本、利润和利润分配的确认、计量、记录和报告方面必须是真实可靠的。

(二)会计行政法规与会计规章

会计行政法规与会计规章是由国务院或财政部制定发布的、用于调整和指导会计工作各项准则与制度,包括国家统一的会计核算制度、会计监督制度、会计机构和会计人员管理制度及会计工作管理制度。例如,《财务报告条例》《企业会计准则》《小企业会计准则》《企业会计制度》《会计基础工作规范》《会计从业资格管理办法》《会计档案管理办法》等。

(三)地方性会计法规

地方性会计法规是由省、自治区、直辖市人民代表大会或常务委员会在同宪法、会计法律、行政法规和国家统一的会计准则制度不相抵触的前提下,根据本地区情况制定发布的关于会计核算、会计监督、会计机构和会计人员以及会计工作管理的规范性文件。

二、对公司财务会计规范管理现状的要点分析、建议与措施

(一)对公司财务会计规范管理现状的要点分析

依据我们了解到的情况,目前公司财务会计管理现状可以归纳为如下两点:

1. 会计基础工作薄弱,缺乏有效的会计监督体系

主要体现在:总部设一个出纳,负责月末回款,门店设统计人员,一般为店长,负责管理收银台和月末长短款;财务岗位是职责不明确,无法进行岗位考核和内部控制;财务制度不健全,特别是对收银台的控制和监督,尚未建立全面预算;会计核算按照《小企业会计准则》;内控制度不严并缺乏系统性与科学性。

2. 会计核算存在四个问题

主要体现在:(1)挂账问题,反映出来的问题是公司有好几个名称,导致挂账单位不统一,同时挂账门槛低导致催账成本高。(2)销售折扣的处理问题,挂账核销量大,分不清是哪个单位,不知道核对哪个单位的应收账款,同一金额的有好多笔。虽然有营运部门和销售团购部门负责销售折扣的制定,会计上设有应收会计与应付会计,但是由于经营方法灵活,折扣机动性大,单笔销售量大、金额小,尤其是遇到中秋、端午等节假日,导致后期弥补工作量很大。(3)预收账款的处理问题:公司发行礼券,发行时可以估算折扣金额,但收回礼券时无法清算折扣,每个月只能按平均数入账处理。(4)财务人员尚未掌握合并报表的合并技术。

（二）对规范和提升公司财务会计工作与财务人员能力的建议与措施

针对上述会计基础工作薄弱、缺乏有效的会计监督体系以及会计人员从业能力较差状况，我们认为要使企业长期平稳发展，必须从财务组织架构、提升财务人员基本素质及能力方面进行会计规范与管理，提出如下建议和措施。

1. 构建比较合理完善的财务组织架构，健全规范的财务职能和管理体系

财务部是企业经营管理的职能部门之一，综合反映全面监督企业活动的全过程。财务部的主要职责是：根据国家财经政策和食品业政策，结合本公司的实际情况，制定具体的财务管理规范和管理办法，实施财务监督，为公司的经营决策提供数据信息和建议，从而最大限度地提高公司的盈利能力。为此规范的财务部组织架构图如图 4—1 所示：

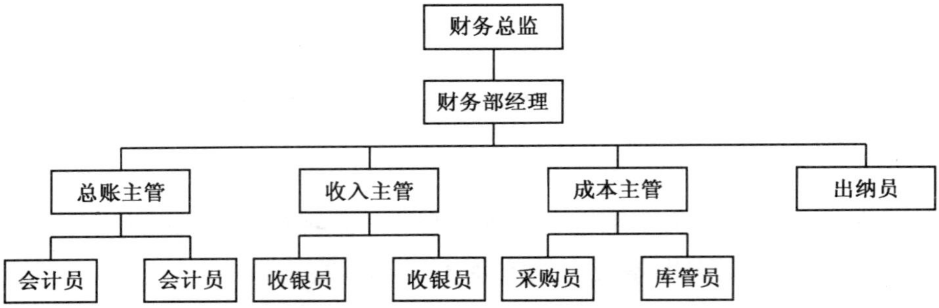

图 4—1　财务部组织构架

2. 规范公司财务部各个岗位职责

公司财务岗位是非常重要的，一般而言，从财务聘任的基本要求来看，从业者必须具有财会专业大专及以上学历；能阅读和理解专业资料；掌握各种财政、税务、经济法律法规制度及相关的专业理论知识。由于各个岗位要求有差异，按照三个层次，建议各层次岗位职责如下。

第一层次：财务总监的岗位职责：(1)在董事会和总经理领导下，总管公司财务管理、成本管理、预算管理、会计核算、会计监督、审计监察等方面的工作。(2)组织执行国家有关财经法律、法规、方针、政策和制度，保障公司合法经营，维护股东权益。(3)参与公司重要事项的决策和方案制订工作，为公司战略发展、经营管理、风险控制以及对外投资等事项提供建议和依据。(4)建立健全公司内部核算体系，完

善各项财务规章制度。(5)负责审核签署公司预算、财务收支计划、成本费用计划、信贷计划、财务报告、会计决算报表,会签涉及财务收支的重大业务计划、经济合同、经济协议等。(6)负责现金流量管理、营运资本管理及资本预算、企业分立或合并相关财务事宜、企业融资管理、企业资本变动管理等。(7)负责与政府财税部门联系,落实财税政策。(8)定期向董事长、总经理述职。(9)完成董事会和总经理交办的其他工作。

第二层次:财务部经理的岗位职责:(1)协助做好公司日常业务运转以及对财务部员工的各项管理工作。(2)监督收入和成本核算的业务操作。(3)协助起草各种管理制度,并监督检查落实各有关制度。(4)协助处理好与其他部门在公司经营工作中出现的各种相关财务问题。(5)监督公司内部的财务情况,确保公司一切经济活动按国家的有关法规和制度进行。(6)负责做好部门员工培训的落实工作。(7)负责编制年度、季度、月度报表。(8)完成上级交办的其他工作。

第三层次:总账主管、收入主管、成本主管和出纳员同属一个层次,作用相同但是职责有差异,具体岗位分工如下:

总账主管的岗位职责:(1)参与制定公司的各项财务管理制度,会计核算程序及财务费用开支的规定。(2)参与公司财务预算的编制活动,并协助组织实施。(3)全面负责落实公司的各项财务管理和会计核算制度,确保提供的会计信息报告及时、准确、完整。(4)负责对会计人员的日常业务工作及技能进行培训检查、考核和评估。(5)完成财务经理交办的其他工作。

收入主管岗位职责:(1)负责公司收入的核算和核对工作,监督执行有关收入管理规范,协调各岗位之间的单据传递工作;(2)审核编制有关收入的记账凭证和明细账;(3)负责对公司营业收入进行核算,编制相关会计凭证,按时编制与营业收入有关的核算报表,并定期做出财务分析,提高资金回收率和资产使用效率。

成本主管岗位职责:(1)严格遵守公司制定的成本核算方法,组织汇集各部门提供的原始资料进行整理归类后,据此进行成本核算。(2)加强成本核算的管理基础工作,协助财务总监制定成本核算各岗位工作流程。(3)根据市场行情和物资使用、消耗情况,制订采购计划和方案,并负责实施。(4)监督和检查采购渠道、收货程序以及原材料质量,了解和掌握市场上原材料价格信息,配合采购部对成本物资询价、定价。(5)按合理库存数和消耗数量,确定库存最高、最低限额,严格控制采购费用和库存数量。(6)及时反馈成本信息,协同公司各部门杜绝经营中的各种舞弊浪费以及有损于客户利益的行为，严格把好成本关。(7)实行目标成本管理，定期进行成本分析，为采购和营业部门管理人员解决问题，提供参考，为公司领导决策提供可靠依据。(8)负责公司成本、原材料的记账、审核及核算工作，核对和清理应付账目的全部账务，负责应对账款的审核、制证和结算工作，并按使用部门对成本费用进行归集分配入账。(9)配合部门经理协调采购、验收保管、使用部门之间的关系。(10)负责安排采购员的日常采购任务，督促和检查其完成任务的进度和质量，确保正常供应。(11)负责开拓供货渠道，分析比较市场调查情况，选择最佳采购方案。(12)督促和参与各部门的月末盘点工作，做到账账相符、账证相符、账实相符，并负责解决盘盈盘亏的原因分析及账务处理。(13)每月负责按“永续盘存制”在每月结账期对库存物料用品、低值易耗品、原材料等进行盘点，采取合理方法核算成本，并按盘点表、盈亏情况、部门领料情况写好盘点分析报告。(14)负责督导和培训本岗位成本核算会计，考核本组员工工作业绩和工作质量。

出纳员岗位职责：(1)严格执行资金管理制度。(2)按照总经理审签过的会计凭证或原始凭证，办理货币资金收、付业务，逐笔登记现金和银行日记账，及时传递收、付款凭证，保证账实相符。(3)控制库存现金限额，做好库存现金和各种有价证券、有关印章的管理工作，保管好保险箱钥匙，确保万无一失。(4)负责现金支出及费用报销，并及时传递原始凭证。(5)每日清点现金，做到账实相符。

3. 健全各项财务制度，提升会计从业人员持续学习能力

具体而言，细化为6个方面：(1)建议将上述财务组织架构和财务岗位职责落实到位、到人；(2)应该制定从业人员的进修制度，例如每年一次或者两次进高校或者参加财政局举办的从业人员继续教育，考核其从业能力；(3)鼓励参加各类职业考试，并设立相应的激励制度；(4)针对本公司会计核算方面存在的问题，应提升会计人员 Excel 表格的使用技能，对现有软件进行改进和对礼券及结算程序的设计进行改进；(5)按照财政部《企业会计信息工作规范》进行管理和设计，提高财务工作效率、减少差错；(6)对会计档案进行整理，尤其应该制定电子会计档案管理制度，确保会计档案具有可追溯性，以经得起上级部门的检查。

4. 制定内部控制制度，全面推进企业管理更上新台阶

随着公司业务规模不断发展和扩大，建立企业内部控制制度刻不容缓。建议公司根据食品行业生产特点、工艺流程、财务工作流程，根据财政部、国家审计署《企业内部控制配套指引》《企业内部控制应用指引》《企业内部控制评价指引》和

《企业内部控制审计指引》等文件，真正建立以防范风险和控制舞弊为中心、以控制标准和评价标准为主体，结构合理、层次分明、衔接有序、防范可续和体系完备的企业内部控制规范体系，这是企业做大做强的基本保障，以此全面推进企业经营管理更上新台阶。

【本章附录】

建议重点领会《会计法》与《会计基础工作规范》两个文件，以此促进公司财务规范与管理工作。

附录一:《会计法》(摘要)

第二十七条　各单位应当建立、健全本单位内部会计监督制度。单位内部会计监督制度应当符合下列要求:(一)记账人员与经济业务事项和会计事项的审批人员、经办人员、财物保管人员的职责权限应当明确，并相互分离、相互制约；(二)重大对外投资、资产处置、资金调度和其他重要经济业务事项的决策和执行的相互监督、相互制约程序应当明确；(三)财产清查的范围、期限和组织程序应当明确；(四)对会计资料定期进行内部审计的办法和程序应当明确。

第三十六条　各单位应当根据会计业务的需要，设置会计机构，或者在有关机构中设置会计人员并指定会计主管人员；不具备设置条件的，应当委托经批准设立从事会计代理记账业务的中介机构代理记账。国有的和国有资产占控股地位或者主导地位的大、中型企业必须设置总会计师。总会计师的任职资格、任免程序、职责权限由国务院规定。

第三十七条　会计机构内部应当建立稽核制度。出纳人员不得兼任稽核、会计档案保管和收入、支出、费用、债权债务账目的登记工作。

第三十八条　从事会计工作的人员，必须取得会计从业资格证书。担任单位会计机构负责人(会计主管人员)的，除取得会计从业资格证书外，还应当具备会计师以上专业技术职务资格或者从事会计工作3年以上经历。会计人员从业资格管理办法由国务院财政部门规定。

附录二:《会计基础工作规范》(摘要)

《会计基础工作规范》第六条、第七条、第十一条、第十二条、第十四条，从制度上要求一家企业应该如何配备会计机构，会计机构负责人、会计主管人员应当具备哪些基本条件，这对改变公司目前薄弱的会计基础工作，提高会计监督体系有很强的针对性。

第六条　各单位应当根据会计业务的需要设置会计机构；不具备单独设置会计机构条件的，应当在有关机构中配备专职会计人员。事业行政单位会计机构的设置和会计人员的配备，应当符合国家统一事业行政单位会计制度的规定。设置会计机构，应当配备会计机构负责人；在有关机构中配备专职会计人员，应当在专职会计人员中指定会计主管人员。会计机构负责人、会计主管人员的任免，应当符合《中华人民共和国会计法》和有关法律的规定。

第七条　会计机构负责人、会计主管人员应当具备下列基本条件：(一)坚持原则，廉洁奉公；(二)具有会计专业技术资格；(三)主管一个单位或者单位内一个重要方面的财务会计工作时间不少于2年；(四)熟悉国家财经法律、法规、规章和方针、政策，掌握本行业业务管理的有关知识；(五)有较强的组织能力；(六)身体状况能够适应本职工作的要求。

第十一条　各单位应当根据会计业务需要设置会计工作岗位。会计工作岗位一般可分为：会计机构负责人或者会计主管人员、出纳、财产物资核算、工资核算、成本费用核算、财务成果核算、资金核算、往来结算、总账报表、稽核、档案管理等。开展会计电算化和管理会计的单位，可以根据需要设置相应的工作岗位，也可以与其他工作岗位相结合。

第十二条　会计工作岗位，可以一人一岗、一人多岗或者一岗多人。但出纳人员不得兼管稽核、会计档案保管和收入、费用、债权债务账目的登记工作。

第十四条　会计人员应当具备必要的专业知识和专业技能，熟悉国家有关法律、法规、规章和国家统一会计制度，遵守职业道德。会计人员应当按照国家有关规定参加会计业务的培训。各单位应当合理安排会计人员的培训，保证会计人员每年有一定时间用于学习和参加培训。

第五章 企业内部控制与管理篇

【研究背景与内容摘要】

2008年财政部发布了《企业内部控制基本规范》，将企业内部控制从财务会计领域拓展至公司的整个运营领域，强调企业生产全过程的风险管控，更进一步地体现了内部控制在当代企业管理中的重要作用，而不仅仅只是局限于企业财务的范畴。所以根据企业自身实际情况构建内控体系，建设系统化、全面涵盖公司各项经营业务的相对完整的内部控制系统，成为提升企业综合管理水平的一项重要标志。本文就该企业急速发展之后管理者如何从高效的"人治"转变为规范的"法治"问题进行了研究，通过对该企业内控现状的了解、分析，提出管理上的建议。

【正文】

一、企业内部控制管理现状

山山家发展至今，已形成了一套较为成熟的管理方法，这些方法的应用很大部分是以企业规章制度为载体的，例如目前公司已施行的《材料采购入库及报销流程》《高压线内容》《山山家门店日账要求标准》《门店营业款现金交款的管理制度》《餐饮公司关于发票的相关规定》等一系列管理制度，从而有效保障了公司日常的正常运转。

同时我们也对公司的销售收款、采购付款、生产仓储、筹资投资、产品研发、人事薪酬等管理流程做较为详细的了解。具体情况列表如下：

1. 销售收款

表 5—1 **销售收款**

销售模式(流程)	收款方式(折扣)	票据流转	流转过程	岗　位
门店零售 1. 零售 2. 团购记账 3. 蛋糕订单销售 4. 礼券/卡提货 5. 其他线上销售(美团、百度等) 6. 门店提货	1. 现金存银行 2. 银行刷卡后台核对 3. 微信、支付宝现场刷单 4. 订单记账单 5. 其他收款方式(美团等)做记账单 以上折扣按客户手中会员折扣卡自动打折	1. 内部结算单(现金收款金额,刷卡收款金额,微信收款金额,支付宝收款金额,礼券金额)并附存款单、刷卡小票、其他小票、礼券等附件 2. 记账单 3. 蛋糕订单	1. 门店统计对内部结算单和存款单等单据核对,交出纳,出纳与实际收款核对 2. 记账单登记后传递给应收会计,应收会计挂账,出纳传递到款信息后核销 3. 出纳核对实际到账款项,做出流水账 4. 应收会计核对记账票据,做应收挂账,并做到款核销	1. 门店统计 2. 应收会计 3. 现金出纳
实物团购 1. 公司有团购折扣规定进行赊销管控 2. 低于规定折扣需售经理和总经理进行审批 3. 销售合同经审批,业务员填写订购协议 4. 业务员按协议规定在ERP软件下订单,由财务审核订单,生产部门安排生产,并按合同要求送货,取得客户签字的销货回单 5. 业务员到门店拿货,门店做记账单 6. 销货回单交到财务统记核算,业务员按合同约定时间到财务领取销货回单与客户结算	1. 现金缴款 2. 转账 3. 券卡结款 4. 折扣按公司折扣标准执行,或者总经理特批	1. 记账单 2. 工厂订单	1. 记账单流转应收会计 2. 工厂订单流转应收会计	1. 应收会计 2. 现金出纳
卡券预售 1. 赊销:预售卡/券通过公司出售,填写订购协议(团购流程与实物赊销流程一致) 2. 门店直接零售	1. 现金缴款 2. 转账 3. 券卡结款	1. 记账单 2. 零售单	1. 记账单流转应收会计 2. 零售单流转门店统计核对	1. 券卡出纳 2. 应收会计 3. 门店统计 4. 现金出纳
电子商务 1. 微信商城售卖 2. 淘宝售卖	1. 第三方转账	1. 记账单	1. 记账单流转应收会计 2. 出纳到账核对	1. 应收会计 2. 现金出纳

2. 采购付款

表 5—2 **采购付款**

采购方式(流程)	付款方式	票据流转	流转过程	岗 位
计划采购 1. 门店报单 2. 仓库缺货补货,数量根据库存上下限设置 3. 计划经理预审核,数量审核 4. 采购经理审核,采购数量审核 5. 采购经理通知发货 6. 采购价格审批没有制度	1. 材料入库 2. 应付款挂账 3. 计划付款	1. 入库单 2. 计划付款单 3. 供应商送货单 4. 付款单	1. 工厂材核对实物及送货清单,签收,入库 2. 流转采购部门对材料入库单和送货单复核 3. 按付款合同时间填写计划付款单,附件入库单、供应商送货单交财务进行成本会计审核 4. 财务审核按付款时间做计划付款	1. 门店店长 2. 运营计划经理 3. 工厂计划经理 4. 采购经理 5. 仓库管理 6. 采购文员 7. 成本会计
零星采购 1. 门店零星材料补货,直接购买,店长确认 2. 新品研发材料采购:采购申请报采购经理	1. 材料入库 2. 当月付款	1. 入库单 2. 购买清单 3. 付款单	1. 门店材料自采入库 2. 提供购买清单(购买人、确认人双签) 3. 门店管理审核签字,财务报销	1. 门店店长 2. 运营总监 3. 成本会计
设备/固定资产采购 1. 申请部门采购申请 2. 总经理批准 3. 采购部进行询价,签订合同	1. 固定资产入库 2. 计划付款	1. 采购申请单 2. 入库单 3. 供应商清单	1. 部门采购申请单填写,总经理签字后流转采购部 2. 采购部合同签订 3. 付款单填写(或入库后付款) 4. 固定资产入库单 5. 固定资产卡片管理,标贴	1. 使用部门负责人、使用责任人 2. 采购经理 3. 仓库管理 4. 财务固定资产管理岗

3. 生产仓储

表 5—3 **生产仓储**

生产方式	票据流转	流转过程	岗 位
生产 1. 计划经理汇总要货单 2. 安排生产 3. 原料仓库材料发到配料间,车间从配料间领材料生产 4. 成品回到仓库入库	1. 门店配送单 2. 订单销货单 3. 领料单 4. 进货单		

续表

生产方式	票据流转	流转过程	岗　位
仓储 1. 仓库分原料仓、成品仓 2. 材料入原料仓 3. 门店做报单，仓库做配送单发门店材料，车间做领料单，仓库发车间材料 4. 车间产品入库成品仓，配送单发门店成品，销货单发订单产品 5. 每月末仓库盘存、配料间盘存、车间盘存 6. 报单后仓库缺货做缺货补货反馈，采购部做采购			

4. 筹资、投资项目

目前主要由总经理、公司核心管理层会同外部顾问团队共同讨论决策。

5. 产品研发

公司目前将研发人员分成13个组，并分散在各生产部门，上柜、定产、下架尚未制订具体标准和流程。

6. 人事和薪酬

由部门提出补岗申请，人事招聘，部门主管面试。薪酬按岗位级别设定，有统一标准，高管除外。

二、对企业内部控制管理现状的分析

当前很多民营企业在经历了企业快速发展期后，在市场开发、产品结构、生产能力等方面都已初具规模，但自初创期形成的简易化管理模式常常会造成某些关键环节的控制缺陷，可能给扩张发展后的企业带来潜在风险，创业前期的经营模式无法与企业日益提升的管理需求相匹配。企业急速发展后管理者也常常对企业管理产生力不从心的感觉，所以如何从高效的“人治”转变为规范的“法治”已成为亟待解决的一个问题。山山家同样也面临着市场竞争加剧、内部管理需进一步理顺的状况，而究此状况的根源很大程度来源于公司内部控制体系还不完善，主要表现为以下几方面：

1. 对企业内部控制缺乏整体的认识，未建立全面的内控体系

人们常常会认为内部控制是财务部的会计控制或者是对企业制度的简单归集汇总，而对内部控制体系缺乏整体、全面的认识。事实上内部控制贯穿企业运营的全过程，涉及所有部门，它会受到企业内部各层次人员的影响，而不是简单地制定出一套制度或规章。有效的内部控制至少包括内部环境、风险评估、控制活动、信息与沟通、对控制的监督五项要素：

(1)内部环境是基础，是企业建设内部控制的土壤，是一切内控制度、流程、控制点得以实施的根本条件，良好的内控环境是公司内部具备良好的风险意识和内控文化；(2)风险评估是内控建设的方向，注重企业经营效果效率就必须注重风险评估，以风险为导向来建设内部控制体系，非重大风险可酌情简化，但针对重大风险企业需要认真将制度、流程和控制环节建设好；(3)控制活动是内控体系的核心环节，也就是控制手段，它嵌入在各项业务流程当中，保障各项控制目标的完成，在控制活动中应该注意留下控制痕迹以供检查监督；(4)信息与沟通包括信息传递和信息系统两个部分：一方面要求公司各部门、各级别之间建立良好的沟通渠道，另一方面内部信息管理系统控制有效；(5)监督检查是使内部控制成为闭环的重要组成部分。通过对内部控制实施有效的日常监督，使内控体系处于动态的完善过程中，不断得到优化和提升。

山山家发展至今，企业文化氛围非常浓厚，公司聚合力强大，内部控制实施的基础环境比较好，且公司已于去年引用了易飞管理软件，企业内控管理的硬件条件亦已具备。目前欠缺和需要的是提高全员风险控制意识，通过建立有效的风险评估方法，链条化、流程化的风险控制措施，来不断提高和完善风险管理水平，并逐步建立全面的内部控制管理体系。

2. 已习惯于传统的管理方法

在企业初创期，由于规模、人员、成本的限制，内部控制管理是无意识的，大部分传统的管理方式是事后管理，即发现问题，事后补救，并针对这些堵漏建立起相应的管理制度，这些制度的建立基本是零散的，甚至是各个部门独立的管理，而非企业整体的链条式管理。但是也必须承认这种管理方式有良好的应急性，能够立竿见影，兼具灵活、简洁的特点，而且管理环节较少，控制流程短平快，从而提高了经营效率。但是这种模式下的公司内部管理更多地依赖于关键管理人员，一旦发生舞弊行为、关键人员流失或关键人员无法参与管理，公司就会有重大损失甚至是

造成运营瘫痪。而内部控制的完善就是通过公司内部信息的有效传递，控制可能发生的各项经营风险，对市场变化可能带来的后果做预防性措施，更侧重于事前预防和事中控制。

目前山山家出台了不少管理制度，内部的流转单据也保留了控制痕迹，然而存在应急性的制度比较多而系统性的规章制度缺少状况，同时缺少对制度执行有效性的监督检查。

3. 公司已施行的部分管理制度中尚存在一些管控风险

我们也具体分析了公司目前执行的一些管理制度，我们注意到部分制度本身尚存在一些管控风险。如：未建立采购价格审批制度；未对研发管理制订具体的标准和流程；未建立较完整的预算管理流程；未建立投资筹资等重大事项议事决策流程；未建立日常监督管理机制等。

三、对完善企业内部控制与管理的建议

基于以上情况，我们建议山山家在今后的内部控制管理中要从以下三方面来着手改进，具体包括：

1. 搭建适合公司战略的组织架构

山山家应当根据业务发展需要，遵循风险管理、权责对等、效率优先等原则，分别设置不同层次的管理人员及其由各专业人员组成的管理团队，针对各项业务功能行使决策、计划、执行、监督及评价权利并承担相应的义务，从而为业务的顺利开展进而实现企业发展战略目标提供组织机构的支撑平台。在此部分要明确相关的权、责、利，使内控实施有充分的推动力。

2. 构建有效的经营管理体系

企业经营管理是战略规划得以实现的机制保障，是企业对各个业务模块开展业务、进行流程优化的前提条件，如何搭建各个业务模块以达到最大协同效应的管控模式也是内部控制系统设计的核心内容之一。具体可以包括明确战略目标、建立相互协同的管控体系（如战略管控、运营管控、财务管理、人力资源管控等）、优化业务流程等。

3. 以“目标—风险—控制”为原则逐步完善内控管理体系建设

企业经营必然有长期和短期的目标，在目标实现过程中必然产生风险，有风险就需要有控制，企业内部控制归根结底是对风险的控制，使风险降低到可接受水

平，所以进行内控体系化建设的过程汇总我们建议：

(1)总体目标要建立完善的、涉及公司各项业务活动的、体系化的内部控制措施，使内部管理及风险控制体系成为风险之网，保护企业经营的各个方面，减少企业的经营风险。在制度建设方面我们建议可以逐步补充和完善以下的各项内容，包括但局限于此，详见表 5—4：

表 5—4 企业制度建设

序号	制度名称	审批权限	备 注
	基本制度		
1	股东大会议事规则	股东大会	如有
2	董事会议事规则	股东大会	如有
3	监事会议事规则	股东大会	如有
	第一篇		
1	组织机构图	董事会	
2	公司章程	股东大会	
3	总经理工作制度	董事会	
4	内部信息保密制度	董事会	
5	组织结构管理制度	董事会	
6	发展战略管理制度	董事会	
7	企业文化管理制度	董事会	
8	对外捐赠与赞助管理制度	董事会	
9	人力资源——招聘管理制度	总经理	
10	人力资源——培训管理制度	总经理	
11	人力资源——薪酬与激励管理制度	总经理	
12	人力资源——绩效考核管理制度	总经理	
13	人力资源——晋升与离职管理制度	总经理	
	第二篇		
1	募集资金存储使用管理制度	股东大会	
2	资金管理制度	董事会	
3	存货采购与付款管理制度	总经理	

续表

序号	制度名称	审批权限	备　注
4	设备采购与付款管理制度	总经理	
5	供应商管理制度	总经理	
6	存货管理制度	总经理	
7	固定资产管理制度	总经理	
8	无形资产管理制度	总经理	
9	资产盘点制度	总经理	
10	销售与收款管理制度	总经理	
11	对外担保管理制度	股东大会	董事会先审议
12	工程项目管理制度	总经理	
13	财务报告管理制度	总经理	
14	发票及税金管理制度	总经理	
15	会计核算制度	董事会	
16	研发管理制度	总经理	
	第三篇		
1	预算管理制度	股东大会	
2	合同管理制度	总经理	
3	内部信息传递管理制度	总经理	
4	信息系统管理制度	总经理	
5	内部审计制度	董事会	
6	企业风险评估制度	董事会	

(2)在制度的细节化管理方面,我们针对目前实施的条款,建议对相关内容做进一步优化。

①为确保筛选合适的供应商,选购高品质、低价格的商品,达到降低采购成本的目的,确保公司运营,应制定采购价格审批制度,明确采购专员和采购经理对商品价格、供应商选择、付款方式等监督、审核和确认的职责范围。公司可制定如下制度,例如:A. 采购部收到请购单或采购计划被批复后,要开展多方询价、比价、议价,按照货比三家的原则,询价人员将三家以上候选供应商的品种、性能指标、报

价、批量、运输和付款条件等情况报采购经理或上级领导选择。B. 对大宗、贵重、批量性的采购可采取公开竞价、招标、产品订货会等方式进行采购。尽量提高每次采购批量,获得批量折扣,降低采购成本。C. 采购部应采取有效措施,完成公司下达的降低采购成本的指标,或达到采购目标成本。采购员密切关注主要材料、物资市场供求、价格变动情况,进行趋势预测,提出最有利的采购时机。

②研发循环应制定相关的标准和流程,例如:A. 应实施新产品设计的市场调研及可行性评估。在新产品评估过程中,应召开会议并征询业务、制造、品牌管理等相关单位之意见。新产品开发,应评估具体的经济效益。B. 编制研发循环图、设计开发流程图等:提案评估——设计规划——试作样品——设计验证与审查——量试、验收与变更——差异分析。

③应当明确权责分配和职责分工,机构设置和人员配备合理优化。如:A. 出纳人员不得兼任收入、支出、费用、债权债务账目的记账工作。B. 应指定专人定期与银行对账,并指派对账人员以外的其他人员进行审核,确定银行存款账面余额与银行对账单余额是否相符。C. 设备/固定资产中"3、采购部进行询价,签订合同"存在不相容岗位。采购与付款业务的不相容岗位包括:询价与确定供应商,采购合同的订立与审核。采购部门在询价、确定供应商、签订合同和审核时应注意防范和控制风险,属于不相容职务的应分离,分别由两人执行。

④对于机器设备等固定资产的采购应制定相应的内控制度。例如:A. 对一般固定资产的采购,由使用部门根据具体情况提出采购申请,待批准后交由采购部门采购。B. 对重大固定资产投资项目,需相关部门对项目进行可行性分析与评价,编制固定资产投资预算,报公司股东会、董事会或类似权力机构审批。固定资产管理部门应依据申购单、送货单及发票对固定资产进行验收,并填制验收直拨单将固定资产交付给申购部门。C. 每年至少组织一次对固定资产的清查工作,并负责固定资产的盘点。

四、参考文献

[1]朱恩荣. 内部控制案例(2006 年).

[2]徐荣才. "内部控制设计:逻辑与路径"(《证券日报创业周刊》,2007 年).

[3]徐宁. "构建体现全面风险管理的内部控制新机制"(中国内部审计协会,2006 年).

第六章　企业发展战略篇

【研究背景与内容摘要】

选择合适的发展战略是公司持续发展的关键。公司战略管理包括战略分析、战略制定、战略落地、战略评价和战略调整等。在管理实践中，企业制定战略，根据企业规模、业务特点等选择不同的制定战略的方法是管理好一家企业的关键步骤。为此，本章以企业发展战略内容为基础，通过对山山家 2016 年 8 月制定的《山山家发展规划书》包括目前食品工业、烘焙行业的市场状况、公司发展目标和发展规划进行较为全面的分析，提出相应的建议和对策。

【正文】

一、企业发展战略现状与要点分析

浙江山山家食品有限公司，其前身为金华市山山烘焙食品坊，由王平女士等人共同出资 50 万元、于 2003 年成立加工厂发展而来，共有 2 家门店。2009 年成立金华市山山烘焙食品有限公司，注册资金 500 万元，共有门店 11 家。2010 年，在马鞍山租建标准厂房5 000平方米，实现了中央工厂全城配送，产能供给达到 50 家门店。2014 年公司更名为浙江山山家食品有限公司，注册资金增至1 000万元，成为一家集研发、设计、生产、销售为一体的新技术食品企业。公司现有员工 550 余人，门店 44 家，其中：直营门店 33 家（含开业筹备 1 家），加盟店 5 家，餐饮 2 家，高速公路项目 2 家，即将开业门店 2 家；旗下另有金华市山时山刻餐饮管理有限公司和金华市唔里餐饮管理有限公司（高速公司项目）2 家全资子公司，以及金华电大山山学院（专业技术培训学校）。

目前山山家发展战略方面存在的主要问题归纳为以下几点：

（一）山山家没有设置战略管理部门，牵头负责战略管理工作

主要由总经理、公司核心管理层以及外部顾问团队老师等对外部经济环境和内部资源实力进行了较为客观的分析，制定了《山山家发展规划书》。

（二）公司发展规划

依据市场状况分析，公司战略选择了成长型战略，确定公司发展规划：未来5～10年内以每年平均新增5家门店的规模，在金华地区全面铺开，门店数量达到88～100家。提升品牌核心价值。扩大经营规模和多元化发展，已投资1 500万元在金华市郊（岭下镇）租用近200亩土地，规划投资9 000万元打造集面包生产、旅游休闲、农业观光、餐饮娱乐为一体的工旅结合的现代化产业园。客户关系的高度定位。

（三）公司愿景和目标

5年做成为区域王者（浙中地区最具影响力的烘焙品牌之一、省内一流品牌），十年成为全国品牌，力创百年企业。

（四）公司资本金筹集

山山家资本结构实质为股份制公司，有一整套股份管理制度和方法。公司从2003年12月成立时50万股、50万元原始股本，通过配股、新增资本金，发展至2010年600股、330万元股本。未来规划投资9 000万元，拟通过增资扩股筹集。

二、对企业发展战略的建议与对策

烘焙行业市场容量伴随中国经济发展、城镇化推进以及居民收入水平的提升，社会零售总额逐年稳步增长。然而烘焙行业存在竞争越来越激烈、行业集中度不高的现状，在生产研发、渠道建设和品牌理念方面，外资品牌占得先机。近些年，本土烘焙企业在区域市场上发展迅速，品牌意识、渠道建设方面提升较快。目前金华烘焙市场上，烘焙企业数量增加不少，但形成规模化生产、品质化经营和品牌化运营的不多，山山家的主要竞争对手是元祖、85℃、美然以及一些新兴品牌。

在机遇和挑战并存的大趋势下，建议山山家全面审视市场空间与前景、消费者行为特征和具体需求，在产业模式、产品创新、营销渠道等方面及时做出积极的战略布局，以创新为起点构建核心竞争力。

（一）设置专门机构或部门，牵头负责战略管理工作

在制定了5～10年公司战略发展规划基础上，由战略管理部门负责落实与业

务部门确立经营战略。为实施和支持公司战略和经营战略，进一步制定具体的生产战略、人力资源战略、研究和开发战略、财务战略以及市场营销战略等，做好战略落地、战略评价和战略调整等的跨部门协调，保障战略目标如期实现。

(二)公司发展规划

1. 增设直营或加盟门店，可以通过不断扩大的市场终端规模，向消费者展示安全、优质的烘焙食品，向社会展示规范的山山家烘焙食品连锁企业的形象，增强公司影响力，提升消费者对山山家品牌的认知度和忠诚度。

然而人力成本和门店租金上涨，建议对目前已设立的44家门店进行全面梳理和分析，对长期亏损且达不到预期效果的门店关停；对平均每年规划增设的5家门店，进行充分、全面、系统的市场调查、可行性分析，设定选址、投资预算、回收期以及盈利目标。

2. 经营规模扩张及多元化经营

关注规模扩张带来的管理风险及经营规模的进一步扩大，对公司的人员管理、经营管理、市场开拓等方面提出了更高的要求，未来公司组织架构和管理体系将日趋复杂、管理难度也随之加大。如果公司管理层的素质及管理水平不能适应公司规模迅速扩张以及业务发展的需要，组织模式和管理制度未能随着公司规模的扩大而及时调整、完善，各项资源不能随着规模扩大和经营范围增加而配置到位，将影响公司的应变能力和发展活力，进而削弱公司的竞争力，给公司未来的经营和发展带来较大的影响和风险。

建议山山家在规模扩大及多元化经营战略下，对各种人才资源配置、不同筹资渠道综合、配套管理制度制定以及投资回收期估算等进行全面分析和落实。

(三)加大研发投入，提升山山家的创新能力

建议山山家在现有公司技术和外部技术团队基础上，加大研发投入，提升科技创新能力，向高端产品方向发展，实现产品的最快速度的更新。

(四)合适时机，走资本市场

一大批烘焙企业除经营模式、市场策略以及管理制度等方面的优势外，更重要的一点是借助资本力量大肆扩张。面包新语、85℃于2010年11月在台湾上市，克莉丝汀于2012年在香港联合交易所主板上市，早期分别在新加坡、中国台湾和中国香港上市，元祖在2016年12月28日在上海证券交易所正式上市。21CAKE获得联想注资；诺心已获得金沙江创投注资。国内的桃李面包、达利园、回头客以及

麦趣尔等均走进不同的资本市场。

山山家未来规划项目投资9 000万元，拟通过增资扩股筹集7 500股。建议山山家该项目资金可综合考虑部分增资扩股、部分金融机构借款等方式，适度负债。同时在合适时机，借力资本市场，布局增加门店，以及面包生产线、餐饮娱乐、旅游观光、烘焙培训等项目，实现产业链延伸，通过资源整合，创新发展，实现五年成为区域王者、十年成为全国品牌、力创百年企业的愿景。

三、参考文献

[1]刘威，王华. 竞争战略理论应用实例——今麦郎食品有限公司竞争战略选择[J]. 中外企业家，2012(1)：48－51.

[2]候军岐，候丽媛. 食品企业战略选择研究——以甘肃清河源食品公司为例[J]. 价值工程，2016，35(11)：238－240.

[3]文巨通. 雀巢全球化经营策略及形势分析. 中国经贸[J]. 2013(24)：100－101.

[4]孙宝国，王静，谭斌. 我国农产品加工战略研究[J]. 中国工程科学，2016，18(1)：48－55.

[5]李保民，王贵民. 提升我国食品加工业竞争力的对策[J]. 经济纵横，2013(1)：101－104.

参考文献

[1]财政部. 企业会计准则.

[2]财政部. 关于建立健全企业应收款项管理制度的通知.

[3]2016 年注册会计师全国统一考试教材. 财务成本管理. 会计.

[4]中华人民共和国企业所得税法.

[5]财政部. 中华人民共和国企业所得税法实施条例.

[6]财政部. 中华人民共和国增值税暂行条例.

[7]财政部. 增值税一般纳税人资格认定管理办法.

[8]财政部. 国家税务总局关于全面推开营业税改征增值税试点的通知.

[9]财政部. 增值税专用发票使用规定.

[10]财政部. 企业研究开发费用税前扣除管理办法(试行).

[11]财政部. 国家税务总局关于完善固定资产加速折旧企业所得税政策的通知.

[12]财政部. 关于企业职工教育经费提取与使用管理的意见的通知.

[13]中华人民共和国劳动合同法.

[14]财政部. 国家税务总局关于企业工资薪金和职工福利费等支出税前扣除问题的公告.

[15]财政部. 企业产品成本核算制度.

[16]财政部. 关于全面推进管理会计体系建设的指导意见.

[17]财政部. 会计基础工作规范.

[18]中华人民共和国会计法.

[19]财政部. 企业内部控制基本规范、企业内部控制配套指引.

[20]财政部. 企业财务通则.